Falk Leichsenring

Borderline-Stile

Falk Leichsenring

Borderline-Stile

Denken, Fühlen, Abwehr und Objektbeziehungen von Borderline-Patienten

Verlag Hans Huber
Bern · Göttingen · Toronto · Seattle

Adresse des Autors:
Dr. Falk Leichsenring
Georg-August-Universität Göttingen
Abteilung Klinische Gruppenpsychotherapie
Waldweg 35
D-37073 Göttingen

Die Deutsche Bibliothek – CIP-Einheitsaufnahme

Leichsenring, Falk:
Borderline-Stile: Denken, Fühlen, Abwehr und Objektbeziehungen von Borderline-Patienten / Falk Leichsenring. – 1. Aufl. – Bern ; Göttingen ; Toronto ; Seattle : Huber, 1996
ISBN 3-456-82807-1

1. Auflage 1996

Satz: Tipografia Grafica Bellinzona SA, 6702 Claro
Druck: AZ Druckhaus, Kempten
Printed in Germany

Inhaltsverzeichnis

1. Einleitung

In den letzten Jahrzehnten kann eine zunehmende klinische, theoretische und empirische Beschäftigung mit Patienten beobachtet werden, die weder als eindeutig neurotisch noch als eindeutig psychotisch angesehen werden können. Patienten in diesem Grenzbereich zwischen Neurose und Psychose sind unter verschiedenen diagnostischen Bezeichnungen beschrieben worden, einerseits z. B. als «triebhafte Charaktere» (Reich, 1925), «Als-ob-Persönlichkeiten» (Deutsch, 1942), «schizoide Persönlichkeiten» (Fairbairn, 1940; Khan, 1960) oder «psychotische Charaktere» (Frosch, 1964). Balint befaßte (1970) sich mit Patienten, die eine «Grundstörung» aufweisen.

Wie aus den jeweiligen Bezeichnungen hervorgeht, handelt es sich hier einerseits offenbar um Patienten, deren Störung im Bereich der *Charakter-Pathologie* oder der *Persönlichkeitsstörung* angesiedelt wurde.

In den Grenzbereich zwischen Neurose und Psychose fallen aber auch Patienten, die an der Grenze zur *Psychose* liegen, z. B. die «latent Schizophrenen» Bleulers (1911), die «Präschizophrenen» von Rapaport, Gill und Schafer (1945/46, 1968) sowie die von Hoch und Polatin (1949) beschriebenen Patienten mit «pseudo neurotischer Schizophrenie». Knight (1954) hat Patienten beschrieben, die an der Oberfläche fast «normal» oder neurotisch wirkten, aber bei Verwendung von Methoden der freien Assoziation überraschenderweise psychotische Symptome entwickelten. Er bezeichnete das als «Borderline-Zustände» («borderline states»).

Bei diesen «latent», «prä-» oder «pseudo-neurotisch» Schizophrenen handelt es sich um Patienten, die an der Grenze zur *schizophrenen* Psychose eingeordnet wurden. Patienten an der Grenze zu den *affektiven Psychosen* wurde dagegen weniger Aufmerksamkeit geschenkt. Heute läßt sich dagegen ein Trend beobachten, bestimmte Patienten aus dem Bereich zwischen Neurose und Psychose als abgeschwächte oder frühe Formen affektiver Störungen zu verstehen (z. B. Stone, 1977, 1979 a, b) sowie die Beziehungen zwischen diesen Patienten und den affektiven Störungen zu untersuchen (Gunderson und Elliott, 1985; Stone, 1990; Jonas und Pope, 1992).

Stone (1977) und Saß und Koehler (1983) haben die im Laufe der Zeit für Patienten dieses Grenzbereichs verwendeten diagnostischen Bezeichnungen zusammengestellt. Die Zusammenstellung von Saß und Koehler (1983) umfaßt nicht weniger als 32 diagnostische Bezeichnungen.

Betrachtet man die oben genannten diagnostischen Gruppen, so wird deutlich, daß es sich bei dem Bereich zwischen Neurose und Psychose um ein *Spektrum* von Störungen handelt: um eine *heterogene Population*. Hierunter fallen zum einen Patienten, die an der Grenze zur (schizophrenen) Psychose liegen und die heute als «Borderline-Schizophrene» (Kety, Rosenthal, Wender et al., 1968, 1971) oder Patienten mit «schizotypischer Persönlichkeitsstörung» (Spitzer, Endicott und Gibbons, 1979; American Psychiatric Association, 1983, 1987, 1994) bezeichnet werden. Weiterhin finden sich hier Patienten mit einer lärmenden, schillernden Symptomatik, affektiven Symtomen und schweren zwischenmenschlichen Problemen, bei denen eine «Borderline-Persönlichkeits-Organisation» (Kernberg, 1967, 1983, 1988) oder eine «Borderline-Persönlichkeitsstörung» (Gunderson und Singer, 1975; Spitzer, Endicott und Gibbon, 1979; American Psychiatric Association, 1983, 1987, 1994) angenommen wird. Für diese Patienten werden die oben erwähnten Beziehungen zu den affektiven Störungen diskutiert.

Aber auch oberflächlich unauffällige und gut angepaßte Patienten fallen in den Bereich zwischen Neurose und Psychose, z. B. die «Als-ob-Persönlichkeiten» (Deutsch, 1942), die «schizoiden Persönlichkeiten» (Fairbairn, 1940; Khan, 1960) oder die narzißtischen Persönlichkeiten (Kohut, 1973; Kernberg, 1983). Rohde-Dachser (1989, S. 70) spricht von den «blanden» Formen der Borderline-Störung: Menschen, die über Leere und Sinnlosigkeit klagen, über Beziehungsstörungen und über die Unsicherheit, wer sie eigentlich sind: «Ihre Klagen wirken diffus und oft wie eine krankhafte Übersteigerung der Klagen des 'modernen Menschen' [...] .»

Der Begriff «Borderline» wird offensichtlich je nach Autor, seinem theoretischen Hintergrund und der Patienten-Population, auf die er sich bezieht, mit weiteren Begriffen gekoppelt: «Borderline-Schizophrenie», «Borderline-Persönlichkeits-Organisation», «Borderline-Persönlichkeitsstörung». Hiermit sind verschiedene Konzepte der Borderline-Störung verbunden.

Mit den verschiedenen Konzepte sind unterschiedliche diagnostischen Merkmale für eine Borderline-Störung verbunden. Die hierdurch definierten Patientenpopulationen sind daher nicht identisch: Ein Patient mit einer Borderline-Persönlichkeits-Organisation nach Kernberg ist nicht notwendigerweise auch ein Borderline-Patient nach Gunderson und umgekehrt. Die verschiedenen Patientenpopulationen überlappen sich jedoch mehr oder weniger stark. Stone (1979 a, b, 1990) hat die diagnostischen Merkmale der Borderline-Populationen nach Gunderson, Kernberg und Spitzer miteinander verglichen und Unterschiede sowie Überlappungsbereiche herausgearbeitet und auch graphisch dargestellt (vgl. auch Widiger, Miele & Tilly, 1992).

Die verschiedenen Konzepte der Borderline-Störung, die heute von Bedeutung sind, sollen als nächstes vorgestellt werden: Das Konzepte der «Borderline-Schizophrenie» (Kety, Rosenthal, Wender et al., 1968, 1971), das Konzept der «Borderline-Persönlichkeitsstörung» von Gunderson und Mitarbeitern,

(z. B. Gunderson und Kolb, 1978, Kolb und Gunderson, 1980), das Konzept der «Borderline-Persönlichkeitsstörung des DSM-III, DSM-III-R und DSM-IV (Spitzer, Endicott und Gibbons, 1979; American Psychiatric Association, 1983, 1987, 1994) sowie das Konzept der «Borderline-Persönlichkeits-Organisation» von Kernberg (1967, 1983, 1988). Besonders ausführlich wird das Borderline-Konzept Kernbergs dargestellt werden, weil es in diesem Buch dem Verständnis der Borderline-Störung zugrundelegt wird.

Eine gute Übersicht über den aktuellen Stand der Forschung über Ätiologie, Diagnostik, Verlauf und Therapie der Borderline-Persönlichkeitsstörung geben die von Silver und Rosenbluth (1992) sowie von Clarkin, Marziali und Munroe-Blum (1992) herausgegebenen Bücher. Eine große Untersuchung zum zeitlichen Verlauf der Borderline-Störung hat Stone (1990) durchgeführt.

2. Aktuelle Konzepte der Borderline-Störung

2.1 «Borderline-Schizophrenie»

Im Rahmen des Konzepts der «Borderline-Schizophrenie werden Borderline-Störungen verstanden als «milde, unvollständige, atypische, beginnende, abklingende Erscheinungsbilder der Schizophrenie» (Saß und Koehler 1983, S. 224). Dieses Konzept steht in der Tradition der «unentwickelten Fälle der Dementia simplex» nach Kraepelin (1909/15), der «latenten Schizophrenie» nach Bleuler (1911) oder «pseudo-neurotischen» Schizophrenie nach Hoch und Polatin (1949). Kety et al. (1968) und Rosenthal et al. (1971) haben das Konzept des «schizophrenen Spektrums» entwickelt, in das sie die Borderline-Schizophrenie nach symptomatischen und genetischen Gesichtspunkten einordnen. Auf der Symptomebene ist die Borderline-Schizophrenie durch folgende Merkmale gekennzeichnet:

1. leichte Denkstörungen, die durch Befremdlichkeit und mangelnde Realitätsorientierung gekennzeichnet sind;
2. gelegentliche kurzdauernde mikropsychotische Episoden (Depersonalisation, Derealisation, Halluzinationen, Wahn);
3. affektive Störungen, vor allem Anhedonie;
4. chaotische instabile zwischenmenschliche Beziehungen;
5. multiple neurotische Symptome.

Auf der genetischen Ebene gehen die genannten Autoren von einem schizophrenen Faktor aus, der sich bei der Borderline-Schizophrenie in abgeschwächter Form durchsetzten soll. Damit wird die Borderline-Schizophrenie auch genetisch in das schizophrene Spektrum eingeordnet. Im Rahmen von Adoptionsstudien wurden diese Annahmen von den Autoren geprüft. Sie fanden eine Häufung von Borderline-Schizophrenien bei den weg-adoptierten Kindern eines schizophrenen Elternteils, was sie als Bestätigung ihrer Annahmen interpretierten. Rieder (1979) geht davon aus, daß der schizophrene Faktor eine spezifische Anfälligkeit für gelegentliche psychotische Episoden zur Folge hat. Diese Anfälligkeit dürfe jedoch nicht im Sinne einer überdauernden Persönlichkeitsstörung interpretiert werden.

Khouri et al. (1980) haben ein Diagnoseschema zur Erfassung der Borderline-Schizophrenie entwickelt, das in verschiedenen Untersuchungen auf seine Trennschärfe untersucht worden ist (z. B. Khouri et al., 1980; Saß und Koehler (1982 a, b). In der Untersuchung von Khouri et al. (1980) erwies sich das Diagnose-Schema als ausreichend trennscharf, um Borderline-Schizophrene von einer Kontrollgruppe mit verschiedenen neurotischen und Persönlichkeitsstörungen zu unterscheiden. Saß und Koehler (1982 a, b) konnten Borderline-Schizophrene mittels des Symptom-Schemas von Khouri et al. (1980) von Patienten mit Neurosen, Psychopathien, Manien und Depressionen trennen, nicht jedoch von Schizophrenen. Eine differential-diagnostische Trennung von Borderline-Schizophrenen und Schizophrenen ist vermutlich deshalb schwieriger, weil es sich um «benachbarte» Störungen handelt.

Die Borderline-Schizophrenie ist in das psychiatrische Klassifikationssystem des DSM-III, DSM-III-R und DSM-IV (American Psychiatric Association, 1983, 1987, 1994) in Form der «schizotypischen Persönlichkeitsstörung» aufgenommen worden. Diese wird im Abschnitt 2.4 dargestellt werden.

2.3 Borderline-Persönlichkeitsstörung nach Gunderson

Die Einordnung der Borderline-Störung als Persönlichkeitsstörung geht davon aus, daß Erlebnis- und Verhaltensweisen hier dauerhaft gestört sind. Die historischen Ursprünge dieses Konzepts lassen sich bis zu Kraepelin (1903/4) verfolgen, der ein Gebiet zwischen (normalen) psychischen Eigenarten und Psychopathien angenommen hat (Saß und Koehler, 1983). Neben der psychiatrischen Beschäftigung mit der Borderline-Persönlichkeitsstörung finden sich frühe psychoanalytische Arbeiten zu Patienten, die heute mit einiger Wahrscheinlichkeit als Borderline-Patienten bezeichnet würden oder aber zumindest gewisse Ähnlichkeiten mit Borderline-Patienten nach heutigen Kriterien aufweisen: Reich (1925) bearbeitete die Psychodynamik und Charakterstruktur von extrem «impulsiven» Patienten unter dem Begriff des «triebhaften Charakters». Unter Bezug auf das Fassaden- und Chamäleonhafte ihrer Persönlichkeit beschrieb Deutsch (1942) eine Patientengruppe, die sie als «Als-Ob-Persönlichkeiten» bezeichnete. Schafer (1948) verwendete für bestimmte Patienten den Begriff des «schizophrenen Charakters». Hierbei handelte es sich eine Subgruppe von Patienten, die Rapaport, Gill und Schafer (1945/46) als «Präschizophrene» bezeichneten. Schmiedeberg (1959) prägte den vielzitierten Begriff der «stabilen Instabilität», womit die Fähigkeit von Borderline-Patienten gemeint ist, trotz des vielfältigen Schillerns ihrer Symptome nicht psychotisch zu dekompensieren. Erikson (1956) und Greenson (1958) haben Patienten beschrieben, für die sie eine spezifische Störung der Identität als zentral ansahen. Frosch (1964) untersuchte Patienten, die er als «psychotische Charaktere» bezeichnete. Bei diesen Patienten ist die Fähigkeit zur Realitätsprüfung im Unterschied zu Psychotikern intakt, beeinträchtigt ist dagegen die Wahrnehmung äußerer und innerer Realität, deren Unterscheidung sowie das Gefühl, daß die eigene Person sowie die Außenwelt wirklich ist (Frosch, 1964).

Gunderson und Singer (1975) begannen mit einer Sichtung der vorliegenden deskriptiven Literatur zur Borderline-Problematik. Sie identifizierten sechs Merkmale, die in der Literatur als charakteristisch für Borderline-Störungen angesehen werden:

1. Intensive Affekte, gewöhnlich feindselig oder depressiv;
2. eine Geschichte von Impulshandlungen;
3. eine gewisse soziale Angepaßtheit;
4. kurze psychotische Erlebnisse;
5. unzusammenhängendes Denken in unstrukurierten Situationen;
6. Beziehungen, die zwischen flüchtiger Oberflächlichkeit und intensiver Abhängigkeit schwanken.

Gunderson und Mitarbeiter verstehen die Borderline-Störung als eine spezifische Persönlichkeitsstörung wie z. B. die hysterische oder zwanghafte Persönlichkeitsstörung. Hierin besteht ein Unterschied zum Konzept der Borderline-Persönlichkeitsorganisation nach Kernberg, das in einem der folgenden Abschnitte dargestellt werden wird (Abschnitt 2.5).

Auf der Basis der oben angeführten Merkmale entwickelten Gunderson und Mitarbeiter (Gunderson und Kolb, 1978; Kolb und Gunderson, 1980) ein halbstrukturiertes Interview, das «Diagnostic Interview for Borderlines» (DIB).

Das DIB erfaßt folgende fünf Bereiche:

1. Soziale Anpassung
2. Impulshandlungsmuster
3. Affekte
4. Psychose
5. Zwischenmenschliche Beziehungen

Für jeden Bereich werden Ratings vorgenommen und ein Skalenwert ermittelt. Die Skalenwerte werden zum Schluß zu einem Gesamt-Wert addiert. Anhand dieses Gesamt-Wertes wird eine Diagnose gestellt: Wird ein bestimmter empirisch gewonnener Cut-Off-Wert erreicht oder überschritten, wird die Diagnose «Borderline-Störung» gestellt. Andernfalls liegt ein anderes klinisches Syndrom vor.

In verschiedenen Untersuchungen der Autoren hat sich das DIB als reliabel und trennscharf erwiesen (z. B. Gunderson und Kolb, 1978; Kolb und Gunderson, 1980).

Inzwischen liegt eine Vielzahl von Untersuchungen zum DIB vor. Beim DIB dürfte es sich um das am besten untersuchte und am häufigsten verwendete Instrument zur Diagnostik der Borderline-Störung handeln. Übersichten über die Untersuchungsergebnisse geben z. B. Widiger, Miele und Tilly (1992) sowie Reich (1992). Danach scheint es möglich zu sein, Borderline-Patienten mit dem DIB von Schizophrenen sowie von Patienen mit affektiven Störungen zu trennen.

Um die Borderline-Persönlichkeitsstörung von anderen Persönlichkeitsstörungen besser unterscheiden zu können als dies mit dem DIB möglich ist, haben Gunderson und Mitarbeiter inzwischen eine Revision des DIB vorgenommen (DIB-R, Zanarini, Gunderson, Frankenburg & Chauncey, 1989). Im DIB-R entfällt unter anderem der Bereich «Soziale Anpassung», weil er sich als wenig trennscharf erweisen hat. Der Bereich «Psychose» ist in «Kognition» umbenannt worden und umfaßt jetzt verschiedene Formen gestörten, aber nicht-psychotischen Denkens. In der Untersuchung von Zanarini et al. (1989) konnten Borderline-Patienten mit dem DIB-R von Patienten mit anderen Persönlichkeitsstörungen ausreichend gut getrennt werden. Die differentialdiagnostische Bedeutung spezifischer kognitiver Merkmale von Borderline-Patienten («quasi-psychotisches Denken») konnte in einer Untersuchung von Zanarini, Gunderson und Frankenburg (1990) nachgewiesen werden. Hierunter fassen die Autoren Halluzinationen und Wahnvorstellungen, die vorübergehend und umschrieben oder atypisch für Psychosen sind. Als spezifisch für die Borderline-Persönlichkeitsstörung im Vergleich zu anderen Persönlichkeitsstörungen nach dem DSM-III erwiesen sich sieben diagnostische Merkmale: quasi-psychotische Erlebnisse, Selbstverletzungen, manipulative Suizidversuche, Probleme mit Verlassen-/Verschlungen- und Vernichtetwerden, Ansprüchlichkeit/Anrecht, Regression in der Behandlung und Gegenübertragungsprobleme (Zanarini, Gunderson, Frankenburg und Chauncey, 1990).

2.4 Borderline-Störungen im DSM-III, DSM-III-R, DSM-IV und ICD-10

Spitzer et al. (1979) haben darauf hingewiesen, daß das Konzept der Borderline-Störung in den offiziellen Klassifikationssystemen psychiatrischer Krankheiten lange Zeit völlig ignoriert worden ist: Eine Berücksichtigung von Borderline-Störungen findet sich weder in der ersten oder der zweiten Auflage des Diagnostic and Statistical Manual der American Psychiatric Association (DSM I, II) noch in der 8. und 9. Ausgabe der International Classification of Diseases ICD-8, 9) der Weltgesundheitsorganisation.

Die Aufnahme der Borderline-Störungen in das DSM-III geht auf eine große Untersuchung von Spitzer et al. (1979) zurück. Die Autoren entwickelten zwei Sets von Items, die auf die beiden Hauptkonzeptualisierungen der Borderline-Störung abzielen. Das eine Set wurde aus den Fallberichten von Kety et al. (1968) gewonnen und bezieht sich auf das Konzept der Borderline-Schizophrenie, die von Spitzer et al. (1979) in «schizotypische Persönlichkeitsstörung» umbenannt wurde. Das zweite Item-Set dient der Erfassung der Borderline-Störung als einer Persönlichkeitsstörung und umfaßt unter anderem Kriterien von Gunderson und Kernberg. In einer großen empirischen Untersuchung an 808 Patienten mit «Borderline-» und/oder «schizotypischer Persönlichkeitsstörung» konnten die beiden Item-Sets faktorenanalytisch bestätigt werden: Spitzer et al. konnten zwei Faktoren extrahieren, auf denen die beiden Item-Sets jeweils die höchsten Ladungen aufwiesen. Auch die Trennschärfe der beiden Item-Sets erwies sich gegenüber einer Vergleichsgruppe aus ebenfalls 808 Patienten mit Persönlichkeitsstörungen, Neurosen, affektiven Störungen sowie Alkohol- oder Drogenabhängigkeit als gut.

Es zeigte sich, daß «Borderline-Persönlichkeitsstörung» und «schizotypische Persönlichkeitsstörung» häufig zusammen auftreten: Mehr als die Hälfte der Patienten erfüllten die Kriterien für beide Item-Sets: Bei 54 Prozent der Patienten wurde sowohl eine «Borderline-Persönlichkeitsstörung» als auch eine «schizotypische Persönlichkeitsstörung» diagnostiziert.

Die beiden von Spitzer et al. entwickelten Item-Sets sind in das DSM-III aufgenommen worden und liefern die Kriterien für die «schizotypische» und die «Borderline-Persönlichkeitsstörung». Damit sind Borderline-Störungen im DSM in den Bereich der Persönlichkeitsstörungen eingeordnet worden, die auf der zweiten Achse kodiert werden. Dies gilt interessanterweise für beide Formen der Borderline-Störung, nämlich für die Borderline-Persönlichkeitsstörung im Sinne von Gunderson und Singer (1975) als auch für die Borderline-Schizophrenie im Sinne von Kety und Mitarbeitern (z. B. 1968). Dies ist auch im DSM-III-R und DSM-IV der Fall (American Psychiatric Association 1987, 1994).

Für die *Borderline-Persönlichkeitsstörung* werden im DSM-IV (American Psychiatric Association, 1994, S. 752, Übersetzung F. L.) folgende diagnostische Kriterien angegeben:

Mindestens fünf der folgenden Merkmale sind erforderlich:

1. heftige Bemühungen, reales oder vorgestelltes Alleinsein zu vermeiden;

2. ein Muster von instabilen und intensiven zwischenmenschlichen Beziehungen, die durch Wechsel zwischen Extremen von Idealisierung und Entwertung gekennzeichnet sind;

3. Identitäts-Störung: ausgeprägt und durchgängig instabiles Selbst-Bild oder Selbst-Gefühl («Sense of self»);

4. Impulsivität in mindestens zwei Bereichen, die potentiell selbstschädigend sind (z. B. Verschwendung, Sex, Glücksspiel, Substanz-Mißbrauch, leichtsinniges Fahren, Freßanfälle);

5. wiederkehrendes suizidales Verhalten, Gesten oder Drohungen oder selbstverletzendes Verhalten;

6. affektive Instabilität aufgrund ausgeprägter Stimmungs-Reaktivität (z. B. intensive episodische Dysphorie, Reizbarkeit oder Angst, die gewöhnlich einige Stunden und nur selten länger als einige wenige Tage andauern);

7. chronische Gefühle von Leere;

8. unangemessene, heftige Wut oder Schwierigkeiten, Wut zu kontrollieren (z. B. häufiges Zeigen von Gereiztheit, dauerndes Zornigsein, wiederkehrende körperliche Auseinandersetzungen);

9. vorübergehende, streß-bezogene paranoide Vorstellungen oder schwere dissoziative Symptome.

Gegenüber dem DSM-III und DSM-III-R gibt es nur eine wesentliche Veränderungen: Das neunte Kriterium ist hinzugekommen.

Folgende Nebenmerkmale werden im DSM-IV genannt: Negative (therapeutische) Reaktionen können auftreten (z. B. schwere Regression nach einer Diskussion, wie gut die Therapie verläuft oder Schulabbruch gerade vor dem Abschluß). Psychose-ähnliche Symptome sind bei manchen Patienten unter Streß möglich. Patienten mit Borderline-Persönlichkeitsstörung können sich mit Übergangobjekten sicherer fühlen als in zwischenmenschlichen Beziehungen. Suizide können besonders in Verbindung mit affektiven Störungen («Mood Disorders») oder substanz-bezogenen Störungen vorkommen. Wiederkehrende Verluste der Arbeitsstelle, unterbrochene Ausbildung und zerbrochene Ehen sind üblich. Physischer und sexueller Mißbrauch, Vernachlässigung, Feindseligkeit, frühe Verluste oder der Trennung von Eltern sind üblich in der Kindheit von Patienten mit Borderline-Persönlichkeitsstörung. Gewöhnlich mit dieser Störung zusammenauftretende Störungen der Achse 1 sind affektive Störungen («Mood Disorders»), substanz-bezogene Störungen, Eßstörungen (vor allem Bulimie), posttraumatische Streß-Störung und Aufmerksamkeits-Defizit/ Hyperaktivitäts-Störung. Die Borderline-Persönlichkeitsstörung tritt häufig in Verbindung mit anderen Persönlichkeitsstörungen auf.

Borderline-Persönlichkeitsstörung wird überwiegend bei Frauen diagnostiziert (zu 75%).

Im DSM-III (1980) sowie im DSM-III-R (1987) wurde unter dem Stichwort «Prävalenz» die Borderline-Persönlichkeitsstörung als «häufig» bezeichnet. Im DSM-IV (1994) wird angegeben, daß schätzungsweise 2 Prozent der Allgemeinbevölkerung unter einer Borderline-Persönlichkeitsstörung nach den Kriterien des DSM-IV leiden. Für ambulante Patienten wird im DSM-IV ein Prozentsatz von etwa 10 Prozent angegeben, für stationär behandelte psychiatrische Patienten ein Prozentsatz von etwa 20 Prozent.

In klinischen Populationen mit Persönlichkeitsstörungen reicht der Prozentsatz von Patienten mit einer Borderline-Persönlichkeitsstörung nach dem DSM-IV von 30 Prozent bis 60 Prozent (American Psychiatric Association, 1994, S. 652).

Die Schätzungen der Häufigkeit von Borderline-Störungen variieren jedoch erheblich von Untersuchung zu Untersuchung: Kernberg (1983 b, zitiert nach Gunderson und Elliott, 1985) schätzt, daß bei Anwendung seiner Borderline-Kriterien 15 Prozent der Allgemeinbevölkerung der USA eine Borderline-Persönlichleitsorganisation aufweisen. Bei Anwendung von Fall-Kriterien ähnlich denen des DSM-III geben Merkingas und Weismann (1986) einen Prozentsatz von 0.2 Prozent an, Gunderson und Zanarini (1987) von 2 bis 4 Prozent und Swartz, Blazer, George und Winfield (1990) von 1.8 Prozent. Maier et al. (1992) fanden für deutsche Verhältnisse in der Allgemeinbevölkerung einen Prozentsatz von 1.1 Prozent mit einer Borderline-Persönlichkeits-Störung nach dem DSM-III-R.

Der Verlauf der Borderline-Persönlichkeitsstörung wird im DSM-IV als sehr variabel beschrieben. Das häufigste Muster besteht danach aus chronischer Instabilität im frühen Erwachsenenalter, begleitet von Episoden schwerer affektiver und impulsiver Unkontrolliertheit und einer häufigen Inanspruchnahme des Gesundheitssystems. Die Beeinträchtigung durch die Störung und das Suizid-Risiko ist nach dem DSM-IV am größten im frühen Erwachsenenalter und nimmt allmählich ab mit zunehmendem Alter. In den dreißiger und vierziger Lebensjahren erreichen Personen mit Borderline-Persönlichkeitsstörung größere Stabilität in ihren Beziehungen und im beruflichen Funktionieren (American Psychiatric Association, 1994, S. 652, 653).

Betrachtet man die diagnostischen Kriterien, so zeigen sich viele Übereinstimmungen zwischen der Borderline-Persönlichkeitsstörung nach dem DSM und Borderline-Patienten nach Gunderson. Es besteht allerdings ein wichtiger Unterschied: Das Konzept von Gunderson schließt vorübergehende psychotische Erlebnisse als diagnostisches Kriterium ein, das Konzept der Borderline-Persönlichkeitsstörung des DSM-III und DSM-III-R dagegen nicht.

Insofern schließt die Gunderson-Borderline-Population einen kleinen Teil der Population der Borderline-Schizophrenen bzw. der noch vorzustellenden «schizotypischen Persönlichkeitsstörung» mit ein (vgl. Stone, 1979 a, b; Widiger, Miele & Tilly, 1992). Es ist daher anzunehmen, daß die Gunderson-Borderline-Population weiter gefaßt ist als die der Borderline-Persönlichkeitsstörung nach dem DSM-III und DSM-III-R. In einigen empirischen Untersuchungen bestätigte sich diese Vermutung, in anderen jedoch nicht. Eine Zusammenstellung der Ergebnisse findet sich z. B. bei Widiger et al. (1992).

Clarkin, Hull und Hurt (1993) ließen die DSM-III-R-Ktriterien in einer Stichprobe von 75 stationär behandelten Borderline-Patientinnen auf einer Skala von 1 bis 6 einschätzen und untersuchten die Daten faktorenanlytisch. Sie fanden drei Faktoren: Der erste bezieht sich auf Identitäts-Probleme und interpersonelle Schwierigkeiten, der zweite auf affektive Schwierigkeiten und Selbstverletzungen und der dritte auf Impulsivität. Prognostische Bedeutung für den Therapieverlauf kommt nach einer Untersuchung von Hull, Clarkin und Kakuma (1993) insbesondere der Identitäts- und Objektbeziehungs-Dimension zu: Die Borderline-Patienten, die die schwersten Identitäts- und Beziehungsprobleme aufwiesen, berichteten im Laufe der Behandlung bei gleicher Ausgangsbasis mehr Symptome und zunehmende Symptom-Schwere als die Borderline-Patienten, bei denen die Identitäts- und Beziehungsprobleme am schwächsten ausgeprägt waren (Hull, Clarkin & Kakuma, 1993).

Als nächstes soll das Konzept der schizotypischen Persönlichkeitsstörung vorgestellt werden.

Für die *schizotypische Persönlichkeitsstörung* sind im DSM-IV (American Psychiatric Association, 1994, S. 645, Übersetzung F. L.) folgende diagnostische Kriterien angegeben:

A. Ein durchgehendes Muster von sozialen und interpersonellen Defiziten, das gekennzeichnet ist durch akutes Unbehagen mit und eine reduzierte Fähigkeit zu engen Beziehungen sowie durch kognitive oder Wahrnehmungs-Verzerrungen und exzentrisches Verhalten, das im frühen Erwachsenenalter beginnt und in einer Vielfalt von Kontexten präsent ist und durch fünf oder mehr der folgenden Kriterien angezeigt wird:

1. Beziehungsideen;
2. seltsamer Glauben oder magisches Denken, das das Verhalten beeinflußt und nicht mit subkulturellen Normen übereinstimmt (z. B. Aberglaube, Hellseherei, Telepathie, «sechster Sinn», bei Kindern und Adoleszenten bizarre Phantasien oder Beschäftigungen);
3. ungewöhnliche Wahrnehmungserlebnisse einschließlich körperlicher Illusionen;

4. seltsames Denken oder Sprache (z. B. vage, weitschweifig, metaphorisch, überelaboriert oder stereotyp;
5. Mißtrauen oder paranoide Vorstellungen;
6. unangemessener oder eingeenger Affekt;
7. seltsames, exzentrisches oder merkwürdiges Verhalten oder Erscheinung;
8. Mangel an engen Freunden oder Vertrauten außer Verwandten ersten Grades;
9. exzessive soziale Angst, die mit Vertrautheit nicht abnimmt und die eher mit paranoiden Befürchtungen verbunden ist als mit negativen Urteilen über das Selbst.

B. Tritt nicht ausschließlich im Verlauf einer Schizophrenie, einer affektive Störung («Mood Disorder») mit psychotischen Merkmalen, einer anderen psychotischen Störung oder einer «tiefgreifenden Entwicklungsstörung» («Pervasive Developmental Disorder») auf.

Im Vergleich zum DSM-III und DSM-III-R ist das Kriterium 7 hinzugekommen.

Folgende Nebenmerkmale werden angegeben: Wie auch bei der Borderline-Persönlichkeitsstörung wird davon ausgegangen, daß unter Belastungen passagere psychotische Symptome auftreten können. Depressive Episoden sind bei mehr als der Hälfte der Patienten zu finden. Weiterhin sind auch die Kriterien der schizoiden, paranoiden, vermeidenden und der Borderline-Persönlichkeitsstörung häufig erfullt.

Im DSM-IV wird für die Allgemeinbevölkerung eine Pravalenz von 3 Prozent angegeben.

Der Verlauf wird als stabil angesehen, nur wenige Personen entwickeln eine Schizophrenie oder eine andere psychotische Störung.

Die schizotypische Persönlichkeitsstörung scheint sich familiär zu häufen und ist unter den Verwandten ersten Grades Schizophrener häufiger als in der Allgemeinbevölkerung. Es gibt möglicherweise auch eine mäßige Zunahme von Schizophrenie oder anderen psychotischen Störungen bei den Verwandten von Personen mit schizotypischer Persönlichkeitsstörung.

Baron et al. (1981) haben ein diagnostisches Schema zur Erfassung der schizotypischen Persönlichkeitsstörung im Sinne des DSM-III entwickelt, das von Perry et al. (1984) im Hinblick auf seine differentialdiagnostische Validität untersucht worden ist. Nach den Ergebnissen dieser Untersuchung konnten Patienten mit schizotypischer Persönlichkeitsstörung mit ausreichender Spezifität relativ zum klinischen Urteil (DSM-III-Kriterien) von Patienten mit affektiven und Persönlichkeitsstörungen getrennt werden. Allerdings mußten höhere Cut-Off-Werte verwendet werden als Baron et al. (1981) empfohlen hatten.

Das Borderline-Konzept von Spitzer et al. (1979) ist das gegenwärtig breiteste Konzept der Borderline-Störung (Stone, 1979 a, b): Es umfaßt sowohl die «Borderline-Persönlichkeitsstörung» als auch die «Borderline-Schizophrenie», die die Autoren in «schizotypische Persönlichkeitsstörung» umbenannt haben. Insofern ist es auch weiter gefaßt als das bereits weite Konzept von Kernberg: Patienten mit «schizotypischer Persönlichkeitsstörung» werden nach Kernberg als Borderline-Patienten diagnostiziert, wenn die Realitätsprüfung intakt ist, andernfalls wird bei ihnen eine psychotische Persönlichkeits-Organisation angenommen. Aus diesem Grund steht Kernberg dem Konzept der schizotypischen Persönlichkeitsstörung kritisch gegenüber (Kernberg, 1988, S. 134).

Borderline-Persönlichkeitsstörung im ICD-10

In das ICD-10 (Dilling, Mombour, Schmidt, 1991) ist die Borderline-Persönlichkeitsstörung als eine Form der «emotional-instabilen Persönlichkeitsstörung» aufgenommen worden. Das ICD-10 unterscheidet zwei Formen der «emotional-instabilen Persönlichkeitsstörung», die vom «impulsiven Typus» (F60.31) und die vom «Borderline Typus» (F60.31). Für den «impulsiven Typus» sind emotionale Instabilität und mangelnde Impulskontrolle, Ausbrüche von gewalttätigem und bedrohlichem Verhalten, vor allem bei Kritik durch andere kennzeichnend. Für den «Borderline Typus» der «emotional-instabilen Persönlichkeitsstörung» werden einige Merkmale emotionaler Instabilität als kennzeichnend angeführt, darüber hinaus wird das Selbstbild, Ziele und «innere Präferenzen» (einschließlich der sexuellen) als unklar und gestört angesehen, und es wird eine Neigung zu intensiven, aber unbeständigen Beziehungen genannt. Diese Neigung kann zu widerholten emotionalen Krisen führen mit Suiziddrohungen oder selbstbeschädigenden Handlungen (Dilling et al., 1991, S. 215).

Durch die im im ICD-10 vorgenommene Aufteilung der «emotional-instabilen Persönlichkeitsstörung» in einen «impulsiven» und einen «Borderline Typus» wird der Bereich mangelnder Impulskontrolle aus der Borderline-Persönlichkeitsstörung ausgegliedert. Dadurch ist es einerseits möglich, Patienten diagnostisch einzuordnen, die impulsives Verhalten und emotionale Instabilität aufweisen, aber nicht die borderline-typische Identitätsunsicherheit und intensive instabile zwischenmenschliche Beziehungen. Andererseits wird Impulsivität dadurch zu einem fakultativen Kriterium der Borderline-Persönlichkeitsstörung, genauer: der «emotional-instabilen Persönlichkeitsstörung» vom «Borderline Typus» des ICD-10. Dies hat zur Folge, daß Patienten mit mangelhafter Impulskontrolle «weniger schnell» als Borderline-Patienten diagnostiziert werden, genauer: als Patienten mit «emotional-instabiler Persönlichkeitsstörung» vom «Borderline Typus»: Die Wahrscheinlichkeit, daß bei diesen Patienten eine «emotional-instabile Persönlichkeitsstörung» vom «Borderline Typus» diagnostiziert wird, wird geringer.

Die im ICD-10 für die «emotional-instabilen Persönlichkeitsstörung» vom «Borderline Typus» angeführten Merkmale sind alle in den Kriterien der «Borderline-Persönlichkeitsstörung» des DSM-IV enthalten. Das DSM-IV nennt aber darüber hinaus noch einige andere Kriterien, die das ICD-10 nicht anführt: die Vermeidung des Alleinseins, Impulsivität, chronische Gefühle von Leere, unangmessenen Zorn sowie vorübergehende, streß-bedingte paranoide Vorstellungen oder schwere dissoziative Symptome. Die «emotional-instabilen Persönlichkeitsstörung» vom «Borderline Typus» des ICD-10 dürfte daher eine Population von Borderline-Patienten umfassen, die kleiner ist als die, die durch das DSM-IV definiert wird, und die von der DSM-IV-Borderline-Population eingeschlossen wird.

2.5 Kernbergs Konzept der Borderline-Persönlichkeits-Organisation

Neben den deskriptiv-psychiatrischen Konzepten der Borderline-Störung liegen verschiedene psychoanalytische Konzepte vor. Zu nennen sind hier die Arbeiten von Kernberg (1967, 1983, 1988, 1993), Masterson (1972), Blanck und Blanck (1981) und Volkan (z.B. Volkan und Ast, 1992), im deutschsprachigen Bereich vor allem die Monographie von Rohde-Dachser (1989). Einen Vergleich verschiedener Behandlungskonzepte der Borderline-Störung hat kürzlich Kernberg (1995) vorgenommen.

Die einflußreichste Konzeptualisierung der Borderline-Störung im Bereich der psychoanalytischen Forschung ist die von Kernberg (1967, 1983, 1988, 1993). Kernberg analysiert die Borderline-Störung unter deskriptiven, strukturellen und genetisch-dynamischen Aspekten:

2.5.1 Deskriptive Merkmale: «diagnostische Verdachtsmomente»

Kernberg (1983, S. 25) betont, daß es keine an sich pathognomonischen Einzelsymptome für die Borderline-Störung gibt: Borderline-Patienten weisen häufig Symptome auf, die auf den ersten Blick als «typisch neurotisch» erscheinen. Diagnostisch bedeutsam sei aber eine Kombination von bestimmten Symptomen. Kernberg stellt verschiedene Symptome zusammen, und er sieht das Auftreten von zwei oder mehr dieser Symptome als einen «gewichtigen Hinweis» (Kernberg, 1983, S. 25) auf eine Borderline-Störung an. Diese deskriptiven Merkmale liefern nach Kernberg jedoch nur «Verdachtsmomente», die endgültige Diagnose hängt in jedem Fall nicht von der Symptomatik ab, sondern von dem Nachweis der charakteristischen Ich-Störung (Kernberg 1983, S. 26).

Die ersten drei von Kernberg (1983, 1988) angeführten Kriterien entsprechen den von Hoch und Polatin (1949) und Hoch und Cattell (1959) als Sekundärsymptome der «psyeudoneurotischen Schizophrenie» genannten Merkmale der «Pan-Angst», «Pan-Neurose» und «Pan-Sexualität»:

1. chronische, diffuse, frei flottierende Angst;

2. polysymptomatische Neurose:
   - 2.1 Polyphobien, vor allem, wenn die phobischen Ängste zu Einschränkungen im Alltagsleben führen;
   - 2.2 Zwangssymptome, die allmählich ich-synton geworden sind;
   - 2.3 Konversionssymptome, die multipel, bizarr, besonders ausgestaltet oder chronisch sind;
   - 2.4 dissoziative Reaktionen, insbesondere hysterische Dämmerzustände und Fugue-Zustände; außerdem Amnesien, verbunden mit Bewußtseinsstörungen;
   - 2.5 hypochondrische Besorgnis um die eigene Gesundheit und chronische Furcht vor Krankheiten;
   - 2.6 starke paranoide und hypochondrische Züge bei Symptomneurosen;

3. Polymorph-perverse Tendenzen im Sexualverhalten
   Hierunter fallen manifeste sexuelle Deviationen, bei denen verschiedene perverse Tendenzen kombiniert werden, z. B. homo- oder heterosexuelle Promiskuität mit sadistischen Zügen; Homosexualität und Exhibitionismus; Homosexualität neben pervers masochistischen heterosexuellen Neigungen. Hierher gehören auch Patienten, deren manifestes Sexualleben völlig gehemmt ist, deren (Onanie)-Phantasien aber polymorph-perverse Züge aufweisen. Auch bizarre Perversionsformen, die sich durch primitive Aggressionsäußerungen und Ersetzung genitaler durch urethrale und anale Triebziele (Urinieren, Defäzieren) auszeichnen, stellen einen Verdachtsmoment für eine Borderline-Störung dar. Nicht in diese Kategorie gehören nach Kernberg Patienten mit stabilen sexuellen Deviationen, vor allem wenn ihre Objektbeziehungen stabil sind.
   Neben diesen bereits von Hoch und Polatin (1949) sowie Hoch und Cattell (1959) genannten Merkmalen führt Kernberg (1983) weitere Merkmale als Verdachtsmomente an:

4. Impulsneurosen und Süchte
   Hierunter fallen nach Kernberg schwere (Charakter-) Störungen, bei denen es chronisch immer wieder zu Impulsdurchbrüchen und zur Triebbefriedigung kommt. Die Besonderheit besteht nach Kernberg darin, daß der Patient zur Zeit der Triebbefriedigung diese als ich-synton und

äußerst lustvoll erlebt, außerhalb solcher «triebhafter» Episoden Triebbefriedigungen dieser Art und den damit zusammenhängenden Persönlichkeitsanteil jedoch verleugnet. Als Beispiel führt Kernberg (1981) an anderer Stelle etwa einen periodischen Wechsel von sexueller Abstinenz zu Promiskuität oder von Perioden des Lügens zu Anti-Lügen-Perioden an. Unter diese Kategorie fallen nach Kernberg Alkoholismus und andere Suchten, auch bestimmte Formen von Eßsucht, Kleptomanie und sexueller Perversion, bei denen der beschriebene charakteristische Wechsel in den Einstellungen zu beobachten ist.

5. Präpsychotische Persönlichkeitsstrukturen
   Bestimmte Persönlichkeitsstrukturen liefern nach Kernberg Verdachtsmomente für eine Borderline-Störung. Er nennt hier die «klassischen» präpsychotischen Persönlichkeitsstrukturen:
   1. die paranoide Persönlichkeit;
   2. die schizoide Persönlichkeit;
   3. die hypomanische Persönlichkeit.

   Kernberg schließt hier ausdrücklich chronisch depressive Patienten mit ausgeprägt masochistischen Charakterzügen aus, ebenso die «depressive» Persönlichkeit im Sinne Laughlins (1956, zit. nach Kernberg 1983).

6. Charakterstörungen von «niedrigem» Strukturniveau
   Das letzte von Kernberg als deskriptives Verdachtsmoment für eine Borderline-Störung angeführte Merkmal steht im Zusammenhang mit seinem an anderer Stelle (Kernberg 1981) gemachten Vorschlag zur Klassifikation von Charakterstörungen. Kernberg unterscheidet dort, je nachdem, ob Verdrängungs- oder Spaltungsmechanismen in der Abwehrstruktur dominieren, Charakterstrukturen von «höherem» «mittlerem» und «niedrigem» Strukturniveau. Letztere legen nach Kernberg den Verdacht einer Borderline-Störung nahe. Als typisches Beispiel für eine Charakterstörung «höheren» Niveaus führt Kernberg die hysterische sowie Zwangs- und masochistische Charakterneurosen an. Die «infantile» Persönlichkeit rangiert nach Kernberg auf dem «mittlerem» Niveau und überschneidet sich bereits mit dem Borderline-Bereich, während die narzißtische Persönlichkeit eine Charakterstörung des «niedrigen» Strukturniveuas darstellt, aber auch noch in das «mittlere» Niveau hineinreichen kann.

Damit ist die Darstellung der deskriptiven Verdachtsmomente für eine Borderline-Störung nach Kernberg abgeschlossen. Kernberg betont, daß die hier angeführten Symptomkategorien keinen Anspruch auf Vollständigkeit erheben. Als ausschlaggebend für die Diagnose einer Borderline-Störung seien aber bestimmte strukturelle Kriterien, auf die im folgenden eingegangen werden soll.

2.5.2 Strukturelle Kriterien

In Anlehnung an Rapaport und Gill (1959) versteht Kernberg unter «Strukturen» psychische Konfigurationen mit langsamer Veränderungsrate, deren Aufgabe in der Regulierung psychischer Prozesse oder Funktionen besteht.

Den Strukturen selbst lassen sich ihre Funktionen gegenüberstellen. So werden die drei (großen) psychischen Makrostrukturen (Es, Ich, Über-Ich) durch ihre jeweiligen Funktionen definiert, und es lassen sich innerhalb der Makrostrukturen Substrukturen aufgrund ihrer speziellen Funktionen abgrenzen. Kernbergs Analyse der Borderline-Pathologie beginnt mit der Analyse des Ichs als Makrostruktur mit verschiedenen Substrukturen und Funktionen und geht dann über zu spezifischen Strukturabkömmlingen, nämlich den verinnerlichten Objektbeziehungen.

2.5.3 Unspezifische Anzeichen für Ich-Schwäche

Um dem viel ge- und mißbrauchten Konzept der «Ich-Schwäche» seinen Nutzen zu erhalten, schlägt Kernberg eine Unterscheidung zwischen spezifischen und unspezifischen Anzeichen von Ich-Schwäche vor. Drei Merkmale «unspezifischer» Ich-Schwäche sind nach Kernberg charakteristisch für eine Borderline-Störung (Kernberg 1983, S. 42, 43):

- mangelhafte Angsttoleranz, d.h. jede Steigerung der Angst über das gewohnte Ausmaß hinaus führt zu neuen Symptombildungen, alloplastischen Verhaltensweisen oder tiefer Ich-Regression.
- mangelnde Impulskontrolle, wobei Kernberg zwischen einer spezifischen und einer globalen Form unterscheidet. Mit der spezifischen Form der mangelnden Impulskontrolle sind die oben bereits beschriebenen episodisch wiederkehrenden Triebdurchbrüche gemeint, die sich durch einen charakteristischen Wechsel zwischen ich-syntonem und ich-dystonem Erleben, nachträglicher Verleugnung der Triebbefriedigung und fehlendem emotionalen Kontakt zwischen dem mit der Triebbefriedigung verbundenen Persönlichkeitsanteil und dem sonstigen Selbsterleben des Patienten auszeichnet. Nach Kernberg stellt diese Form der mangelnden Impulskontrolle nur auf den ersten Blick ein Anzeichen globaler Ich-Schwäche dar, in Wirklichkeit handelt es sich jedoch um einen hochspezifischen Abwehrvorgang: Abgespaltene, triebbesetzte Identifizierungen tauchen abwechselnd im Bewußtsein auf. Um etwas völlig anderes handelt es sich nach Kernberg bei der unspezifischen, globalen Form der mangelnden Impulskontrolle. Hier führt jede Steigerung von Triebspannung oder Angst zu einem unvorhersehbaren impulsiven Verhalten, das der globalen Abfuhr von intrapsychischer Spannung dient.

- mangelhaft entwickelte Sublimierungen, womit in erster Linie kreative Genußfähigkeit und kreative Leistungsfähigkeit gemeint sind. Diese beiden Aspekte sind nach Kernberg der vielleicht wichtigste Indikator dafür, inwieweit der Patient über eine konfliktfreie Ich-Sphäre verfügt.

2.5.4 Primärprozeßhafte Denkformen

Unter Berufung auf die Untersuchung von Rapaport, Gill und Schafer (1945/46, 1968) sieht Kernberg im Auftauchen primärprozeßhafter Denkformen das «wichtigste strukturelle Kriterium für eine Borderline-Persönlichkeitsstruktur» (Kernberg 1983, S. 44). Auf dieses Merkmal wird in einem der folgenden Abschnitte noch ausführlich eingegangen werden (Abschnitt 3.5).

2.5.5 primitive Abwehrmechanismen

Das frühkindliche Ich hat nach Kernberg zwei wesentliche Entwicklungsaufgaben zu leisten: Im Laufe der ungestörten Entwicklung erfolgt zuerst die Differenzierung der Vorstellungen (Repräsentanzen) von Selbst und Objekt, die sich aus Verinnerlichungen von Objektbeziehungen ableiten. Im nächsten Schritt erfolgt die Integration von «guten» und «bösen», d.h. aggressiv und libidinös besetzten Selbstrepräsentanzen einerseits und Objektrepräsentanzen andererseits. An der Differenzierung von Selbst- und Objektrepräsentanzen ist nach Kernberg einerseits die Reifung und Entwicklung der «Apparate primärer Autonomie» wesentlich beteiligt, vor allem Wahrnehmung und Gedächtnis. Auch die Befriedigung und die (maßvolle) Frustration von Triebregungen fördern nach Kernberg die angesprochene Differenzierung: Befriedigung lenkt die Aufmerksamkeit auf Selbst und Objekt, Frustration macht die Abwesenheit des befriedigenden Objekts schmerzhaft bewußt. Andereseits behindert sowohl eine übermäßige Befriedigung als auch eine übermäßige Frustration von Triebbedürfnissen die Selbst- Objektdifferenzierung. Klinische Erfahrungen deuten nach Kernberg darauf hin, daß in erster Linie die übermäßige Frustration (oraler) Triebbedürfnisse diesen Differenzierungsvorgang beeinträchtigt, weil hierdurch die normale Tendenz zur regressiven Wiederverschmelzung von Selbst und Objekt verstärkt wird. Dieser Vorgang wird von Jacobson (1964) als Versuch verstanden, einen Zustand absoluter Befriedigung wiederzuerlangen.

Der zweite Entwicklungsschritt, die Integration von «total guten» und «total bösen» Selbst- bzw. Objektrepräsentanzen zu einer ganzen Selbst- bzw. Objektrepräsentanz, wird nach Spitz (1960) entscheidend durch die Entwicklung der Ichfunktionen ermöglicht: So fördert die Wahrnehmung, daß ein und dasselbe Objekt sowohl befriedigend als auch versagend sein kann, die Integration von libidinösen und aggressiv besetzten Objektrepräsentanzen. Ein wesentlicher Beitrag geht nach Spitz (1960) außerdem von der synthetischen Funktion des Ichs aus, d.h. von der Tendenz, gegensätzliche Affekte und Vorstellungen miteinander zu vermitteln.

Im Fall der Psychose sind nach Kernberg beide Entwicklungsschritte gescheitert, die regeressive Wiederverschmelzung von Selbst- und Objektrepräsentanzen steht jedoch im Vordergrund. In der Folge tritt eine Auflösung der Grenze zwischen Selbst und Nicht-Selbst auf. Verschiedene Faktoren kommen nach Kernberg als Ursache einer solchen Wiederverschmelzung in Frage:

- Reifungsstörungen im Bereich der «Apparate primärer Autonomie»;
- eine konstitutionell bedingte mangelnde Angsttoleranz, d.h. bereits geringe Frustrationen lösen regressive Wiederverschmelzungsvorgänge aus;
- real erfahrene übermäßige Frustration;
- übermäßige Aggression, die durch Frustration oder eine konstitutionell bedingte übermäßige Stärke des Aggressionstriebes verursacht sein kann.

Nach Kernberg (1983) ist bei der «Borderline-Persönlichkeitsstruktur» zwar auch der erste Entwicklungsschritt in gewissem Maße beeinträchtigt, die Defizite in der Selbst-Objektdifferenzierung spielen jedoch nach Kernberg nie eine so zentrale Rolle wie bei der Psychose. Da die Differenzierung zwischen Selbst- und Objektrepräsentanzen im Gegensatz zu Psychotikern relativ gut gelungen ist, bleiben nach Kernberg bei Borderline-Patienten die Ich-Grenzen und damit verbunden die Fähigkeit zur Realitätsüberprüfung weitgehend intakt. Das entscheidende Entwicklungsversagen der Borderline-Persönlichkeitsstruktur sieht Kernberg (1983) dagegen in einer weitgehend mißlungenen Integration von libidinösen und aggressiven Selbst- bzw. Objektrepräsentanzen: Durch den Abwehrmechanismus der «Spaltung» halten Borderline-Patienten «gute» und «böse» Selbst- bzw. Objektrepräsentanzen aktiv voneinander getrennt. Die aktive Trennung stellt einen Abwehrvorgang dar, durch den die «guten» Introjekte und der darauf aufbauende Ich-Kern vor der Zerstörung durch die «bösen» Introjekte geschützt und eine Generalisierung von Angst vermieden werden soll. «Eine solche Form der Abwehr durch Teilung des Ichs ... entspricht im wesentlichen dem Mechanismus der Spaltung.» (Kernberg 1983, S. 54).

Kernberg grenzt seine Verwendung des Begriffs der Spaltung als aktives Auseinanderhalten von konträren Introjekten von der weiter gefaßten Bedeutung des Begriffs bei anderen Autoren ab. Das spezifische Merkmal der Spaltung besteht darin, daß sie das Ich vor Konflikten durch aktives Auseinanderhalten libidinös und aggressiv besetzter Introjekte schützt, ohne daß die beiden Konfliktanteile dadurch vom Bewußtsein ausgeschlossen werden: «Vielmehr ist der entsprechende Triebabkömmling in diesem Fall sowohl als Emotion wie auch als Vorstellung und als Handlungsintention voll bewußtseinsfähig, erscheint aber völlig abgetrennt von anderen Segmenten bewußten Erlebens.» (Kernberg 1983, S. 46). Diese Wirkung der Spaltung erklärt nach Kernberg, wie wechselnde Ich-Zustände (z. B. Liebe und Haß) abwechselnd aktiviert werden, ohne daß der Patient den Widerspruch erlebt. Ein solches extremes Umschlagen von Gefühlen und Vorstellungen in ihr totales Gegenteil kann sich sowohl auf äußere Objekte als auch auf das eigene Selbstkonzept beziehen.

Die Spaltung beeinträchtigt nach Kernberg die synthetischen und realitätsprüfenden Funktionen des Ichs sowie die Affekt- und Über-Ich-Entwicklung. Sie führt nach Kernberg zu dem Syndrom, das Erikson (1956, 1977) als «Identitäts-Diffusion» bezeichnet hat. – Erikson scheint hierunter jedoch in erster Linie ein Problem der Selbst-Objekt-Differenzierung verstanden zu haben (vgl. Erikson, 1977, S. 157, 170).

2.5.6 Primitive Abwehrmechanismen, die zusammen mit der Spaltung auftreten

Spaltung tritt nach Kernberg (1967, 1983) in Verbindung mit weiteren sogenannten primitiven Abwehrmechanismen auf: mit primitiven Formen der Idealisierung oder Entwertung, der Verleugnung sowie mit dem Abwehrmechanismus der Projektion. Insbesondere tritt auch projektive Identifizierung auf, die Kernberg (1967, 1983, 1988) im Unterschied zu König (z. B. 1992 a) und Sandler (1987) als primitiven Abwehrmechanismus einstuft.

2.5.6.1 Primitive Idealisierung

Unter «primitiver Idealisierung» faßt Kernberg die Tendenz, äußere Objekte als Schutz gegen «böse» Objekte und auch gegen die eigene auf sie projizierte Aggression zu «total guten» Objekten zu machen und an ihnen narzißtisch teilzuhaben. Einer solchen primitiven Idealisierung liegt nach Kernberg keine Aggression oder Schuldgefühle gegen das Objekt zugrunde (Kernberg, 1983, S. 51): «Es handelt sich hier also nicht um eine Reaktionsbildung, sondern um die unmittelbare Manifestation einer primitiven Phantasiestruktur, in der es gar nicht um eine wirkliche Hochschätzung der idealisierten Person geht, sondern ausschließlich um deren Eignung als Beschützer gegen eine Welt voller gefährlicher Objekte.»

Durch die primitive Idealisierung wird nach Kernberg die Entwicklung von Über-Ich und Ich-Ideal beeinträchtigt (Kernberg, 1983, S. 57): «... die überidealisierten Objektimagines und die «total guten» Selbstimagines können nur phantastische Ideale von Macht, Größe und Vollkommenheit hervorbringen ...»

Diese phantastischen idealisierten Objekt- und Selbstvorstellungen können nicht mit den primitiven archaischen Über-Ich-Vorläufern integriert werden, die aus Verinnerlichungen von «bösen» prägenitalen Objektimagines stammen. Durch die mangelnde Integration von «guten» Ich-Ideal- und «bösen» Über-Ich-Vorläufern behält das Über-Ich seinen sadistischen und das Ich-Ideal seinen phantastischen Charakter. Der sadistische Charakter des Über-Ichs und der überidealisierte Charakter des Ich-Ideals verhindern eine realistische Wahrnehmung der Forderungen der Eltern und deren Integration mit den Über-Ich- und Ich-Ideal-Vorläufern (Kernberg, 1983).

Kernberg unterscheidet «primitive» Idealisierungen von reiferen Formen der Idealisierung, wie sie bei depressiven Patienten als Reaktionsbildung der gegen die Objekte gerichteten Aggression auftreten. Bei primitiven Idealisierungen fehlen zugrundeliegende Aggressionen sowie dadurch hervorgerufene Schuldgefühle gegenüber dem Objekt.

Durch die phantasierte, erwünschte Verschmelzung mit dem idealisierten Objekt kommt es nach Kernberg zu einer Labilisierung der Ich-Grenzen, die ansonsten weitgehen stabil sind.

2.5.6.2 Frühform der Projektion, die projektive Identifizierung

Charakteristisch für Borderline-Patienten ist nach Kernberg eine starke Tendenz zu Projektion sowie eine besondere Qualität der Projektion. Bei diesen sogenannten «frühen» Formen der Projektion werden nach Kernberg «total böse» oder auch «total schlechte» (entwertete) Selbst- und Objektrepräsentanzen externalisiert. Hierdurch entstehen phantasierte aggressive Objekte in der Außenwelt, gegen die Borderline-Patienten sich wiederum zur Wehr setzen müssen. Die Abwehr durch Projektion gelingt jedoch nur mangelhaft. Die intensive Neigung zur Projektion führt zusammen mit der Ichschwäche der Patienten zu einer umschriebenen Schwächung der Ichgrenzen im Bereich der Projektion von Aggression (Kernberg, 1967, 1983). Borderline-Patienten fühlen sich mit dem Objekt ihrer Aggression noch identifiziert, sie bleiben mit ihm «empathisch» verbunden. Dadurch wird die Angst vor der eigenen projizierten Aggression weiter aufrechterhalten und verstärkt. Borderline-Patienten empfinden daher die Notwendigkeit, das bedrohlich gewordene Objekt ständig unter Kontrolle zu halten oder selbst anzugreifen, bevor sie vom Objekt angegriffen und zerstört werden. Diese primitive Form der Projektion bezeichnet Kernberg als projektive Identifizierung. Projektive Identifizierung unterscheidet sich nach Kernberg (1983) von den späteren Formen der Projektion durch drei Merkmale:

a) die mangelnde Selbst-Objekt-Differenzierung in diesem Bereich,

b) die weiterbestehende Bewußtheit des eigenen Impulses sowie

c) die Notwendigkeit zur Kontrolle des Objekts.

Spätere Formen der Projektion weisen diese Merkmale dagegen nach Kernberg nicht auf. Als Beispiel führt Kernberg die Projektion sexueller Impulse bei der Hysterie an. Wenn etwa eine hysterische Frau Männer wegen ihrer sexuellen Wünsche verachtet oder fürchtet, ist sie sich ihrer eigenen sexuellen Wünsche nicht bewußt. Es kommt deshalb auch nicht zur «empathischen Einfühlung» in den «Feind» (Kernberg 1983, S. 52). Projektionen werden hier nur zur Unterstützung der Verdrängung eingesetzt.

Wie die primitive Idealisierung, so hat nach Kernberg auch die Verzerrung von Objektrepräsentanzen in aggressiver Richtung eine Beeinträchtigung der Über-Ich-Entwicklung zur Folge: Der archaische, sadistische Charakter primitiver Über-Ich-Vorläufer, die sich aus verinnerlichten prägenitalen «bösen» Objektimagines gebildet haben, verhindert es, daß diese Über-Ich-Vorläufer mit den Vorläufern des Ich-Ideal-integriert werden, die ihrerseits wiederum phantastisch überhöht sind. Hierdurch kommt es nicht zu einer Modifizierung dieser Vorläufer des Über-Ichs und Ich-Ideals.

Eine in einem wesentlichen Punkt andere Definition von projektiver Identifizierung wird von Ogden (1988), aber auch in späteren Arbeiten von Kernberg selbst (1977, S. 109, 1988, S. 34) gegeben: Danach kommt zu der Externalisierung von Teilen des Selbst eine interaktionelle Komponente hinzu, mit der ein äußeres Objekt so beeinflußt wird, daß es sich tatsächlich so fühlt, denkt und verhält, wie es den externalisierten Teilen des Selbst entspricht. Nach der Definition von Ogden (1988, S. 4) ist dies ein notwendiger Bestandteil von projektiver Identifizierung: «Projektive Identifikation kann es nicht geben, wo keine Interaktion zwischen Projizierendem und Empfänger besteht.»

Solche interaktionellen Beeinflussungen finden sich nach König (1982) aber nicht nur bei Borderline-Patienten, sondern auch bei weniger schwer gestörten Patienten, dann allerdings in einer subtileren Form. Sandler (1976) beschreibt z. B. eine Patientin, die ihn dazu brachte, daß er ihr immer Papiertaschentücher reichte, wenn sie weinte. Er war sich aber nicht darüber klar, warum er dies tat. Als er es einmal nicht tat, weil er nicht bemerkt hatte, daß sie weinte, beschuldigte sie ihn, sie zu vernachlässigen. Wie sich bei der Bearbeitung herausstellte, erlebte die Patientin dies so, als hätte sie sich beschmutzt und würde von der Mutter nicht saubergemacht. Dies hatte für die Patientin einen lebensgeschichtlichen Hintergrund, der bisher unklar geblieben war und durch das Bearbeiten der Interaktion zwischen ihr und dem Therapeuten aufgeklärt werden konnte.

Was die projektive Identifizierung bei Borderline-Patienten und Patienten mit neurotischen Störungen unterscheidet, ist nach König der archaische Charakter der Introjekte und die damit zusammenhängende Massivität der Beeinflussung von Außenobjekten, die projektiv identifiziert werden sollen. Idenfifizieren heißt hier Gleichmachen.

In einer neuen Arbeit (Kernberg et al., 1993) führt Kernberg als Motiv der interaktionellen Beeinflussung das Bedüfnis von Borderline-Patienten an, das Objekt, auf das eigene Impulse projiziert worden sind und vor dem der Patient deshalb Angst hat, zu kontrollieren. In Bezug auf die Person, der die Projektion gilt, schreibt Kernberg (S. 16): «Mit diesem Ziel [der Kontrolle] wird sie häufig zu einem bestimmten Verhalten provoziert, das die Projektion scheinbar bestätigt.»

Das Bedürfnis zur Kontrolle kommt als Motiv der interaktionellen Beeinflussung jedoch erst dann ins Spiel, wenn jemand per Interaktion zu einem «bösen» Objekt gemacht worden ist. Zunnächst geht es bei der projektiven Identifizierung jedoch darum, ein äußeres Objekt einem inneren Objekt oder einem Selbstaspekt (z. B. einem Gefühl oder dem Über-Ich) anzugleichen.

Der Druck, der Zwang, den der Empfänger erlebt, sich so zu verhalten wie das externalisierte Introjekt, ist jedoch nicht der eigentliche Zweck der projektiven Identifizierung. Der ausgeübte Zwang ist Mittel zum Zweck, der darin besteht, das äußere Objekt dem Introjekt anzugleichen. Das wiederum führt nach König (1992 a, 1993) zu einem Gefühl des Vertrautseins, zu einer inneren Konfliktentlastung oder zu dem Eindruck, das äußere Objekt erlebe ähnlich wie derjenige, der projektiv identifiziert. Ein Objekt, das im Erleben des Patienten bestimmte Teile des Selbst «enthält», muß dann kontrolliert werden, damit diese Teile des Selbst dem Patienten nicht verlorengehen.

Melanie Klein (1946, 1994, S. 147) erklärt dagegen die zwanghafte Kontrolle von Objekten aus dem Bedürfnis, Teile des Selbst zu kontrollieren. Wenn diese auf äußere Objekte projiziert worden sind, können sie im anderen kontrolliert werden. Hier handelt es sich um eine Konfliktentlastung der inneren Welt dessen, der projektiv identifiziert. Dieses Motiv dürfte jedoch eher für Zwangsneurotiker gelten als für Borderline-Patienten. Melanie Klein (1994, S. 147) scheint sich auch eher auf die Zwangsneurose zu beziehen.

Ogden (1988) nimmt an, daß die projektive Identifizierung in drei Phasen verläuft: Ein Individuum möchte einen Selbstanteil, den es als gefährlich oder als gefährdet erlebt, loswerden und projiziert ihn auf eine andere Person. Er oder sie entwickelt die Phantasie, daß dieser Teil die andere Person von innen kontrolliert. Was als nächstes geschieht, beschreibt Ogden folgendermaßen: «Dann wird durch zwischenmenschliche Interaktion Druck ausgeübt, so daß der Empfänger der Projektion sich gedrängt fühlt, so zu denken, zu empfinden und zu handeln, wie es der Projektion entspricht; schließlich werden die projizierten Gefühle vom Projizierenden wieder reinternalisiert, nachdem sie vom Empfänger psychisch verarbeitet wurden» (Ogden, 1988, S. 2).

Die Interaktion bestätigt nach Ogden zwei Aspekte der Phantasie des Projizierenden (1988, S. 5): «die Vorstellung, 1. daß das Objekt die projizierten Selbstanteile besitzt; 2. daß das Objekt von der projizierenden Person kontrolliert wird.»

Ogden betont, daß das, was der Empfänger erlebt, nicht das «verpflanzte» Gefühl des Projizierenden ist, sondern im Empfänger entsteht ein entsprechendes Gefühl neu (1988, S. 6): «Der Empfänger ist der Autor seiner eigenen Gefühle, wenn sie auch von einem ganz spezifischen Druck des Projizierenden ausgelöst sind.»

Nachdem im Empfänger ein bestimmtes Gefühl ausgelöst worden ist, verarbeitet er es auf der Basis seiner eigenen Persönlichkeit und bietet dem Projizierenden die Möglichkeit der Reinternalisierung.

Ogden betont weiterhin, daß die Kontrolle des Objekts durch die reale Interaktion ausgeübt wird und nicht, wie der Projizierende sich vorstellt, durch die «verpflanzten» Selbstanteile (1988, S. 5): «In der Tat besteht ein echter 'Einfluß', aber es ist nicht die eingebildete uneingeschränkte Kontrolle mit Hilfe 'verpflanzter' Selbstaspekte, die nun im Objekt leben; vielmehr wird ein äußerer Druck ausgeübt mit Hilfe von zwischenmenschlicher Interaktion.»

Es ist eine interessante Frage, wie die Reinternalisierung bei der projektiven Identifizierung vor sich geht und was eigentlich reinternalisiert wird: ein verändertes Gefühl oder eine andere Art, mit solchen Gefühlen umzugehen (oder beides): Ogden (1988) spricht einerseits von der Reinternalisierung der «projizierten Gefühle» (S. 2), der «verarbeiteten Projektion» (z. B. S. 7, 8). Projektive Identifizierung im Rahmen psychischer Veränderungen beschreibt Ogden (1988, S. 9) z. B. folgendermaßen: «... als Weg zu psychischer Veränderung ist projektive Identifizierung ein Prozeß, bei dem Gefühle, wie die, mit denen man selbst ringt, von einer anderen Person psychisch verarbeitet und in einer veränderten Form zur Verfügung gestellt werden.» Nach dieser Vorstellung werden *verarbeitete Gefühle* zur Verfügung gestellt. – Genau genommen sagt Ogden hier jedoch nichts darüber, was mit den «zur Verfügung gestellten Gefühlen» geschieht, wie eine Reinternalisierung vor sich geht.

Ogden spricht aber auch davon, daß sich der Projizierende durch die Internalisierung der verarbeiteten Projektion eine neue Art des Umgangs mit diesem Gefühl aneignet (1988, S. 7). Etwas früher schreibt er entsprechend (1988, S. 6): «Wenn der Empfänger der Projektion mit den in ihn 'hinein'-projizierten Gefühlen in einer Weise umgehen kann, die sich von der des Projizierenden unterscheidet, dann entsteht eine neue Mischung von Gefühlen, die man als eine verarbeitete Version der ursprünglichen projizierten Gefühle ansehen kann. Die neue Mischung von Gefühlen mag die Einstellung beeinhalten, daß die projizierten Gefühle, Gedanken und Repräsentanzen ertragen werden können, ohne daß andere Selbstaspekte oder wertvolle äußere und innere Objekte beschädigt würden ...»

Was ist aber damit gemeint, daß die neue Mischung von Gefühlen eine (veränderte) Einstellung «beeinhaltet» ?

Ogden (1988, S. 6) spricht an einer Stelle von einer «Verschmelzung der projizierten Gefühle mit den Aspekten des Empfängers [...]», die eine veränderte Einstellung «mit einbezieht». Ogden geht hier offensichtlich davon aus, daß «mit» der «neuen Mischung von Gefühlen» auch eine veränderte *Einstellung* «verinnerlicht» wird: Der Empfänger zeigt dem Projizierenden, daß die ursprünglichen primitiven Gefühle ausgehalten werden können, daß man mit ihnen fertig werden kann, daß man sie nicht unbedingt loswerden muß. Sie sind nicht so zerstörerisch oder gefährlich wie befürchtet. In gewissem Umfang zeigt der Empfänger dem Projizierenden auch, wie er man diesen Impulsen anders umgegangen ist, wie er mit ihnen besser fertig geworden ist als der Projizierende.[1]

Wenn der Projizierende diese Einstellung und diese Art des Umgangs übernimmt, handelt es sich meiner Ansicht nach hierbei aber um Identifizierungen mit dem Empfänger in seinen «aushaltenden» und verarbeitenden Funktionen und nicht um die Reinternalisierung eines «metabolisierten» Gefühls. Dies geht auch aus den von Ogden gegebenen Beispielen (S. 7-8, 10) hervor und wird von ihm selbst auch so verstanden: In einem Fallbeispiel wehrt ein Patient seine Gier ab und weckt durch sein Verhalten gierige Gefühle im Analytiker. Diese Gefühle erscheinen dem Analytiker zunächst unannehmbar, er wehrt sie ab, ist z. B. großzügig mit seiner Zeit. Schließlich wird ihm dies bewußt. Als entscheidend erweist sich, daß er seine Gier erleben kann, ohne dadurch Schaden zu erleiden. Er versteckt seine Freude über die Bezahlung nicht mehr, sondern kann sie zulassen und dem Patienten zeigen: Als der Patient ihm einen Scheck überreicht und sagt, er freue sich wohl über einen «dicken fetten Scheck», dies stünde einem Psychiater nicht gut an, lacht der Analytiker in sich hinein und sagt, daß es schön sei, Geld zu erhalten. Er gibt keine Deutung, sondern beläßt es bei dieser Intervention. Ogden (1988, S. 8) schreibt dazu: «Die Fähigkeit des Analytikers, seine hungrigen, gierigen, verschlingenden Gefühle anzunehmen und sie gleichzeitig mit anderen Gefühlen gesunden Selbstinteresses und Selbstwerts zu integrieren, bot sich in dieser Situation dem Patienten zur Internalisierung an.» Wie Ogden selbst sagt, geht es hier um die Internalisierung eines anderen Umgangs mit gierigen Gefühlen. Wenn dann der Patient in der Folge seine eigene Gier erleben kann, Ogden beschreibt den Verlauf hier nicht weiter, dann nicht, weil er vom Analytiker ein verarbeitetes Gefühl irgendwie in sich hineingenommen hat, sondern weil er

[1] In der veränderten Projektion kommen die Verarbeitungsprozesse nur in gewisser Weise zum Ausdruck: so wie ein fertiges Gericht einerseits auf die Rohstoffe, andererseits auf die Art der Zubereitung schließen läßt. Wie der Prozeß der Zubereitung genau erfolgt ist, kann man am Produkt jedoch nicht ablesen.

aufgrund von Verinnerlichungen entsprechender Einstellungen und Fähigkeiten des Analytikers anders mit seiner eigenen Gier umgehen kann. Er «bekommt» seine Gier vom Analytiker nicht in verarbeiteter Form «zurück», auch wenn er dies so erleben kann. Es ist seine eigene Gier, die er erlebt, weil er sie jetzt aufgrund seiner neu gewonnenen Möglichkeiten zulassen kann und nicht mehr loswerden muß.

Für die Induktionsphase der projektiven Identifizierung betont Ogden, wie bereits erwähnt, daß das, was der Empfänger erlebt, nicht das «verpflanzte» Gefühl des Projizierenden ist, sondern im Empfänger entsteht ein entsprechendes Gefühl neu (1988, S. 6). Dies gilt meiner Ansicht nach auch für die Phase der Reinternalisierung. Auch hier wird kein Gefühl vom Empfänger in den Projizierenden «zurück-verpflanzt»: Auch der Projizierende ist der Autor seiner eigenen Gefühle, auch wenn sie durch die Interaktion mit dem Empfänger ausgelöst werden.

Bei Beschreibungen der projektiven Identifizierung besteht die Gefahr, psychische Vorgänge ebenso zu verdinglichen wie es schwer gestörte Patienten tun: als könnten Selbstanteile wirklich in andere Personen hineinverpflanzt werden.

Am Ende seines Artikels formuliert Ogden (1988, S. 18) auch selbst sehr klar, daß Identifizierungen bei der Reinternalisierung eine entscheidende Rolle spielen: «In der Endphase der projektiven Identifikation stellt sich das Individuum vor, daß es einen Aspekt seiner selbst wiederbesitzt, der in einem anderen 'geruht' [...] hat. Verbunden mit dieser Phantasie ist ein Vorgang der Internalisierung; dabei wird die Art und Weise, wie das Objekt mit der projektiven Identifikation umgeht, wahrgenommen und der Versuch gemacht, diesen Aspekt des Objekts zu einem Teil des eigenen Selbst zu machen.»

In Abhängigkeit von der Reife des Projizierenden kann die Internalisierung nach Ogden eher die Form einer primitiven Introjektion haben, bei der das Introjizierte als ich-fremd erlebt wird oder aber einer Identifizierung, bei der das das Introjizierte in die Persönlichkeit integriert wird und das Individuum das Gefühl hat, einem Objekt ähnlich oder gleich geworden zu sein. Ogden bezieht sich hier auf Schafer (1968), der verschiedene Formen der Internalisierung unterscheidet. Eine direkte Form der «Übernahme» eines verarbeiteten Gefühls oder Impulses ist meiner Ansicht nach allenfalls vorstellbar bei sehr primitiven Introjektionen, bei der sich der Projizierende den Empfänger und damit sein Gefühl einverleibt, so daß er sich wie der Empfänger fühlt.

Vermutlich gibt es jedoch auch Formen projektiver Identifizierung, bei der veränderte Gefühle beim Projizierenden nicht über Identifizierungen entstehen, zumindest zunächst nicht, sondern über Interaktion und Kommunikation: Wenn ein Kind voller Angst ist und ein entsprechendes Gefühl bei der Mutter durch verbale und non-verbale Signale auslöst, kann die Mutter aufgrund ihrer weiter entwickelten Persönlichkeit mit dieser Angst anders umgehen als das Kind. Sie kann Mechanismen zur Bewältigung einsetzen und auf diese Weise ihre Angst reduzieren. Indem sie dann beruhigend und besänftigend auf das Kind eingeht, löst sie beim Kind ein Gefühl aus, das nun wiederum ihrem eigenen entspricht, vielleicht das Gefühl: «Es ist alles nicht so schlimm, das schaffe ich schon!» Bei dieser Form der projektiven Identifizierung handelt es sich um einen symmetrischen Vorgang: Zunächst löst der Projizierende beim Empfänger ein Gefühl aus, das seinem eigenen entspricht. Dieses Gefühl wird vom Empfänger verarbeitet. Da der Empfänger sich dadurch selbst anders fühlt, löst er in einem symmetrischen Vorgang dieses verarbeitete Gefühl seinerseits per verbaler und non-verbaler Kommunikation beim Projizierenden aus. Auch bei diesem «Rücklauf» ist das, was der Projiziernde erlebt, nicht das «verpflanzte» Gefühl des Empfängers, sondern entsteht neu im Projizierenden. Diese Gefühle sind anders als seine ursprünglichen, weil der erste Empfänger sich anders fühlt als der Projizierende und dies kommuniziert. Durch Wiederholungen solcher Vorgänge kommt es allmählich zu Verinnerlichungen der beteiligten Funktionen der Mutter. [2]

Ein Unterschied zwischen den beiden Vorgängen der Gefühlsauslösung besteht vermutlich darin, daß die reifere Person (wahrscheinlich) weniger archaische Signale verwendet und ein stärkerer Anteil auf der verbalen Mitteilung liegt. Ob dieser aber der entscheidende Anteil ist oder nicht auch hier möglicherweise die präverbalen Signale entscheidend für die Gefühlsauslösung sind, ist offen.

Wie aus dem oben angeführten Zitat hervorgeht, nimmt Ogden (1988, S, 18, Hervorhebung F.L.) an, daß beim Vorgang der Internalisierung der Projizierende wahrnimmt, wie der Empfänger mit dem Projizierten umgeht und versucht, «diesen Aspekt des Objekts *zu einem Teil des eigenen Selbst zu machen.*» Wie geschieht das aber, daß ein Aspekt eines Objekts zu einem Teil des Selbst gemacht wird? Was passiert eigentlich wirklich bei einer «Identifizierung», einer «Verinnerlichung», einer «Einverleibung» von Aspekten eines Objekts in das Selbst?

Diese Begriffe sind deskriptiver Natur. Aus einem Ähnlichwerden wird auf eine «Identifizierung», eine «Verinnerlichung», eine «Einverleibung» geschlossen, ohne daß die *Prozesse* angegeben werden, die tatsächlich stattfinden, wenn jemand einem anderen ähnlich wird. Bandura (1969, 1986) hat eine Theorie des «Lernens am Modell» entwickelt. Nach dieser Theorie werden neue Verhaltensweisen durch die Beobachtung und Imitation eines Vorbilds (Modells) erworben. Bandura unterscheidet dabei nicht zwischen Imitation

[2] Es mag sein, daß bei Säuglingen Projektionen hier keine Rolle spielen, weil sie die Fähigkeit zur Symbolisierung voraussetzen, so daß ausschließlich präverbale Kommunikation stattfindet (Dornes, 1993, S. 1144). Bei erwachsenen Patienten sind dagegen hier Projektionen beteiligt.

und Identifikation: Er betrachtet Imitation als den Prozeß, der der Identifikation zugrundeliegt (Bandura, 1969). Man kann aber auch umgekehrt sagen: Zunächst erfolgt eine Identifizierung mit einem Objekt in seinen Funktionen. Werden diese Funktionen dann vom Beobachter selbst ausgeübt, erfolgt eine Imitation des Vorbilds.

Im Rahmen der Weiterentwicklung dieser Theorie richtet sich heute das Augenmerk auf die Vorgänge, die zwischen Modell- und Bobachterverhalten vermitteln: auf kognitive und affektive Prozesse, auf die Frage der Generalisierung auf neue Situationen sowie der Generalisierung von verbalem auf non-verbales Verhalten (Bandura, 1986). Nach dieser Theorie wird durch die Beobachtung von Vorbildern nicht einfach ein *situationsspezifisches konkretes Verhalten* erworben, sondern eine *allgemeine Regel, ein Konzept.* In dem oben gegebenen Fallbeispiel von Ogden könnte der Patient z. B. folgende Regel übernehmen: «Es ist möglich, gierig zu sein, ohne sich oder anderen zu schaden.» Oder: «Ich tue mir etwas Gutes, wenn ich etwas haben will, ohne daß ich damit anderen schade.» Mit diesen verbalen Umschreibungen werden natürlich nicht alle, sondern nur bestimmte Aspekte erfaßt, die der von Ogden beschriebene Patient internalisiert haben könnte.

Die Forschung zum Lernen am Modell zeigt, daß Merkmale des Vorbilds, des Beobachters sowie der Beziehung zwischen beiden einen Einfluß darauf haben, wer imitiert wird und was von dieser Person übernommen wird. Danach werden Modelle vor allem dann nachgeahmt, wenn sie soziale Macht, ein hohes Ansehen oder besondere Fähigkeiten haben. Auf seiten des Beobachters fördern z. B. Abhängigkeit und Ängstlichkeit eine Nachahmung, aber auch besondere Aufmerksamkeit und Motivation zur Imitation (Bandura, 1986). Jemand eignet sich vor allem dann als Vorbild, wenn der Beobachter eine positive Beziehung zu ihm hat und er eine gewisse Ähnlichkeit zum Modell hat oder empfindet.

Bei den genannten Merkmalen handelt es sich durchgehend um solche, die im Rahmen einer Therapie besondere Bedeutung haben. Die therapeutische Situation ist demnach eine, die Imitation oder Identifizierungen besonders nahelegt.

Die Beobachtung von Modellen, die Gefühle zum Ausdruck bringen, scheint bei dem Beobachter eine emotionale Erregung hervorzurufen (Bandura, 1986). Dieser Befund kann für das «Prinzip Anwort» sprechen, bei dem der Therapeut dem Patienten selektiv und authentisch mitteilt, was er selbst empfindet (z. B. Heigl-Evers, Heigl und Ott, 1993). Es wird jedoch darauf ankommen, was die hervorgerufene emotionalen Erregung für Folgen hat. Dies abzuschätzen, ist Aufgabe des Therapeuten.

Insgesamt kann die Forschung zum Lernen am Modell einen Beitrag dazu leisten, zu verstehen, was bei Identifizierungen wirklich passiert. Sie könnte erklären, warum z. B. bestimmte Einstellungen oder Umgangsweisen eines bestimmten Therapeuten übernommen werden, andere dagegen nicht. Das setzt allerdings die Bereitschaft voraus, einmal einen Blick in die Nachbardisziplinen zu riskieren.

2.5.6.3 Primitive Verleugnung

Primitive Verleugnungen stehen nach Kernberg in Beziehung zur Spaltung und unterstützen diese, während reifere Formen der Verleugnung mit der Isolierung und anderen Formen der Affekt-Abwehr verbunden sind.

Primitive Verleugnungen liegen bei Borderline-Patienten z. B. bei dem bereits beschriebenen episodischen Wechsel von Ich-Zuständen vor: Die jeweils «andere Seite» ist dem Patienten zwar bewußt, dieses Wissen hat für ihn aber keine emotionale Relevanz. Es ändert nichts an seinen momentanen Gefühlen. Das unterscheidet nach Kernberg primitivere von reiferen Formen der Verleugnung, bei der die emotionale Bedeutung des Verleugneten dem Patienten noch nie bewußt war. Solche reiferen Formen der Verleugnung treten in Zusammenhang mit der Verdrängung auf und stehen der Isolierung nahe.

2.5.6.4 Allmacht und Entwertung

Bei Borderline-Patienten zeigt sich nach Kernberg oft ein charakteristisches Schwanken zwischen Phantasien eigener Allmacht und der Tendenz, andere Personen mit Allmacht auszustatten. Beiden Vorgängen liegt nach Kernberg eine Identifizierung mit dem «total guten» Objekt zugrunde, die dem Schutz gegen «böse», verfolgende Objekte dient: Bei Phantasien eigener Allmacht ist der Patient mit dem «total guten» Objekt identifiziert. Werden andere Personen in der Phantasie mit Allmacht ausgestattet, so werden diese zu «total guten» Objekten gemacht.

Entwertungen können verschiedenen Zwecken dienen: Sie können verhindern, daß Objekte zu gefährlichen «bösen» Verfolgern werden oder sie können eine phantasierte Zerstörung frustrierender Objekte bewirken, die in entwertetem Zustand nicht mehr gefährlich sind.

2.5.7 Genetisch-dynamische Merkmale

In seiner Analyse der für Borderline-Störungen typischen Triebinhalte bezieht sich Kernberg (1983) auf die Arbeiten von Melanie Klein und ihrer Mitarbeiter. Hierbei weist er allerdings einige Grundannahmen von Melanie Klein als unhaltbar zurück, insbesondere die Verlagerung der ödipalen Entwicklung ins erste Lebensjahr und die mangelnde Berücksichtigung struktureller Merkmale innerhalb des Ichs und des Über-Ichs. Im Zentrum der dynamischen, also triebbezogenen Entwicklung der Borderline-Persönlichkeitsstruktur sieht Kernberg ein Übermaß an prägenitaler, vor allem orale Aggression, die verschiedene Ursprünge haben kann. Diese Aggressionen werden in erster Linie projektiv verarbeitet, was zu einem bedrohlich verzerrten Mutterbild führt. Aufgrund der noch mangelhaften Differenzierung zwischen Mutter und Vater wird die orale Wut gegen die Mutter bald auch auf den Vater übertragen. Beide Elternteile werden nach Kernberg (1983, S. 64) als überaus bedrohliches, vereinigtes Elternpaar erlebt, und es wird ein entsprechendes «vereinigtes Vater-Mutterimago» verinnerlicht. Dies hat nach Kernberg zur Folge, daß später alle sexuellen Beziehungen als bedrohlich und aggressiv durchsetzt erlebt werden. Der zweite, für die dynamische Sicht Kernbergs wesentliche Aspekt besteht in dem bereits von Melanie Klein (1946, 1994) gefundenen vorzeitigen Entwickeln genitaler Triebstrebungen: Um die vorenthaltene orale Befriedigung doch noch zu erlangen, wenden sich Junge und Mädchen dem gegengeschlechtlichen Elternteil zu. Die Entwicklung von Jungen und Mädchen verläuft nach Kernberg dann unterschiedlich: Beim Jungen werden die entstehenden ödipalen Ängste durch die Mutter massiv verstärkt, was zu dem Bild einer «gefährlichen, kastrierenden Mutter» führt. Ebenso wird die ödipale Kastrationsangst vor dem Vater durch die Projektion präödipaler Aggression immens vergrößert. In dieser Situation sind für den Jungen nach Kernberg verschiedene «Lösungen» möglich:

- Die homosexuelle Unterwerfung unter den Vater kann als Versuch verstanden werden, vom Vater die orale Befriedigung zu erhalten, die die Mutter vorenthalten hat (orale Form männlicher Homosexualität). Ein weiteres Motiv besteht in der Vermeidung der als äußerst gefährlich erlebten Heterosexualiät: Die gefährliche, kastrierende Mutter stellt eine ständige Bedrohung dar.

- Bei einer heterosexuellen Entwicklung kann die Tendenz entstehen, der Mutter «sexuell zu 'rauben', was sie oral versagte» (Kernberg 1983, S. 65). Nach Kernberg findet sich diese Entwicklung häufig bei narzißtischen, promiskuitiven Männern, die sich in pseudo-genitalen Beziehungen unbewußt an der oral frustrierenden Mutter rächen wollen.

- Bei anderen Lösungen kommt es zur Ausgestaltung einzelner Partialtriebe, insbesondere solcher, bei denen ein Ausleben der Aggression möglich ist.

Bei Mädchen entwickeln sich nach Kernberg vorzeitig genitale Strebungen gegenüber dem Vater, die als «Ersatzbefriedigung oraler Abhängigkeitsbedürfnisse» benutzt werden (Kernberg 1983, S. 65). Aus verschiedenen Gründen ist diese «Lösung» jedoch zum Scheitern verurteilt: Durch das Bild des «gefährlichen, vereinigten Elternpaars» wird auch der Vater als bedrohlich erlebt; orale Wut und oraler Neid verstärken den Penisneid der Frauen erheblich; das Bild der ödipal verbietenden Mutter wird durch die gefährliche präödipale Mutter überlagert. Folgende Lösungen stehen dem Mädchen nach Kernberg zur Verfügung:

- Promiskuität als Verleugnung von Penisneid und Abhängigkeit von Männern;
- masochistische Tendenzen zur Entlastung gegenüber präödipal oder ödipal bestimmten Über-Ich-Forderungen;
- Homosexualität als Suche nach oraler Befriedigung durch die «gute» Mutter unter Abspaltung des «bösen» Mutterbildes;
- sado-masochistische heterosexuelle Beziehungen sowie die Entwicklung von Partialstrebungen wie beim Jungen.

Die Triebschicksale von Borderline-Patienten sind nach Kernberg demnach durch folgende Merkmale gekennzeichnet:

- Frustration oraler Bedürfnisse;
- übermäßige, vor allem orale Aggression;
- vorzeitige Entwicklung ödipaler Triebstrebungen;
- pathologische Verschränkung prägenitaler und genitaler Triebziele unter dem dominierenden Einfluß aggressiver Bedürfnisse.

Die chaotisch anmutende «Pan-Sexualität» von Borderline-Patienten läßt sich nach Kernberg als eine Kombination dieser verschiedenen, erfolglosen Versuche verstehen, mit der Aggressivierung genitaler Strebungen fertig zu werden. Der bei Borderline-Patienten fehlenden sexuellen Identität liegt nach Kernberg eine frühere, tieferliegende Identitätsstörung zugrunde.

2.5.8 Differential-Diagnose und das «strukturelle Interview»

Das Überwiegen primitiver Abwehrmechanismen und die resultierende Identitätsdiffusion im Sinne einer Aufspaltung der Selbstrepräsentanzen in nur «gute» und nur «böse»/«schlechte» sind für Kernberg die zentralen Kriterien zur Unterscheidung von neurotischen Persönlichkeitsstrukturen auf der einen und Borderline- und psychotischen Persönlichkeitsstrukturen auf der anderen Seite (Kernberg, 1977, 1988). Die Realitätsprüfung ist bei Borderline-Patienten aber intakt, wenn auch die Wahrnehmung von Innen und Außen, deren Unterscheidung sowie das Gefühl für die Wirklichkeit der eigenen Person sowie der Außenwelt beeinträchtigt sein können (Frosch, 1964). Borderline-Patienten können daher von Psychotikern anhand der relativ intakten Fähigkeit zur Realitätsprüfung unterschieden werden. Zur differential-diagnostischen Unterscheidung zwischen neurotischen, Borderline- und psychotischen Persönlichkeitsorganisationen haben Kernberg und Mitarbeiter eine spezielle Form des Interviews entwickelt, das «strukturelle Interview» (Kernberg, 1977, 1988). Es zielt auf die Erfassung der drei «strukturellen Merkmale»: das Niveau der Abwehrmechanismen, das Ausmaß der Identitäts-Integration und die Fähigkeit zur Realitätsprüfung (Kernberg 1977, 1988; Buchheim, Cierpka, Kächele und Jimenez, 1987).

2.5.9 Empirische Untersuchungen zum Borderline-Konzept Kernbergs

Es sind inzwischen auch eine Reihe empirischer Untersuchungen zum Borderline-Konzept Kernbergs durchgeführt worden.

In einer Untersuchung an stationären Patienten mit einer Borderline- oder einer psychotischen Persönlichkeitsstruktur konnten Kernberg und Mitarbeiter (Kernberg et al., 1981) zeigen, daß das «strukturelle Interview» in einem relativ hohen Prozentsatz der Fälle zu übereinstimmenden Diagnosen mit anderen diagnostischen Verfahren führt, nämlich dem «Diagnostic Interview for Borderlines» von Gunderson und Kolb (1978) sowie mit psychologischen Tests: dem Rorschach-Test und dem Wechsler-Intelligenztest. Es ist dabei interessant, daß die verschiedenen diagnostischen Verfahren tatsächlich zu relativ hohen Übereinstimmungen führen, obwohl ihr theoretischer Hintergrund sehr unterschiedlich ist. Dies läßt nach Ansicht der Autoren vermuten, daß Borderline-Patienten viele Merkmale gemeinsam haben.

Interessanterweise erhielten die Patienten, die nach dem «strukturellen Interview» als Borderline-Patienten diagnostiziert wurden, klinische Diagnosen einer schweren Persönlichkeitsstörung unterschiedlicher Art. Dieses Ergebnis spricht für das Konzept der Borderline-Störung als einer stabilen Persönlichkeitsstörung. Die Patienten mit psychotischen Persönlichkeitsstrukturen nach dem «strukturellen» Interview erhielten klinische Diagnosen einer schizophrenen oder schizo-affektiven Störung unterschiedlichen Typs. Patienten mit eindeutig affektiven Störungen waren in der Stichprobe nicht enthalten.

Zwar wird davon ausgegangen, daß das Borderline-Konzept Kernbergs umfassender ist als das nach Gunderson oder dem DSM (z.B. Stone, 1979, 1990), in der Untersuchung von Kernberg et al. (1981) zeigte sich dies jedoch kaum: Von den 48 Patienten wurden 25 nach dem «strukturellen Interview» als Borderline-Patienten klassifiziert, nach dem DIB waren es 21 und auf der Basis von Wechsler- und Rorschach-Test waren es 22. Hierbei handelte es sich allerdings um stationär behandelte Patienten. Ambulante Patienten werden dagegen nach den Kriterien Kernbergs häufiger als Borderline-Patienten diagnostiziert als nach dem DIB oder auch dem DSM. Hierfür sprechen die Ergebnisse von Koenigsberg, Kernberg und Schomer (1983): Von den untersuchten stationär behandelten Patienten wurden 79 Prozent, die nach dem Kernberg-Konzept als Borderline-Patienten diagnostiziert wurden, auch nach dem DIB als Borderline-Patienten klassifiziert. Im ambulanten Setting erfüllten dagegen nur 58 Prozent der Borderline-Patienten nach Kernberg auch das Kriterium des DIB. Diese Unterschiede lassen sich vermutlich darauf zurückführen, daß im DIB die Diagnose Borderline-Störung auf der Basis einer vergleichsweise geringen Anzahl schwerer psychiatrischer Symptome gestellt wird. Im ambulanten Bereich sind diese Symptome schwächer ausgeprägt, so daß hier weniger Patienten als Borderline-Patienten diagostiziert werden als nach dem Konzept Kernbergs. Die Überlappung zwischen den beiden Borderline-Konzepten hängt ab von der Symptomstärke (Koenigsberg, Kernberg & Schomer, 1983). Auch die Untersuchung von Nelson et al. (1985) bestätigt die relativ hohe Übereinstimmung zwischen den Diagnosen nach Kernberg und dem DIB bzw. DSM-III bei stationär behandelten Patienten.

Im Hinblick auf die Frage, was das «strukturelle Interview» unabhängig von seiner theoretischen Konzeptualisierung tatsächlich (empirisch) erfaßt, sprechen die Ergebnisse von Koenigsberg et al. (1981) sowie die von Bauer et al. (1980) dafür, daß es – zumindest bei Borderline- und psychotischen Patienten- die Fähigkeit zur Realitätsprüfung erfaßt. In der Untersuchung von Bauer et al. (1980) an stationär behandelten Borderline- und psychotischen Patienten wurden die Antworten der Patienten auf Klarifizierung, Konfrontation und Deutung durch nicht-professionelle «blinde» Rater kategorisiert und im Hinblick auf Realitätsorientierung und Integriertheit eingeschätzt. Den nicht-klinischen Ratern war weder die Theorie Kernbergs noch die Diagnose der Patienten bekannt. Ihnen lagen ausschließlich die wörtlichen Abschriften der Interviews und ein Manual für die Kodierung der Interventionen des Interviewers und der Antworten der Patienten vor. Die abschließend von den Ratern ermittelten «structural scores» differenzierten signifikant zwischen den Borderline- und psychotischen Patienten, deren Diagnosen von den klinischen Interviewern anhand der Kriterien von Kernberg erstellt worden waren. Mit anderen Worten stimmten die Antwort-für-Antwort-Einschätzungen der Fähigkeit zur Realitätsprüfung mit den Urteilen der klinischen Interviewer im Hinblick auf diese Fähigkeit überzufällig gut überein. Von besonderer Bedeutung ist hierbei folgender Aspekt: Das geschilderte Ergebnis zeigt, daß das strukturelle Interview selbst Verhaltensweisen provoziert, die als diagnostische Indikatoren explizit definierbar und «blind» kodierbar sind und deren

Gesamtauswertung zu diagnostischen Beurteilungen führt, die mit den Kriterien Kernbergs überzufällig gut übereinstimmen.

In einer eigenen Untersuchung haben wir die von Kernberg angegebenen diagnostischen Verdachtsmomente (Symptome) für eine Borderline-Störung auf ihre Trennschärfe hin überprüft (Leichsenring und Ardjomandi, 1992). Bei den untersuchten Patienten handelte es sich um 25 stationär behandelte Borderline-Patienten und 19 ebenfalls stationär behandelte Patienten mit neurotischen Störungen. Die Diagnosen der Patienten waren nach dem DIB von Gunderson gestellt worden. Klinisch erfüllten die Patienten die Kriterien für eine Borderline- bzw. neurotische Persönlichkeitsorganisation im Sinne Kernbergs. Die Symptome wurden auf der Basis der Krankenakten erhoben. Es zeigte sich, daß anhand eines Kriteriums von mindestens drei diagnostischen Verdachstmomenten 76 Prozent der Borderline-Patienten und 89 Prozent der Patienten mit neurotischen Störungen «richtig», d.h. in Übereinstimmung mit dem DIB diagnostiziert werden konnten. Dies bestätigt die Annahme Kernbergs (1967, 1983, S. 25), daß zwei und erst recht drei der von ihm genannten Symptome einen gewichtigen Hinweis auf eine zugrundeliegende Borderline-Persönlichkeitsstruktur darstellen.

Werden die fünf signifikant differenzierenden Symptome zugrundegelegt («Paranoide Züge», «schizoide Persönlichkeit», «Suizidversuche», «Selbst- und Fremdverletzungen» sowie «Impulsneurosen und Süchte») können die Trefferquoten sogar noch erhöht werden (Leichsenring und Ardjomandi, 1992).

Um zu prüfen, ob es bestimmte Konstellationen von Symptomen gibt, die charakteristisch für Borderline-Patienten sind, habe ich die Daten faktorenanalytisch untersucht.

Es ergeben sich vier Faktoren von Borderline-Symptomen (Tab. 1). Diese vier Faktoren erklären 65 Prozent der Varianz. Der erste wird bestimmt durch Suizidversuche, Impulsneurosen und Süchte, Selbst- und Fremdverletzungen, eine schizoide Persönlichkeitsstruktur, paranoide Züge sowie sekundär ichsynton gewordene Zwangssymptome. Dieser Faktor umfaßt offenbar eine Kombination von selbstschädigenden Impulshandlungen, ein bestimmte Charakter- oder Persönlichkeitsstruktur (schizoid) sowie weitere Symptome, nämlich paranoide Züge und Zwangssymptome, die sekundär ich-synton geworden sind.

Anders als in der Untersuchung von Clarkin, Hull und Hurt (1993) handelt es sich damit hier nicht um einen reinen «Impulsivitäts-» oder «Affekt-Faktor»: Charakter-Merkmale tragen zu dieser Klasse von Merkmalen der Borderline-Pathologie bei, hinzu kommt eine bestimmte Zwangs-Symptomatik.

Der zweite Symtom-Faktor wird bestimmt durch frei flottierende Angst und Polyphobien. Offenbar handelt es sich hier um einen «Angst-Faktor». Hierbei handelt es sich um ungebundene, nicht objekt-bezogene Angst sowie um eine polyphobe Symtomatik.

Der dritte Faktor wird vorwiegend bestimmt durch multiple und/oder bizarre Konversionssymptome und Hypochondrie. Einen gewissen, jedoch deutlich schwächeren Einfluß haben auch eine schizoide Persönlichkeitsstruktur und dissoziative Erlebnisse. Dieser Faktor scheint vorwiegend körperbezogene Symptome oder hypochondrische Befürchtungen und Mißempfindungen zu reflektieren. Beispielsweise klagte eine Borderline-Patientin über das Gefühl, «die Lunge hängt im Körper ganz unverbunden». Daß auch dissoziative Erlebnisse wie Depersonalisationen und Derealisationen auf diesem Faktor laden, der Körper-Mißempfindung abbildet, ist plausibel.

Der vierte Faktor wird in erster Linie bestimmt durch das Merkmal «Charakterstruktur von niedrigem Strukturniveau», in geringerem Unfang auch durch dissoziative Erlebnisse. Hier handelt es sich wiederum um ein Charaktermerkmal, verbunden mit dissoziativen Erlebnissen. Dieser Faktor ist jedoch nur mit Vorbehalt zu betrachten, da eine «Charakterstruktur von niedrigem Strukturniveau» nur bei zwei (Borderline-) Patienten der Untersuchungsstichprobe diagnostiziert worden ist (vgl. Leichsenring und Ardjomandi, 1992).

Damit ist die Borderline-Symptomatik in der von uns untersuchten Stichprobe durch vier Gruppen von Symptomen bestimmt:

1. selbstschädigende Impulshandlungen einhergehend mit einer paranoiden Haltung und einer schizoiden Persönlichkeitsstruktur sowie mit ich-syntonen Zwangssymptomen;

Tabelle 1: Ergebnisse der Faktorenanalyse der «Verdachtsmomente» für eine Borderline-Störung (rotierte Lösung)

	FAKTOR 1	FAKTOR 2	FAKTOR 3	FAKTOR 4
Angst	-10	91 *	7	-14
Polyphobie	6	87 *	19	25
Konversion	0	24	80 *	- 5
Dissoziation	-13	21	41 *	43 *
Hypochondrie	-12	- 2	77 *	- 1
Schizoid	65 *	-21	46 *	31
Impuls+Sucht	76 *	-16	-18	25
Suizidversuch	77 *	1	-20	20
Verletzungen	66 *	14	-11	-27
Zwang	51 *	40	- 7	-21
Paranoid	60 *	- 7	26	-31
Nieder-Charakter	7	- 4	- 7	83 *

Nieder-Charakter: «Charakterstrukturen von niedrigem Strukturniveau»

Verletzungen: Selbst- und Fremdverletzungen

* Faktorladungen > 0.40

2. frei flottierende Angst und Polyphobien;
3. Hypochondrie und multiple oder bizarre Konversionssymptome sowie dissoziative Erlebnisse;
4. unter Vorbehalt: «Charakterstrukturen von niedrigem Strukturniveau»

Das «strukturelle Interview» nach Kernberg setzt erhebliche klinische Erfahrung und eine große Vertrautheit mit dem Konzept Kernbergs voraus. Wie bei allen Interview-Formen stellt sich außerdem auch hier das Problem, inwieweit verschiedene Interviewer zu demselben Ergebnis kommen. Die Probleme des Trainings und der Übereinstimmung verschiedener Auswerter stellen sich nicht, wenn die Patienten sich selbst in einem Fragebogen beurteilen. Allerdings können Patienten in einem Fragebogen nur das beschreiben, was ihnen bewußt ist. Außerdem können die Ergebnisse dadurch verzerrt werden, daß sich Menschen im Fragebogen so beschreiben, wie es sozial erwünscht ist oder wie sie sich selbst sehen oder sehen möchten.

In den letzten Jahren sind auch verschiedene Selbstbeurteilungs-Fragebogen zur Diagnose einer Borderline-Störung entwickelt worden: Der «Borderline-Syndrom-Index» (BSI) von Conte, Plutchik, Karasu und Jerrett (1980) stellt einen globalen Indikator für das Borderline-Syndrom dar, bei dem die Autoren sich u. a. an den Arbeiten von Gunderson und Singer (1975) sowie von Spitzer, Endicott und Gibbons (1979) orientierten. Das «Defense Style Questionnaire» (DSQ) von Bond und Mitarbeitern (z. B. Bond, Gardner, Christian & Sigal, 1983) richtet sich auf verschiedene Stile von Abwehrmechanismen, hierbei unter anderem auf die als typisch für Borderline-Patienten angesehenen Abwehrmechanismen. Der Fragebogen von Oldham et al. (1985) versucht das Niveau der Persönlichkeitsorganisation im Sinne von Kernberg über die Bereiche Identitätsintegration, Abwehrmechanismen und Realitätsprüfung zu erfassen. Die vorliegenden Befunde zur differential-diagnostischen Unterscheidung von Borderline-Patienten anhand dieser Fragebogen sind jedoch eher ungünstig ausgefallen (vgl. Oldham et al., 1985; Mann, Wise, Segall, Goldberg & Goldstein, 1988; Bond, 1990; Leichsenring, 1992).

In der Untersuchung von Oldham et al. (1985) war der von den Autoren entwickelte Fragebogen nicht imstande, zwischen Borderline-Patienten, Psychotikern und Patienten mit einer Nicht-Borderline-Persönlichkeits-Störung im Hinblick auf Identitäts-Integration, Niveau der Abwehrmechanismen und Realitätsprüfung zu differenzieren. Unterschiede konnten nur zu einer Kontrollgruppe von «Normalen» nachgewiesen werden.

Da aber ein Fragebogen wesentlich ökonomischer zu erheben und auszuwerten ist als die oben erwähnten Interview-Verfahren und auch der Aufwand des Rater-Trainings sowie die Probleme der Inter-Rater-Übereinstimmung entfallen, wäre ein entsprechendes reliables und valides Instrument von großem Nutzen. Aus diesem Grund habe ich selbst einen Fragebogen zur Erfassung der Borderline-Persönlichkeits-Organisation im Sinne Kernbergs entwickelt und in mehreren Untersuchungen empirisch geprüft (Leichsenring, 1994, 1996). Ich habe ihn «Borderline-Persönlichkeits-Inventar» (BPI) genannt. Er erfaßt die strukturellen Kriterien Kernbergs, d.h. Identitäts-Diffusion, «primitive» Abwehrmechanismen / «frühe» Beziehungsstörungen, mangelhafte Realitätsprüfung sowie mangelnde Impulskontrolle.

Identitäts-Diffusion wird z.B. anhand folgender Aussagen (Items) erfaßt:

- Manchmal kommt in mir eine andere Person zum Vorschein, die gar nicht zu mir gehört.
- Ich frage mich häufig, wer ich eigentlich bin.
- Manchmal fühle ich mich selbst unwirklich.

Zur Erfassung «primitiver» Abwehrmechanismen / «früher» Beziehungsstörungen dienen z.B. folgende Items:

- Meine Gefühle gegenüber anderen Menschen schlagen häufig ins Gegenteil um, z.B. von Liebe und Bewunderung zu Haß und Enttäuschung.
- In engen Beziehungen erreiche ich oft einen Punkt, wo es mir zu nah wird und ich die Beziehung abbreche.
- Wenn eine Beziehung enger wird, fühle ich mich in der Falle.

Mangelhafte Realitätsprüfung wird z.B. anhand folgender Aussagen erfaßt:

- Manchmal fällt es mir schwer zu unterscheiden, ob etwas wirklich geschehen ist oder ob ich es mir nur eingebildet habe.
- Ich habe schon einmal seltsame Gestalten oder Visionen gesehen, obwohl niemand da war.
- Ich habe schon einmal Stimmen gehört, die über mich sprachen, obwohl niemand da war.
- Ich habe schon einmal das Gefühl gehabt, daß meine Gedanken laut werden.

Zur Erfassung mangelhafter Impulskontrolle dienen z.B. folgende Items:

- Ich habe mir schon einmal selbst absichtlich körperliche Verletzungen zugefügt.
- Ich habe schon öfters Geld verschwendet oder verspielt.

– Ich habe schon einmal jemanden körperlich angegriffen.
– Ich habe schon einmal einen Selbstmord-Versuch begangen.

Diese Aussagen sind jeweils mit Ja oder Nein zu beantworten. Die zu einem Bereich gehörenden Antworten werden zu einer Skala zusammengefaßt und addiert. Der Fragebogen enthält eine Skala für Identitäts-Diffusion, eine für «primitive» Abwehrmechanismen bzw. «frühe» Beziehungsstörungen sowie eine für mangelhafte Realitätsprüfung – eine Skala für mangelhafte Impulskontrolle konnte aus statistischen Gründen nicht gebildet werden (vgl. Leichsenring, 1994). Neben den drei Skalen wird durch Zusammenzählen bestimmter Items ein Gesamtwert gebildet. Anhand dieses Wertes wird die Diagnose «Borderline-Störung» gestellt, wenn ein bestimmter empirisch ermittelter Cut-Off-Wert überschritten wird. Der Fragebogen hat sich in verschiedenen Untersuchung als reliabel und trennscharf erwiesen (Leichsenring, 1994, 1996): 85 bis 90 Prozent der Borderline-Patienten wurden mittels des Fragebogens richtig klassifiziert. Die erreichten Trefferquoten sind durchaus vergleichbar mit denen anderer Instrumente wie dem DIB, dem strukturellen Interview Kernbergs oder den DSM-III-Kriterien (Kolb und Gunderson, 1980; Koenigsberg et al., 1983; Spitzer et al., 1979; Kernberg et al. 1981).[3]

Es konnte auch gezeigt werden, daß die Skalen des Fragebogens mit verschiedenen anderen diagnostischen Verfahren, die spezifische Aspekte der Borderline-Pathologie erfassen, signifikant korrelieren, z. B. mit Maßen für primitive Abwehrmechanismen oder Objektbeziehungen (Leichsenring, 1994). Faktorenanalytisch lassen sich insgesamt Dimensionen auffinden, die Entsprechungen zu den konzeptionell zugrundegelegten strukturellen Kriterien Kernbergs aufweisen: Die erste Dimension bezieht sich auf Identitäts-Unsicherheit und Entfremdungs-Erlebnisse, die zweite Dimension hauptsächlich auf paranoide Erlebnisse im zwischenmenschlichen Bereich (z. B. «Es kommt mir öfters so vor, als würden die anderen über mich reden oder lachen»). Die dritte faktorenanalytische Dimension bezieht sich hauptsächlich auf Probleme der Regulierung von Nähe und Distanz in zwischenmenschlichen Beziehungen, die vierte Dimension auf mangelnde Realitätsprüfung.[4] Sie wird bestimmt durch Aussagen wie z. B. «Wenn eine Beziehung enger wird, fühle ich mich in der Falle» oder «In engen Beziehungen erreiche ich oft einen Punkt, wo es mir zu nah wird und ich die Beziehung abbreche». Auf diesem Faktor

[3] Ich möchte mich für die Unterstützung bedanken durch das Fachkrankenhaus Tiefenbrunn, die Abteilung Psychosomatik und Psychotherapie der Universität Göttingen, durch das Landeskrankenhaus Göttingen sowie die Abteilung Psychiatrie der Universität Göttingen.

[4] Neben den genannten Faktoren ergeben sich noch zwei weitere, die an anderer Stelle beschrieben worden sind (Leichsenring, 1994).

lädt aber auch die Aussage, die sich auf das Umschlagen von Gefühlen gegenüber anderen Menschen ins Gegenteil bezieht: «Meine Gefühle gegenüber anderen Menschen schlagen häufig ins Gegenteil um, z. B. von Liebe und Bewunderung zu Haß und Enttäuschung.» Die Ladung (Korrelation) ist allerdings etwas niedriger als die der beiden zuerst genannten Aussagen.

Diesen Faktor habe ich als «Angst vor Nähe» interpretiert. Er läßt sich den «frühen» Störungen der Objektbeziehungen zuordnen. Hier steht jedoch überraschenderweise weniger die «Spaltung» im Vordergrund – etwa in Form des Umschlagens von Gefühlen gegenüber anderen Menschen ins Gegenteil – als die Angst vor einer engen Beziehung. Vermutlich geht es hier um die Angst vor Selbstverlust in einer engen Beziehung, wie sie für schizoide Persönlichkeiten charakteristisch ist (König, 1992 b). Tatsächlich weisen Borderline-Patienten in einem hohen Prozentsatz eine schizoide Persönlichkeit auf (Ardjomandi & Leichsenring, 1993). Der Angst vor Selbstverlust liegt eine mangelhafte Differenzierung von Selbst und Nicht-Selbst zugrunde (König, 1992 b), ein Entwicklungsschritt, der nach Kernberg der Integration von «guten» und «bösen» Selbst- und Objektrepräsentanzen vorausgeht. Aber auch das Umschlagen von Gefühlen anderen Menschen gegenüber ins Gegenteil, also ein Spaltungsindikator, lädt, wenn auch nicht ganz so hoch wie die Aussagen zu Nähe und Distanz, auf diesem Faktor (Leichsenring, 1994). Dieses Ergebnis läßt sich so verstehen, daß es in engen Beziehungen dann zum Umschlagen der Gefühle ins Gegenteil kommt, wenn die Nähe als zu bedrohlich erlebt wird: Zunächst wird die Nähe zu einem «guten» Objekt gesucht, und Wünsche nach Verschmelzung werden aktiviert. Diese lösen jedoch bald Angst vor Selbstverlust aus. Durch das Umschlagen der Gefühle ins Gegenteil wird der andere dann zum «bösen» Objekt, von dem man sich distanzieren kann und muß. Rohde-Dachser (1994) hat diese distanzregulierende Funktion der Spaltung, die der Selbsterhaltung dient, kürzlich beschrieben (S. 51): «Die selbsterhaltende Reaktion besteht dabei oft in der Aktivierung eines antagonistischen Affekts, z. B. in einer Wutreaktion, die das Abrücken vom Objekt rechtfertigt.» Unter diesem Aspekt geht es dann aber bei der «Spaltung» weniger um den Schutz des «Guten» vor dem «Bösen» als um die Erhaltung des Selbst: um den Schutz vor Selbstverlust.

Der oben an zweiter Stelle genannte Faktor bezieht sich hauptsächlich auf eine bestimmte Form mangelhafter Realitätsprüfung, nämlich paranoider Art in zwischenmenschlichen Beziehungen. Eindeutig psychotische Erlebnisse wie Stimmenhören, Gedankeneingeben und Gedankenausbreiten laden nicht auf diesem Faktor. Dieses Ergebnis steht im Einklang mit den Befunden von Gunderson und Mitarbeitern, wonach nicht-psychotische paranoide Erlebnisse zu den diagnostischen Merkmalen zählen, die Borderline-Patienten am besten von anderen Patienten unterscheiden (Gunderson und Zanarini, 1987; Zanarini, Gunderson und Frankenburg, 1990). Sie fanden sich bei allen (100%) nach dem DIB-R diagnostizierten Borderline-Patienten der Untersuchung von Zanarini, Gunderson und Frankenburg (1990) und bei fast allen (92.5%) der nach dem DIB-R diagnostizierten Borderline-Patienten der Untersuchung von Zanarini, Gunderson, Frankenburg und Chauncey (1990). Allerdings gehören sie nicht zu den sieben Merkmalen, die nach Zanarini, Gunderson, Frankenburg und Chauncey (1990) spezifisch für Borderline-Patienten sind (quasipsychotische Erlebnisse, Selbstverletzungen, manipulative Suizidversuche, Probleme mit Verlassen-/Verschlungen- und Vernichtetwerden, Ansprüchlichkeit/Anrecht, Regression in der Behandlung und Gegenübertragungsprobleme): Sie finden sich nämlich auch bei über 60 Prozent der Patienten mit anderen Persönlichkeitsstörungen nach dem DSM-III (Zanarini, Gunderson und Frankenburg, 1990; Zanarini, Gunderson, Frankenburg und Chauncey, 1990). Nichtpsychotische paranoide Erlebnisse stellen auch ein diagnostisches Kriterium des revidierten «Diagnostic Interviews for Borderlines» (DIB-R) dar (Zanarini, Gunderson, Frankenburg und Chauncey, 1989).

Prognostische Bedeutung für den Therapieverlauf kommt nach der Untersuchung von Hull, Clarkin und Kakuma (1993) insbesondere der Identitäts- und Objektbeziehungs-Dimension zu: In der Untersuchung von Hull, Clarkin und Kakuma berichteten die Borderline-Patienten mit schwersten Identitäts- und Beziehungsproblemen bei gleicher Ausgangsbasis mehr Symptome und zunehmende Symptom-Schwere im Laufe der Behandlung als die Borderline-Patienten mit der geringsten Ausprägung der Identitäts- und Beziehungsprobleme (Hull, Clarkin & Kakuma, 1993). Ein gewisses Manko der Untersuchung von Hull, Clarkin und Kakuma (1993) besteht allerdings darin, daß nicht Kernbergs strukturelle Kriterien zur Prognose des Therapieerfolgs herangezogen wurden, obwohl es sich ja bei den durchgeführten Behandlungen um Therapien nach dem Konzept Kernbergs handelte. Die von den Autoren verwendeten Kriterien des DSM-III-R sind zwar vereinbar mit den Kernbergschen Kriterien, sie sind jedoch nicht mit ihnen identisch. Dies zeigt sich ja darin, daß die Übereinstimmung zwischen den Diagnosen nach Kernberg und dem DSM zwar relativ hoch, jedoch nicht vollständig ist. Im Unterschied dazu sind die von mir untersuchten Skalen des Borderline-Persönlichkeits-Inventars direkt aus der Theorie Kernbergs über Identitäts-Diffusion, Realitätsprüfung und primitive Abwehrmechanismen abgeleitet worden. Es handelt sich daher um diagnostischen Merkmale, die von vornherein auf dic Erfassung der strukturellen Kriterien im Sinne Kernbergs abzielen.

Der von mir entwickelte Fragebogen kann in allen Praxisfeldern eingesetzt werden, in denen klinische Diagnostik betrieben wird. Im Unterschied zu den eingangs genannten Interview-Methoden, die klinische Erfahrung und Übung mit der Methode voraussetzen, kann der Fragebogen auch dem weniger Erfahrenen diagnostische Hinweise liefern. Im nächsten Schritt können dann weitere diagnostische Verfahren zur Überprüfung der Verdachtsdiagnose eingesetzt werden. Die abschließende Diagnose sollte jedoch nicht allein auf dem Fragebogen-Ergebnis aufbauen. Auch ein Einsatz als Screening-Verfahren z. B. in epidemiologischen Untersuchungen ist möglich. Mit dem «Borderline-Persönlichkeits-Inventar» können auch bestimmte Patientengruppen im Hinblick auf die strukturellen Merkmale Kernbergs untersucht und miteinander verglichen werden. Interessant ist z. B. eine Untersuchung von Patienten mit narzißtischer Persönlichkeitsstörung oder hysterischer Persönlichkeiten im Hinblick auf strukturellen Merkmale: Patienten mit narzißtischer Persönlichkeitsstörung weisen nach Kernberg zu einem großen Teil eine Borderline-Persönlichkeitsorganisation auf, und bei hysterischen Persönlichkeiten werden ja reifere und weniger reife Formen unterschieden (z. B. Easser und Lesser, 1965; Kernberg, 1983; Mentzos, 1980; Hoffmann, 1984).

Ein weiterer Einsatzbereich kann in der Erfassung von Therapieeffekten liegen: Verändert sich die Borderline-Persönlichkeitsorganisation im Laufe von therapeutischen Maßnahmen? Was verändert sich wie sehr und wodurch? Darüber hinaus kann der Fragebogen in der Forschung eingesetzt werden, z. B. im Hinblick auf die Abgrenzung der Borderline-Störung zu anderen Krankheitsbildern oder zum Vergleich verschiedener Krankheitsbilder im Hinblick auf die Kernbergschen strukturellen Kriterien.

Die Ergebnisse von Hull, Clarkin und Kakuma (1993) sprechen dafür, daß insbesondere der Identitäts- und der Beziehungs-Dimension Bedeutung bei der Prognose des Therapieerfolgs zukommt. Insofern kann der Fragebogen Hinweise für die Prognose des Therapieerfolgs liefern.

In den letzten Jahren sind verschiedene Untersuchungen durchgeführt worden, bei denen versucht wurde, die als typisch für Borderline-Patienten angesehenen Abwehrmechanismen mit dem Rorschach-Test (Lerner und Lerner, 1980; Lerner, Sugarman und Gaughran, 1981) zu erfassen. Ich selbst habe entsprechende Untersuchungen mit der Holtzman Inkblot Technik (Holzman et al. 1961), einer Weiterentwicklung des Rorschach-Tests, durchgeführt (Leichsenring, 1991 a). Auf die Ergebnisse dieser Untersuchungen wird in den Abschnitten 2.5.12 und 3.9 dieses Buches noch ausführlicher eingegangen werden.

2.5.10 Kritik am Konzept der Spaltung

Der Begriff der Spaltung als Abwehrmechanismus ist allerdings nicht unumstritten: Benedetti (1977, S. 644) kritisiert, daß der Begriff der Spaltung oft auf neurotische Konflikte angewendet wird, die auf diese Weise durch einen «terminologischen Handstreich» in den Bereich der Borderline-Störung gerückt werden. Als Gegenbeispiel führt Benedetti Freud (Freud, 1941) an: «Freud ... hat ja den neurotischen Mann geschildert, der mit der Hure verkehrt und die reine Frau anbetet, ohne von einem Splitting des Objektbildes und von einem Borderline zu sprechen. Die Schwäche der amerikanischen Denkweise liegt hier darin, daß sie das Wesen des Borderline durch ein ... metapsychologisches Schema erklären will, das jedoch im Grunde auch innnerhalb der Neurose konstruiert werden kann.»

Ansonsten sieht Benedetti (1977) wie Kernberg die Spaltung als zentral für Borderline-Störungen an. Er versteht sie jedoch nicht als einen aktiven Abwehrmechanismus, sondern als (möglicherweise biologisch bedingte) Ich-Fragmentierung, d.h. nicht als Abwehr, sondern als Wehr-Losigkeit. Entsprechend rückt er die Borderline-Störung in die Nähe des schizophrenen Formenkreises. Den Unterschied zu Schizophrenen sieht Benedetti darin, daß die Ich-Fragmentierung bei Borderline-Patienten den affektiven und nicht den kognitiven Bereich betrifft.

Da Benedetti (1977) Spaltung nicht als einen aktiven Abwehrmechanismus, sondern als Ich-Fragmentierung, als Zerfall ansieht und die Borderline-Störung in die Nähe des schizophrenen Formenkreises ansiedelt, beziehen sich Kernberg und Benedetti vermutlich auf verschiedene Patientengruppen: Kernberg auf Patienten mit einer Borderline-Persönlichkeitsstörung z.B. im Sinne des DSM (American Psychiatric Association, 1983, 1987, 1994), Benedetti eher auf Patienten mit einer schizotypischen Persönlichkeitsstörung im Sinne des DSM oder auf präpsychotische Patienten.

Im Unterschied zu Kernberg sieht Stern (1985) Spaltung als universelles Phänomen (1985, S. 252, Übersetzung F.L.): «Spaltung ist jedoch eine ziemlich universelle Erfahrung. Sie tritt nicht nur in pathologischen Formen bei Patienten auf, wie Kernberg und andere ausführen, sondern wahrscheinlich bei uns allen in weniger intensiven Formen.»[5]

Pruyser (1975) kommt in einer Literaturübersicht bei Janet, Freud, Jung, Bleuler, Fairbairn, Zetzel, Mahler und Kernberg zu dem Ergebnis, daß von den angeführten Autoren nicht angegeben wird, welche psychische Instanz die Spaltung ausführt und was gespalten wird. Bezogen auf die Verwendung des Begriffs der Spaltung schließt Pruyser (1975, S. 44, 45, Übersetzung F.L.) seine Übersicht folgendermaßen: «In dieser Übersicht über seinen Gebrauch konnten wir nur allzu oft seinen vermeintlichen Verursacher (actor) nicht finden; wenn einer genannt wurde, schien er nur aus einem Spiel mit Worten aufzutauchen. Auch konnten wir keinen Hinweis darauf finden, daß irgendet was, von dem behauptet wurde, daß es gespalten wurde, wirklich gespalten

[5] Die Kritik von seiten der Säuglingsforscher, daß weder die Verschmelzung von Selbst- und Objektrepräsentanzen noch die Spaltung in «gute» und «böse» Selbst- und Objektrepräsentanzen ein Vorgang ist, der in der normal-psychologischen Entwicklung auftritt (Lichtenberg, 1983; Stern, 1985; Dornes, 1993), ist für die vorliegende Diskussion der Spaltung bei erwachsenen Borderline-Patienten nicht relevant.

wurde, denn alle Aspekte, die erwähnt wurden, waren vorher schon gespalten. So enden wir schließlich mit einer Tautologie: Ein 'Spalter' führt die Spaltung aus und was auch immer gespalten wird, 'spaltet sich'.

Meiner Ansicht nach trifft diese Kritik auf Kernbergs Konzept der Spaltung als aktiven Abwehrmechanismus jedoch nicht zu: Nach Kernberg ist es das Ich, das spaltet, und was «gespalten», d. h. auseinandergehalten wird, sind die guten und bösen Aspekte von Objekt- und Selbstrepräsentanzen mit dem Ziel, Angst zu vermeiden.

Neben den oben angeführten Kritikpunkten hält Pruyser (1975, S. 44) den Begriff der Spaltung auch für nicht vereinbar mit dem, was wir über die Natur der Psyche wissen (Übersetzung F. L.): «Was auch immer psychische Struktur ist, es ist nicht hart und substantiell und räumlich. Spaltung ist zu räumlich, zu chirurgisch und gleichzeitig extrem unbestimmt.»

Diese Kritik verweist meines Erachtens zurecht darauf, daß der Aspekt des psychischen Prozesses in einem «chirurgisch» verstandenen Begriff der Spaltung zu kurz kommt. Ich werde im folgenden versuchen, ein Verständnis von Spaltung vorzulegen, das diesen Aspekt stärker berücksichtigt.

Dorpat (1979) erklärt das Phänomen der Spaltung in «gute» und «böse» Selbst- und Objektrepräsentanzen allein durch Verleugnung: Beim «guten» Objekt werden die bösen Aspekte verleugnet und beim «bösen» Objekt die guten. Dasselbe Objekt wird einmal nur unter den guten Aspekten gesehen unter Verleugnung der bösen und umgekehrt. Ansonsten teilt Dorpat ebenso wie Kernberg die Abwehrmechanismen in zwei Gruppen ein: primitive und reifere. Die Rolle, die bei Kernberg die Spaltung einnimmt, nimmt bei Dorpat die Verleugnung ein.

Das Gemeinsame der Konzepte von Kernberg und Dorpat besteht darin, daß jeweils ein Mechanismus als zentral angesehen wird.

2.5.11 Ein alternatives Konzept der Spaltung

Ich möchte hier ein alternatives Konzept der Spaltung vorstellen. Dabei ist es zunächst einmal wichtig, zwischen dem *Vorgang* der Spaltung und dem *Ergebnis* eines irgendwie gearteten «Spaltungs-Vorgangs» zu unterscheiden. Dieses Ergebnis besteht bei dem hier zugrundegelegten Verständnis der Spaltung im Zustand einer Getrenntheit von Selbst- und Objektrepräsentanzen in «Gut» und «Böse».

Ich vermute nun, daß der *Vorgang*, der zu dieser «Gespaltenheit» von Selbst- und Objektrepräsentanzen führt, nicht aus *einem einzigen* Mechanismus besteht: Er ist weder erklärbar durch einen speziellen Mechanismus der Spaltung, wie ihn Kernberg annimmt, noch allein durch einen Mechanismus der Verleugnung, wie Dorpat annimmt.

Dieser Vorgang stellt meiner Ansicht nach ein komplexes Zusammenwirken mehrerer Mechanismen dar. Diese Mechanismen zu identifizieren und zu beschreiben, ist eine Aufgabe, die die psychoanalytische Forschung erst noch zu leisten hat. Durch die Annahme, daß es einen einzigen Mechanismus der «Spaltung» gibt, wird dagegen eine Scheinerklärung geliefert, die den Blick verstellt auf die Mechanismen, die an einer Aufteilung von Selbst- und Objektrepräsentanzen wirklich beteiligt sind.

Ich nehme zunächst einmal an, daß alle von Kernberg als Hilfsmechanismen der Spaltung angeführten primitiven Abwehrmechanismen an der Aufteilung der Selbst- und Objektrepräsentanzen in «ganz gute» und «ganz böse» beteiligt sind:

Idealisierungen überhöhen die positiven Aspekte eines Objekts bzw. seiner Repräsentanz auf Kosten der negativen, Entwertungen überhöhen die negativen Aspekte eines Objekts bzw. seiner Repräsentanz auf Kosten der positiven. Verleugnung der bösen Aspekte beim «guten» Objekt und der guten Aspekte beim «bösen» Objekt verschärfen die Unterschiede zwischen «guten» und «bösen» Objektrepräsentanzen. Durch Projektion eigener (primärer oder reaktiver) Aggression auf die Objektrepräsentanz kann in einem innerpsychischen Schritt die Objektrepräsentanz noch «böser» werden. Durch projektive Identifizierung kann das äußere Objekt interaktionell so beeinflußt werden, daß es sich tatsächlich «böse» oder «böser» verhält. Wird dieses Objekt reeinternalisiert, wird der Unterschied zwischen «guten» und «bösen» Objektrepräsentanzen noch stärker. Korrespondierend entwickeln sich die Selbstrepräsentanzen.

Nach diesen Überlegungen ist der Vorgang, der zur «Gespaltenheit» von Selbst- und Objektrepräsentanzen führt, kein einfacher Vorgang, kein einzelner Abwehrmechanismus, sondern ein komplexer Vorgang, bei dem verschiedene (Abwehr-) Mechanismen zusammenwirken. Diesen komplexen Vorgang kann man als «Spaltung» bezeichnen. «Spaltung» ist dann wie die projektive Identifizierung etwas Zusammengesetztes (Ogden, 1988), bei dem verschiedene Komponenten zu unterscheiden sind. [6]

In Abbildung 1 habe ich versucht, den komplexen Vorgang der Spaltung schematisch zu veranschaulichen.

[6] Zu einer solchen Sicht der Spaltung ist auch Kind (1992) gekommen. Ich selbst bin jedoch erst nach Fertigstellung des Manuskripts auf die Arbeit von Kind gestoßen. Kind schreibt (1992, S. 43, Hervorhebung im Original): «Ich halte es daher für günstiger, die Spaltung nicht als Mechanismus sui generis aufzufassen, sondern als Ergebnis einer konzertierten Aktion des Ichs, die durch die genannten Abwehrmechanismen überhaupt erst zustande kommt. Spaltung wäre dann der Oberbegriff für eine bestimmte Form der Zusammenarbeit dieser Gruppe von Abwehrmechanismen, die eine konstituierende, und nicht mehr lediglich eine flankierende Funktion haben.»

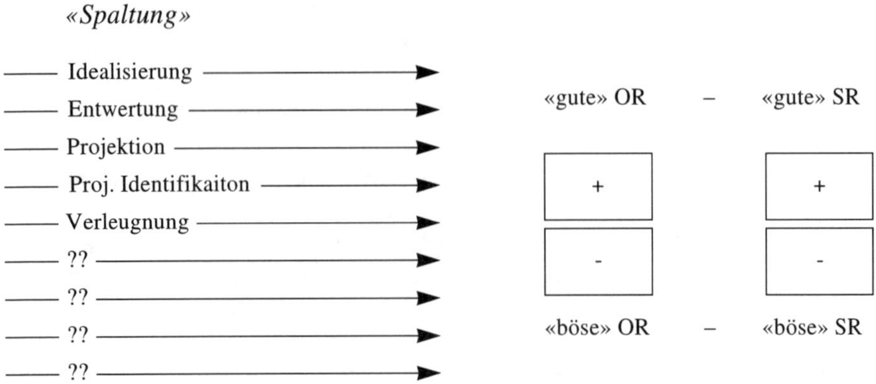

Abbildung 1: Zusammenhänge zwischen primitiven Abwehrmechanismen nach Kernberg und der Aufteilung von Objekt- (OR) und Selbstrepräsentanzen (SR) in «gut» und «böse» («Spaltung»)

Dem komplexen Spaltungs-Vorgang kann das gleiche Motiv zugrundeliegen, wie es Kernberg für den Einzelmechanismus der Spaltung annimmt, nämlich dem Schutz des «Guten» vor dem «Bösen» oder der Abwehr von Depression.

Auf diesem Hintergrund ist es möglicherweise bezeichnend, daß Kernberg (1967, 1983, S. 50) schreibt: «Die Spaltung kommt nicht als isolierter Abwehrmechanismus vor, sondern ist regelmäßig mit anderen Abwehrmechanismen kombiniert.» Bei einem Verständnis der «Spaltung» als einem komplexen, d. h. aus mehreren Mechanismen zusammengesetzten Vorgang kommt die Spaltung deshalb nicht als isolierter Abwehrmechanismus vor, weil es sie als eigenen und einzelnen Vorgang gar nicht gibt.

Ich nehme aber weiterhin an, daß an einem komplex verstandenen Vorgang der Spaltung nicht nur die von Kernberg angeführten anderen primitiven Abwehrmechanismen beteiligt sind. Auch andere Prozesse sind an der Aufteilung von Selbst und Objekten in «gut» und «böse» beteiligt. Diese Vorgänge sind in Abbildung 1 durch die Pfeile mit Fragezeichen symbolisiert. Hierbei handelt es sich nicht nur um Vorgänge, die üblicherweise als «Abwehrmechanismen» beschrieben werden, sondern um Vorgänge, die auch anderen Zwecken dienen können. Diese Sicht steht im Einklang mit der Brenners (1981 a), daß jede Ich-Funktion oder jeder Aspekt psychischen Funktionierens zur Abwehr eingesetzt werden kann und es daher keine speziellen «Abwehr»-Mechanismen gibt. Vorgänge, die in einer bestimmten Konflikt-Situation der Abwehr dienen, dienen in anderen Situationen oder auch gleichzeitig anderen Zwecken (Brenner, 1981a, z. B. S. 565). Abwehr wird nicht nur durch die sogenannten Abwehrmechanismen ausgeübt, sondern alles kann zur Abwehr eingesetzt werden, jeder Aspekt psychischen Funktionierens (Brenner, 1981 a, S. 561).[7] Ich werde in den folgenden Abschnitten herausarbeiten, welche anderen Vorgänge an der Aufteilung von Selbst und Objekten in «gut» und «böse» beteiligt sein können, Vorgänge, die auch, aber nicht nur der Abwehr dienen. Die Pfeile in Gegenrichtung in Abbildung 1 sollen Rückwirkungen der «gespaltenen» Selbst und Objektrepräsentanzen anzeigen, etwa die Verstärkung der primitiven Abwehrmechanismen zur Aufrechterhaltung der Gespaltenheit, wenn diese gefährdet erscheint.

Für die klinische Arbeit ist es nicht unerheblich, ob man einen Patienten darauf hinweist, daß er sich und andere Menschen «gespalten» sieht, d. h. in «gut» und «böse» aufgeteilt und mit ihm bearbeitet, ob das etwa bestehende oder befürchtete Unlustgefühle vermindert oder verhindert, oder ob man die Mechanismen und Prozesse, die zum Phänomen der Gespaltenheit führen, einzeln und in ihren Zusammenhängen aufgreift und bearbeitet.

Was hier eben für die Spaltung überlegt worden ist, gilt meiner Ansicht nach aber auch für andere Abwehrmechanismen, z. B. für die Verdrängung als den Prototyp der reifen Abwehrmechanismen: Daß «Verdrängung» wirksam gewesen ist, kann nur aus dem *Ergebnis* geschlossen werden, daß z. B. eine ödipale Phantasie nicht bewußt ist (Brenner, 1981 a). Wie es dazu gekommen ist, daß ein Wunsch oder eine Phantasie unbewußt geworden ist, kann aus der Tatsache, daß es unbewußt ist, nicht geschlossen werden. Durch welche *Vorgänge* etwas zum «Verdrängten» wird, ist durch die Annahme, daß es «verdrängt» wurde, nicht erklärt: «Verdrängt» beschreibt nur das Ergebnis eines irgendwie gearteten Vorgangs. Welche Prozesse machen aber den Vorgang der «Verdrängung» aus?

Für eine therapeutische Arbeit an der Abwehr und am Widerstand ist es nützlich, auf die *tatsächlich eingesetzten Prozesse und Mechanismen* Bezug zu nehmen und sie herauszuarbeiten. Greenson (1981, S. 116, Hervorhebung im Original) schreibt in Bezug auf die Analyse des Widerstands: «Kurz gesagt, es ist unsere Aufgabe, den Patienten dazu zu bringen, daß er versteht, *daß* er Widerstand leistet, warum er Widerstand leistet, *wogegen* er Widerstand leistet und *auf welche Weise*.»

Die Analyse der Art und Weise des Widerstandes ist vor allem dann nützlich, wenn sie sich häufig wiederholt und es sich deshalb vermutlich um einen Charakter-Widerstand handelt (Greenson, 1981, S. 129, 130): «Wenn auch die Analyse des Widerstandsmodus vielleicht selten der erste Zug zur Widerstandsanalyse ist, müssen doch die typischen und habituellen Widerstand-

[7] Dies kann erklären, warum in empirischen Untersuchungen kaum einzelne Abwehrmechanismen isoliert werden konnten, sondern fast immer «Bündel» von Vorgängen gefunden werden.

methoden schließlich einmal Gegenstand der Analyse werden, da dieses Verfahren das Tor zur Analyse zur sogenannten Charakterabwehr ist.».

Brenner (1981 a) geht, wie erwähnt, davon aus, daß es keine speziellen Abwehrmechanismen gibt. Er hält den Ausdruck «Abwehrmechanismus» für inkorrekt und irreführend (S. 565, 568, Übesetzung F.L.): «Es ist ein Fehler, Abwehr primär durch die Methode zu charakterisieren, die verwendet wird, um den Zweck der Abwehr zu erreichen – Verdrängung, Reaktionsbildung, Verschiebung, usw., was die konventionelle und traditionelle Art ist, Abwehr gegenwärtig zu charakterisieren. Es so zu tun hat zwar den Vorteil der Vertrautheit des Gebrauchs, aber den Nachteil, mehrdeutig und irreführend zu sein...»

Ich selbst bin dagegen der Meinung, daß die vertrauten Begriffe ihren Sinn haben, vorausgesetzt, daß man sie deskriptiv verwendet: Einerseits, um das *Ergebnis* eines Abwehrvorgangs zu beschreiben: «Verdrängt» ist etwas, was aus dem Bewußtsein ausgeschlossen ist, «projiziert» ist etwas, was anderen unterstellt wird usw. Andererseits können die traditonellen Begriffe verwendet werden, um einen *Vorgang* deskriptiv zu charakterisieren: Man kann es «Verdrängung» nennen, wenn jemand etwas unbewußt gemacht hat oder «Projektion», wenn jemand anderen etwas unterstellt, was auf ihn selbst zutrifft, er bei sich aber nicht wahrnimmt oder «Spaltung», wenn jemand sich und andere entweder nur als «ganz gut» oder nur als «ganz böse» sieht. Im nächsten Schritt kann dann geklärt werden, welche Vorgänge jemand tatsächlich einsetzt, wenn er «verdrängt», «projiziert» oder «spaltet».

Im Rahmen seiner Beschreibung des hysterischen Funktionsstils hat Shapiro z. B. Merkmale des kognitiven Stils hysterischer Menschen beschrieben, die das Entstehen des Phänomens, das als Verdrängung bezeichnet wird, begünstigen: Zum einen ist bereits die primäre Kognition flüchtig, unscharf, kaum faktenbezogen. Zum zweiten ist vermutlich auch der Vorgang des Erinnerns impressionistisch: Es fehlt auch hier an aktiver Konzentration, die Aufmerksamkeit wird nicht fokussiert und auch das Erinnern ist empfänglich für flüchtige beeindruckende Einflüsse (Shapiro, 1991, S. 119): «... in einem solchen Fall ist ein klares, deutliches und faktenorientiertes Erinnern selbst unter günstigsten Umständen unwahrscheinlich.»

Shapiro ist allerdings nicht der Ansicht, daß diese Faktoren selbst die Verdrängung sind, sondern diese begünstigen (Shapiro, 1991, S. 119). In Bezug auf das Nicht-Sehen von Dingen, die offensichlich sind, die «Naivität» hysterischer Menschen, schreibt Shapiro wenig später (S. 119): «Es ist leichter, eine unangenehme und hoch negativ besetzte Tatsache nicht wahrzunehmen, genauer: nicht in den klarifizierenden Fokus der Aufmerksamkeit zu stellen, wenn ein solches präzises Fokussieren der Aufmerksamkeit generell fehlt.»

Shapiro (1991) untersucht auch kognitive und nicht-kognitive Aspekte der (paranoiden) Projektion.

2.5.12 Empirische Untersuchungen zur «Spaltung»

Spaltungen manifestieren sich nicht nur in klinischen Interviews oder in Behandlungen, sondern auch in projektiven Tests. Im Rorschach-Test und in der Holtzman Inkblot Technik, einer Weiterentwicklung des Rorschach-Tests, werden affektive Polarisierungen in «Gut» und «Böse» als Hinweise auf Spaltung gesehen (Lerner und Lerner, 1980; Leichsenring, 1991 a). Als Beispiel für eine solche affektive Polarisierung mag folgende Antwort einer Borderline-Patientin zur Holtzman Inkblot Technik dienen: «Das ist ein Mittelpunkt irgendeiner Art, der von den verschiedenen Schichten eingehüllt oder umarmt wird. Richtig warm: 'Wir sind ja bei dir, wir schützen dich, Du bist der Mittelpunkt.' Hier ist ein Schlangenkopf der aufpaßt, der angreifen will. Das Wesen muß die Hülle zerstören, um dem Wesen zu sagen: 'Ich bin nicht die liebe, gute Hülle. Bei mir wirst du frieren. Ich werde dich alleine lassen.' Sie will alles beherrschen.»

Es ist anzunehmen, daß die Patientin sich selbst mit dem «Mittelpunkt» identifiziert, während das «gute» Objekt in der «lieben, guten Hülle» untergebracht ist, die narzißtische Wünsche befriedigt («Du bist der Mittelpunkt»), die außerdem «da» ist, umarmt, wärmt und schützt. Das «böse» Objekt ist dagegen im «alles» beherrschen wollenden «Schlangenkopf» lokalisiert, der droht, den «Mittelpunkt» allein und frieren zu lassen. In dieser extremen Polarisierung der auf den «Mittelpunkt» bezogenen Figuren kommt eine Spaltung des Objekts zum Ausdruck.

Wie ein Traum kann eine solche Antwort im Sinne von C. G. Jung (1912, 1964, S. 92) aber sowohl auf der Subjekt- als auch auf der Objektstufe gedeutet werden: Je nachdem, ob bei dem Patienten die jeweilige Objekt-Repräsentanz oder die korrespondiere Selbtrepräsentanz aktualisiert wird, wird sich der Patient eher mit der einen oder mit der anderen Figur identifizieren: Auch das «gute» Selbst kann in der «lieben, guten Hülle» untergebracht sein und das «böse» Selbst im «alles» beherrschen wollenden «Schlangenkopf».

Es gibt jedoch auch «Spaltungen», bei denen die affektiven Gegensätze ausschließlich innerhalb einer Figur lokalisiert werden. Als Beispiel sei die Antwort einer anderen Borderline-Patientin angeführt: «Wieder ein Schmetterling, durchgerissen in der Mitte, halb gut und halb schlecht. Durchgerissen: durch den Freiraum. Die freundlichen Farben würde ich als gut bezeichnen, die dunklen wirken bedrohlich.» Eine weitere Borderline-Patientin gab folgende ähnliche Antwort: «Ein Monster, geteilt: guter Kern, böser Kern. Das Rosa ist der gute Kern, unten das Schwarze der böse Kern.»

Affektive Polarisierungen dieser Art können mit ausreichend guter Inter-Rater-Übereinstimmung signiert werden (Lerner und Lerner, 1980; Leichsenring, 1991 a).

Lerner und Lerner (1980) fanden, daß Borderline-Patienten gegenüber Patienten mit neurotischen Störungen signifikant mehr Indikatoren für Spaltung (sowie für projektive Identifizierung, primitive Entwertung und primitive Verleugnung) aufwiesen. Unterschiede bezüglich primitiver Idealisierung bestanden dagegen nicht. Lerner, Sugarman und Gaughran (1981) konnten zeigen, daß eine gemischte Stichprobe von Patienten mit Borderline- und schizotypischer Persönlichkeitsstörung nach dem DSM-III signifikant mehr Indikatoren für die genannten primitiven Abwehrmechanismen aufwies als Schizophrene. Während die bei dem Vergleich von Borderline-Patienten und Patienten mit neurotischen Störungen erzielten Ergebnisse mit der Theorie Kernbergs vereinbar sind, gilt dies für die Ergebnisse der Schizophrenen nicht: Nach Kernberg (1977, 1988) unterscheiden sich Borderline-Patienten und Psychotiker hinsichtlich der Intaktheit der Realitätsprüfung, nicht jedoch hinsichtlich der verwendeten Abwehrmechanismen. Diese Diskrepanz kann zu Lasten der Theorie Kernbergs oder zu Lasten des Auswertungssystems von Lerner und Lerner gehen.

Eigene Untersuchungen mit der Holtzman Inkblot Technik kommen dagegen zu Ergebnissen, die stärker im Einklang stehen mit der Theorie Kernbergs (Leichsenring, 1991a sowie Leichsenring, in Vorbereitung): Borderline-Patienten verwendeten zum einen affektive Polarisierungen («Spaltungen») signifikant häufiger als Patienten mit neurotischen Störungen (Leichsenring, 1991 a). In einem Vergleich mit Schizophrenen zeigte sich, daß akut Schizophrene und Borderline-Patienten solche affektiven Gegensätze gleichermaßen häufig verwenden.[8]

Dies entspricht der Annahme Kernbergs (1988), daß Borderline-Patienten und Psychotiker dieselben Abwehrmechanismen verwenden. Sie dienen allerdings anderen Zwecken: Bei Borderline-Patienten dem Schutz des «Guten» vor dem «Bösen», bei Schizophrenen dem Schutz vor Fragmentierung (Kernberg, 1988).

Nach den oben angestellten Überlegungen ist die «Spaltung» ein komplexer Vorgang, an dem verschiedene Prozesse beteiligt sind. Es ist weiterhin möglich, daß es verschiedene Wege zur Aufteilung der Objekt- und Selbstrepräsentanzen in «Gut» und «Böse» gibt. Möglicherweise unterscheiden sich diese Wege bei verschiedenen Patienten und diagnostischen Gruppen: Bei verschiedenen Patientengruppen können andere Mechanismen zusammenwirken und zum phänomenologisch gleichen Zustand der Aufteilung von Objekt- und Selbstrepräsentanzen in «Gut» und «Böse» führen.

[8] Die Ergebnisse beruhen auf den Daten von 30 stationär behandelten Borderline-Patienten, deren Diagnosen anhand des «Diagnostic Interviews for Borderlines» von Gunderson und Kolb (1978) gestellt worden sind (Leichsenring, 1991 a) sowie auf den Daten von 25 akut Schizophrenen, die nach ICD-9 (Degwitz, 1980) diagnostiziert worden sind (Leichsenring, 1991 b).

Empirisch-statistische Untersuchungen, die ich mit der Holtzman Inkblot Technik durchgeführt habe (z. B. Leichsenring, 1991a), weisen in diese Richtung: Nachdem sich gezeigt hatte, daß Borderline-Patienten und akut Schizophrene solche affektiven Polarisierungen signifikant häufiger verwenden als Patienten mit neurotischen Störungen und sich untereinander aber bezüglich der Häufigkeit der Verwendung nicht unterscheiden, habe ich als nächstes die Frage untersucht, welche Abwehrmechanismen mit diesen affektiven Polarisierungen zusammenhängen. Primitive Idealisierung, primitive Entwertung, primitive Verleugnung und Projektion (von Aggression) wurden mit der Methode von Lerner und Lerner (1980) erfaßt (vgl. Leichsenring, 1991a).[9]

Es ergeben sich hier interessante Unterschiede zwischen Borderline-Patienten und Schizophrenen: Affektive Polarisierungen in «Gut» und «Böse», also «Spaltungen», hängen bei Borderline-Patienten überwiegend mit primitiver Idealisierung und primitiver Entwertung zusammen, bei akut Schizophrenen dagegen überwiegend mit Projektion von Aggression und primitiver Verleugnung. Wie eine weitere Untersuchung zeigte, gilt dies auch für chronisch Schizophrene. Bei Borderline-Patienten hängt die «Spaltung» offenbar in erster Linie mit Objektbeziehungen und deren Auf- bzw. Abwertung zusammen, bei Schizophrenen dagegen mit der Hinausverlagerung von Innerem nach außen und mit Verleugnung. Dasselbe Phänomen, die Polarisierung in affektive Gegensätze, die als «Spaltung» bezeichnet werden kann, hängt damit bei Borderline-Patienten und Schizophrenen mit unterschiedlichen Prozessen zusammen. Man könnte sagen, es gibt zwei oder eventuell sogar noch mehr «Arten» von «Spaltung». Die statistischen Ergebnisse dieser Untersuchungen werden im einzelnen an anderer Stelle veröffentlicht werden (Leichsenring, in Vorbereitung). In Tabelle 2 sind die Ergebnisse angegegeben, die ich bei einer faktorenenanalytischen Untersuchung der Daten von Borderline-Patienten und akut Schizophrenen erhalten habe.

Es ergeben sich bei beiden Gruppen zwei Faktoren, die sich jedoch interessant unterscheiden: Bei den Borderline-Patienten wird Faktor 1 hauptsächlich durch Projektion und primitive Verleugnung bestimmt und Faktor 2 hauptsächlich durch primitive Idealisierung, primitive Entwertung und «Spaltung» (affek-

[9] «Primitive Entwertung» wird signiert, wenn Figuren so gesehen werden, daß die menschliche Dimension verlorengeht, z. B. Wesen, die halb Tier, halb Mensch sind. Entsprechend wird «primitive Idealisierung» signiert, wenn eine Figur so extrem aufgewertet wird, daß die menschliche Dimension verlorengeht, z. B. Statuen berühmter Figuren, Superhelden, Engel. Bei «primitiver Verleugnung» werden unter anderem nicht vorhandene Aspekte hinzugefügt oder klar vorhandene Aspekte der Rorschach-Tafel weggelassen. Bei Projektion (von Aggression) werden aggressive Figuren oder Opfer von Aggression in einer Weise gedeutet, die über das im allgmeinen hier Gedeutete hinausgeht (Lerner und Lerner, 1980; Leichsenring, 1991 a), z. B. «Zwei Monster fressen einen Menschen auf, sie wollen sein Herz, er schreit vor Qual. Die Monster weiden sich daran und lachen nur.»

Tabelle 2: Ergebnisse der Faktorenenanalyse der Daten von Borderline-Patienten (N = 30) und akut Schizophrenen (N = 25)

	Borderline-Patienten		akut Schizophrene	
	FAKTOR 1	FAKTOR 2	FAKTOR 1	FAKTOR 2
Spaltung	0.31	0.68*	0.84*	0.23
Projektion	0.93*	0.05	0.89*	-0.04
Entwertung	0.27	0.77*	0.38	0.75*
Verleugnung	0.87*	0.25	0.81*	0.14
Idealisierung	-0.08	0.79*	-0.07	0.92*

tive Polarisierung in «Gut» und «Böse»). Bei den akut Schizophrenen lädt dagegen «Spaltung» hoch auf einem Faktor, der hauptsächlich durch Projektion und primitive Verleugnung bestimmt wird. Faktor 2 wird hauptsächlich durch primitive Idealisierung und primitive Entwertung bestimmt, *und «Spaltung» lädt nicht hoch auf diesem Faktor* (0.24).

Die mit dem Rorschach-Test oder der Holtzman-Inkblot-Technik untersuchten affektiven Polarisierungen sind vermutlich die Folge eines irgendwie gearteten komplexen Vorgangs der «Spaltung». Beobachtet werden kann hier aber nicht der Vorgang der «Spaltung», sondern nur das Ergebnis, das in affektiven Polaritäten besteht. Durch welche Vorgänge dieser Zustand entstanden ist, durch einen Mechanismus der «Spaltung», durch Verleugnung oder durch das Zusammenwirken mehrerer Mechanismen, ist den Antworten aber nicht anzusehen.

Dem Phänomen der «Gespaltenheit» kann man es auch nicht «ansehen», mit welcher Form von Pathologie es zusammenhängt: z. B. verwenden Borderline-Patienten und akut Schizophrene affektive Polarisierungen gleichermaßen häufig. Hierfür spricht auch ein weiteres interessantes Ergebnis: Neben den Patientengruppen habe ich auch eine Gruppe von 30 psychisch Gesunden untersucht, d. h. von Personen, die in verschiedenen anderen diagnostischen Verfahren relativ ungestört erscheinen, z. B. im Gießen-Test (Leichsenring & Hiller, 1990). Besonders interessant ist dabei, daß sich die erwähnten affektiven Polarisierungen in «Gut» und «Böse» bei den «Gesunden» ebenso häufig finden wie bei Borderline-Patienten und Schizophrenen (akut und chronisch Schizophrenen). Ein wesentlicher Unterschied besteht aber darin, daß die affektive Polarisierungen bei den «Gesunden» im Gegensatz zu den Patientengruppen empirisch nicht mit bestimmten Merkmalen der Psychopathologie korreliert: So bestehen bei den «Gesunden» keine Zusammenhänge zu primärprozeßhaftem Denken, Angst und Feindseligkeit, der Pathologie verinnerlichter Objektbeziehungen, der Durchlässsigkeit der

Körper- bzw. Selbstgrenze oder der Vermeidung von Ambiguität (Leichsenring, in Vorbereitung). Bei den Patientengruppen ist das dagegen der Fall.

Diese Ergebnisse sprechen einerseits für die oben angeführte Annahme von Stern, daß Spaltung ein universelles Phänomen ist, das – in weniger intensiver Form – bei allen Menschen auftritt (1985, S. 252). Diese Ergebnisse zeigen aber noch etwas Anderes: «Spaltung» ist nicht gleich «Spaltung»: Bei Patientengruppen handelt es sich um ein Phänomen, das mit psychopathologischen Merkmalen korreliert, mit anderen Worten um ein pathologisches Phänomen. Bei relativ Gesunden ist dies jedoch nicht der Fall. Die oben zitierte Aussage von Stern ist nach diesen Ergebnissen sogar dahingehend zu erweitern, daß das Phänomen «Spaltung» bei Gesunden durchaus häufig auftreten kann, ohne aber mit psychopathologischen Merkmalen einherzugehen. Das bedeutet, daß man dem Phänomen «Spaltung» selbst nicht «ansehen» kann, ob es sich um ein psychopathologisches Phänomen handelt und mit welcher Form der Pathologie es eventuell zusammenhängt.

Auch Rohde-Dachser (1989, S. 94, 95) weist unter Bezug auf verschiedene Autoren darauf hin, daß sich die Spaltung bei Borderline-Patienten nicht nur auf die Trennung von «guten» und «bösen» Selbst- und Objektrepresentanzen bezieht: Le Coultre (1970) beschreibt eine Spaltung der Mutter-Repräsentanz in eine «schützende prä-ödipale» und eine «gefährliche ödipale» Mutter, Kohut (1973) eine «vertikale» Spaltung des Selbst in ein Größen-Selbst und ein entwertetes Selbst, Green (1975) eine Spaltung in ein «abwesendes (idealisiertes)» und ein «beherrschend präsentes», eindringendes (gehaßtes) Objekt.

Allerdings stellt sich die Frage, ob sich die verschiedenen eben zitierten Autoren auf die gleiche Patientengruppe, nämlich auf Borderline Patienten beziehen: Kohut z. B. bezieht sich auf bestimmte Patienten mit narzißtischer Persönlichkeitsstörung. Wichtig ist aber im vorliegenden Zusammenhang, daß auch hier verschiedene Formen von «Spaltung» beschrieben werden bzw. daß das, was «gespalten» wird, bei verschiedenen diagnostischen Gruppen etwas anderes sein kann. Daraus zu schließen, daß es sich bei allen diesen Patientengruppen, bei denen «Spaltungen» auftreten, um Borderline-Patienten handelt, ist problematisch. In jedem Fall ist die Antwort auf diese Frage abhängig vom zugrundegelegten Konzept der Borderline-Störung, und hier gibt es ja nicht nur eines, neben dem Kernbergschen z. B. die Konzepte von Gunderson und Singer (1975), Spitzer, Endicott und Gibbons (1979) oder Kety, Rosenthal, Wender und Schulsinger (1968).

3. Borderline-Funktionsstile

In seinem Buch über «neurotische Stile» beschreibt Shapiro (1991) den zwanghaften, hysterischen, paranoiden und impulsiven (Funktions-) Stil. In Analogie dazu soll in der vorliegenden Arbeit der Frage nachgegangen werden, wie die *Funktions-Stile* von *Borderline-Patienten* aussehen. Da es verschiedene Subgruppen von Borderline-Patienten gibt, ist auch mit Unterschieden in ihren Funktions-Stilen zu rechnen. Die verschiedenen Stile dürften auch durch die jeweilige Persönlichkeitstruktur (z. B. hysterisch, narzißtisch oder schizoid) mitbestimmt werden (auch Kernberg, 1983, S. 135–143).

Die angestellten Überlegungen beziehen sich auf Patienten, die eine Borderline-Persönlichkeits-Störung aufweisen im Sinne Kernbergs (1967, 1988, 1993), Gundersons (Gunderson und Singer, 1975) sowie des DSM-IV (American Psychiatric Association, 1994) und des ICD-10 (emotional-instabile Persönlichkeitsstörung, Borderline Typus, Dilling et al., 1991). Sie beziehen sich nicht auf Patienten mit einer Borderline-Schizophrenie (z. B. Kety et al., 1968).

Shapiro unterscheidet bei jedem Stil die zugehörigen kognitiven, affektiven und Handlungs-Komponenten: So gehört zum zwanghaften Stil kognitive Rigidität (Shapiro betont hier v. a. die unbewegliche und permanent fokussierte Aufmerksamkeit), Hemmung der Affekte und Spontanität, die Shapiro auf die ständige Anspannung zurückführt und das «Getriebensein» von einem inneren Aufseher. Den charakteristischen Gegensatz hierzu stellt der «impressionistische» hysterische Stil dar mit den Merkmalen fehlender aktiver Konzentration, leichter Beeindruckbarkeit, und lebhafter Affektivität.

Shapiro schreibt den Stilen spannungs- und stimuliorganisierende Funktion zu. Eine solche Funktion wird nun andererseits auch üblicherweise den Abwehrmechanismen zugesprochen. *Der Prozeß der Abwehr kann aber nach Shapiro (1991) nicht als Manöver nur eines speziellen Mechanismus gesehen werden, sondern der gesamte für eine Person charakteristische Funktionsstil ist hieran beteiligt mit seinen kognitiven, affektiven und Handlungs-Komponenten:* «Der Abwehrprozeß kann... als Spezialfall der Wirkungsweise des allgemeinen Funktionsstils betrachtet werden: Nämlich als Funktionieren dieses Stils unter den speziellen Bedingungen eines Spannungszustandes» (Shapiro, 1991, S. 194). Shapiro erläutert seine Vorstellung am Beispiel eines Zwanghaften, der Gefahr läuft, sich zu einer ungewohnten Begeisterung hinreißen zu lassen. Dies löst Angst aus, «die Kontrolle zu verlieren» oder «verrückt zu werden». Sofort beginnt er, das «Haar in der Suppe» zu suchen, das sich natürlich auch finden läßt, aber vom Zwanghaften in seiner Bedeutung übertrieben wird. Das Gefühl der Begeisterung und der Angst verschwindet aus dem Bewußtsein. Bei diesem Abwehrprozeß handelt es sich nach Shapiro (1991, S. 192) «um nichts anderes als um die automatische Arbeitsweise des zwanghaften Funktionsstils selbst.» Entsprechende Vorgänge beschreibt Shapiro auch für die anderen von ihm beschriebenen Stile. Auf diese Weise haben die Stile nach Shapiro selbst-aufrechterhaltende Funktion (Shapiro, 1991, S. 192, 193): «Ein unlustvoller Affekt, der mit dem existierenden Stil inkonsistent und für ihn nicht tolerabel ist, wird im Sinne dieses Stils wahrgenommen und erlebt... und bringt das Individuum automatisch auf Gedanken und Verhaltensweisen, die die Spannug reduzieren und es zu einem mentalen Gesamtzustand führen, der dem Funktionsstil besser entspricht und in dessen Rahmen der ursprüngliche Affekt und seine Unlust verschwinden.»

Wenn der Abwehrprozeß nur ein Spezialfall der Wirkungsweise des allgemeinen Stils ist, müßten sich, so folgert Shapiro, die einzelnen Abwehrmechanismen hinsichtlich der beteiligten Vorgänge im Denken, Fühlen und Handeln untersuchen lassen. Man kann z. B. fragen, wie sich der Abwehrmechanismus der Isolierung im Denken, Fühlen und Handeln ausdrückt bzw. welche Vorgänge im Denken, Fühlen und Handeln das ausmachen, was man als Abwehrmechanismus der Isolierung bezeichnet.[10]

Ein Verständnis von Abwehr als ein Spezialfall der Wirkungsweise des allgemeinen Stils, hat Konsequenzen für die Psychotherapie (Shapiro, 1991, S. 194): «Man ist hier mit Abwehrprozessen auf breitester Ebene konfrontiert, in vielen psychischen Inhalten einschließlich der scheinbar 'oberflächlichen.'»

Es ist jedoch festzuhalten, daß Shapiro für jeden Funktionsstil auch viele nicht-motivationale Ursachen annimmt, z. B. konstitutionelle oder Umweltfaktoren. Andererseits könne ein bestimmter Funktionsstil nicht allein auf diese nicht-motivationalen Faktoren zurückgeführt werden: Diese können die Tendenz zur Beharrung auf altem und die Vermeidung von neuem Erleben und Verhalten nicht erklären, die jedem Stil eigen ist (Shapiro, 1991, S. 195).

Angesichts dieser Überlegungen zu «neurotischen Stilen» kann man die Frage stellen, ob es auch *Borderline-Funktions-Stile* gibt und wie diese beschaffen sind.

[10] Auch Paulina Kernberg (1994) untersucht in einer neueren Arbeit, wie sich verschiedene Abwehrmechanismen auf verschiedenen Erlebnisebenen zeigen: kognitiv, affektiv, hinsichtlich Selbst- und Objektrepräsentanzen, hinsichtlich des beobachtenden Ichs sowie hinsichtlich der Empathie mit dem Interviewer. So geht Spaltung etwa einher mit einem Schwarz-Weiß-Denken und abrupt wechselnden Affekten, widersprüchlichen und polarisierten Selbst- und Objektbeschreibungen, einer fehlenden Selbstbeobachtung und Problemen, sich darin einzufühlen, wie der Interviewer den Patienten wahrnimmt.

In Anlehnung an Shapiro (1991) gehe ich davon aus, daß sich auch Borderline-Patienten durch bestimmte Funktions-Stile auszeichnen, die Denken, Fühlen, Objektbeziehungen und Handeln umfassen. Im Sinne des Konzepts von Shapiro nehme ich an, daß sich auch der Prozeß der «primitiven» Abwehr nicht auf einen oder einige wenige spezielle Abwehrmechanismen zurückführen läßt. Ich vermute, daß der gesamte für Borderline-Patienten charakteristische Funktionsstil an der «primitiven» Abwehr beteiligt ist mit seinen kognitiven, affektiven und Handlungs-Komponenten. *Die Spaltung ist dann aber nur ein Spezialfall der Wirkungsweise eines Borderline-Funktionsstils.* Sie ist, um eine Formulierung von Shapiro (1991, S. 194) zu verwenden, nichts anderes als das «Funktionieren dieses Stils unter den speziellen Bedingungen eines Spannungszustandes». Dies gilt entsprechend auch für die anderen primitiven Abwehrmechanismen.

Wenn die Spaltung nur ein Spezialfall der Wirkungsweise eines Borderline-Funktionsstils ist, kann man fragen, wie sie sich im Denken, Fühlen und Handeln ausdrückt bzw. welche Vorgänge im Denken, Fühlen und Handeln das ausmachen, was man als den Vorgang der «Spaltung» bezeichnet und was zur Trennung der Objekt- und Selbstrepräsentanzen in «Gut» und «Böse» führt.

Diese Frage stellt sich um so mehr, wenn die «Spaltung» als ein komplexer Vorgang verstanden wird, an dem verschiedene Prozesse beteiligt sind, die sich (auch) auf verschiedene Erlebnisebenen beziehen, z. B. Wahrnehmen, Denken, Fühlen.

Auch für die anderen primitiven Abwehrmechanismen kann entsprechend gefragt werden, wie sie sich im Denken, Fühlen und Handeln ausdrücken bzw. durch welche Vorgänge im Denken, Fühlen und Handeln sie konstituiert werden. Diesen Fragen soll im Folgenden nachgegangen werden.

3.1 Der «impulsive Stil» nach Shapiro

Der Frage, wie Borderline-Funktionsstile aussehen, möchte ich zunächst anhand der Ausführungen von Shapiro (1991) nachgehen. Danach werde ich auf meine eigenen Untersuchungen eingehen, die sich mit primärprozeßhaftem Funktionieren, der Vermeidung von Ambiguität und den Zusammenhängen mit primitiven Abwehrmechanismen und Objektbeziehungen befassen.

Shapiro (1991) beschreibt einen Stil, den er als «impulsiven Stil» bezeichnet. Betrachtet man diesen Stil genauer, so zeigt sich, daß der Funktions-Stil vieler Borderline-Patienten Merkmale des von Shapiro beschriebenen «impulsiven Stils» aufweist. Das gilt insbesondere für die Subgruppe von Borderline-Patienten, die durch mangelnde Impulskontrolle gekennzeichnet ist und deren Störung von Gunderson (z. B. Gunderson und Singer, 1975) und dem DSM-III-R und DSM-IV (1987, 1994) als «Borderline-Persönlichkeitsstörung» und vom

ICD-10 (Dilling et al., Δ, 1991) als «emotional instabile Persönlichkeitsstörung, Borderline Typus» bezeichnet wird. Hierbei dürfte es sich vor allem um Patienten handeln, die eine hysterische, infantile oder Suchtstruktur nach Kernberg (1983) aufweisen und bei denen eine Borderline-Persönlicheitsorganisation besteht.

Bestimmte Merkmale des «impulsiven Stils» sind auch für Patienten mit *narzißtischer Persönlichkeitsstörung und antisozialer (dissozialer) Persönlichkeitsstörung* auf Borderline-Niveau charakteristisch. Dies gilt, wie im Folgenden noch erläutert werden wird, insbesondere für den Bereich der Objektbeziehungen und der Über-Ich-Pathologie.

Der «impulsive Stil» nach Shapiro zeichnet sich durch schnelle, abrupte Handlungen aus, die wenig reflektiert sind und durch die momentanen Gefühle und Bedürfnisse gesteuert werden. Überlegungen und Beurteilungen, die normalerweise eine stabilisierende Funktion ausüben, indem sie vor vorschnellen Handlungen schützen, kommen zu kurz (Shapiro, 1991, S. 153): «Hier ist die Wahrnehmung dominiert durch das, was unmittelbar beeindruckt und persönlich relevant ist, das heißt durch das, was den momentanen Bedürfnissen und Impulsen Rechnung trägt.» In diesem Sinne charakterisiert Shapiro (1991, S. 151)) den «impulsiven Kognitionsmodus» als «konkret» und «passiv»: durch das Offensichtliche beeindruckt, ohne daß eine aktive kritische Prüfung vorgenommen wird.

Diese Merkmale des «impulsiven Stils» sind auch für die genannten Borderline-Populationen charakteristisch. Faßt man Shapiros Formulierungen unter ich-psychologische Gesichtspunkte (z. B. Bellak, Hurvich & Gediman, 1973; Blanck & Blanck, 1981), sind damit unter anderem folgende Ich-Funktionen bei einem «impulsiven» Borderline-Funktions-Stil beeinträchtig: Aufschub und Impulskontrolle, Frustrationstoleranz, Urteilsfunktion und Antizipation. Die mangelnde Fähigkeit, Bedürfnisse aufzuschieben, führt Shapiro darauf zurück, daß «impulsive» Menschen nicht über dauerhafte Interessen und Werte verfügen, die es ihnen erleichtern, auf die Befriedigung momentaner Bedürfnisse zugunsten längerfristiger Interessen zu verzichten. Die Aussicht auf eine spätere Befriedigung, die ein momentanes Ertragen von Frustrationen erträglich macht, fehlt. Shapiro zitiert hier Piaget (1962), der davon ausgeht, daß ein eigener Wille permanente Werte voraussetzt, z. B. wenn es darum geht, einer Ablenkung zu widerstehen, um eine Arbeit fortzuführen. Shapiro und Piaget betonen hier beide die Bedeutung von Stabilität und Konstanz in Vorstellungen und Werten.

Erikson (1956, 1977) betont dagegen die Bedeutung von Urvertrauen für die Entwicklung der Fähigkeit, momentane Bedürfnisse aufzuschieben: Urvertrauen bedeutet nach Erikson (1956, 1977, z. B. S. 178, 179) ein verläßliches Gefühl, daß es außen und innen «gute» Mächte gibt und daß die eigenen Bedürfnisse befriedigt werden. Urvertrauen schließt ein die «innere Zuversicht..., daß sich letzten Endes eine ausreichende Befriedigung mit ausreichender Sicherheit vorhersagen läßt, daß sich Warten und 'Arbeiten' demnach lohnen.» Ganz anders ist es bei Urmißtrauen: Nach Erikson (1956, 1977, S. 180) entsteht so etwas wie «ein Mißtrauen gegen die Zeit an sich...; jeder Aufschub erscheint als ein Betrug, jedes Wartenmüssen als ein Ohnmachtserlebnis, jede Hoffnung als eine Gefahr, jeder Plan als eine Katastrophe, jeder potentielle Versorger als ein Verräter.» Erikson bezeichnet das als «Diffusion der Zeitperspektive», die im Zusammenhang mit der von ihm beschriebenen «Identitäts-Diffusion» auftritt. Im Grunde genommen richtet sich das Mißtrauen jedoch nicht gegen die Zeit, sondern gegen die Objekte, auf die man sich nicht verlassen kann: Nur was man sofort bekommt, hat man sicher.

Nach Kernberg (Kernberg, 1967, 1983) ist die mangelhafte Impulskontrolle von Borderline-Patienten jedoch nicht (nur) eine globale Schwäche, sondern spezifischer Ausdruck der Spaltung: Abgespaltene Persönlichkeitsanteile gewinnen in charakteristischem Wechsel die Oberhand. Im Moment des impulsiven Verhaltens werden sie als ichsynton und hochgradig lustvoll erlebt, nachher aber veleugnet. Charakteristisch ist es, daß der impulsive Persönlichkeitsanteil nicht im emotionalen Kontakt mit dem sonstigen Selbsterleben des Patienten steht (Kernberg, 1967, 1983).

Auch die Objektbeziehungen stehen bei einem «impulsiven Stil» primär unter dem Gesichtspunkt der Befriedigung eigener Bedürfnisse, d.h. der Andere wird nicht als Person mit eigenen Rechten und Bedürfnissen erlebt (Shapiro, 1991). Das Niveau der Objektbeziehungen ist damit das der Bedürfnisbefriedigung (Bellak, Hurvich & Gediman, 1973). Dies gilt auch für Borderline-Patienten (Blanck & Blanck, 1981). Diese Form der Objektbeziehungen ist auch für eine weitere Subgruppe von Borderline-Patienten kennzeichnend, nämlich für Patienten mit einer *narzißtischen Persönlichkeitsstörung* auf Borderline-Niveau sowie für *antisoziale Persönlichkeiten* (Kernberg, 1983).

Shapiro betont, *daß beim «impulsiven Stil» der affektive Modus, der auf unmittelbare Bedürfnisbefriedigung gerichtetet ist, besonders eng mit dem kognitiven Modus verzahnt ist.* Es sei unmöglich, sie voneinander zu trennen (S. 154). «Jeder von ihnen könnte den psychologischen Primat beanspruchen... Beide Funktionsbereiche samt ihrer dazugehörigen Modi existieren miteinander, beide sind ohne den anderen kaum vorstellbar, und aller Wahrscheinlichkeit nach entwickeln sie sich simultan.»

Entsprechend sind die Kognitionen beim «impulsiven Stil» auch durch die jeweiligen Bedürfnisse geprägt. Der Betreffende ist nicht imstande, innerlich Abstand von seinem momentanen Standpunkt zu nehmen. Shapiro (1991, S. 152, 161) charakterisiert den «impulsiven» Kognitions-Modus deshalb ausdrücklich als «egozentrisch». Shapiro beschreibt hier offenbar etwas, was ich auf der Basis meiner eigenen empirischen Untersuchungen bei Borderline-Patienten als «egozentrisches» und «anschauungsgebundenes Denken» bezeichnet habe (Leichsenring, 1991 c). Allerdings stellt Egozentrismus nach meinen

Ergebnissen nur einen Aspekt des kognitiv-affektiven Stils von Borderline-Patienten dar, andere werde ich in folgenden Abschnitten beschreiben (Abschnitte 3.3 und 3.9, auch Leichsenring, 1991 c). Die enge Verzahnung von affektivem und kognitivem Modus zeigt sich empirisch in der hohen Korrelation, die zwischen primärprozeßhaftem Denken und starken Affekten bei Borderline-Patienten nachgewiesen werden kann (Leichsenring, 1991, c). Hierauf wird in Abschnitt 3.9 ausführlich eingegangen werden.

Auch ein weiteres Merkmal des kognitiven Modus von Borderline-Patienten, die Vermeidung von Ambiguität, hängt mit starken Affekten zusammen (Leichsenring, Roth und Meyer, 1992; Leichsenring und Meyer, 1992). – Allerdings hängt die Vermeidung von Ambiguität nicht nur bei Borderline-Patienten mit starken Affekten zusammen. Entsprechende Untersuchungen werden im folgenden noch ausführlicher vorgestellt werden.[11]

Als kennzeichnend für den «impulsiven Stil» sieht Shapiro weiterhin eine Beeinträchtigung von Abstraktion, Generalisierung und Integration an (1991, S. 147, 148). Dies entspricht auch den Annahmen von Kernberg (1981) über Borderline-Patienten und konnte auch empirisch bestätigt werden (Leichsenring & Hiller, 1990): Borderline-Patienten geben in der Holtzman Inkblot Technik weniger sogenannte Ganzantworten und Integrationsantworten als Patienten mit neurotischen Störungen. Solche Antworten zeigen die Fähigkeit zu Abstraktion und Integration an. In ihrer Sprache verwenden Borderline-Patienten auch weniger abstrakte Begriffe als Patienten mit neurotischen Störungen (Leichsenring, Roth & Meyer, 1992).

Einige Überlegungen von Shapiro können auch relevant sein im Hinblick auf den Abwehrmechanismus der Spaltung. Shapiro (1991, S. 154) schreibt in Bezug auf die durch die momentanen Bedürfnisse bestimmten Wahrnehmungen beim «impulsiven Stil»: «Aus der Perspektive solcher Kognitionen kann die Welt nur als diskontinuierlich und wechselhaft erlebt werden.» Man kann fragen: als «gespalten»? Shapiro beschreibt hier möglicherweise kognitive Grundlagen oder Entsprechungen der Spaltung. Auf diesen Zusammenhang zwischen Egozentrismus und Spaltung werde ich im folgenden noch einmal eingehen, wenn ich eigene Untersuchungen zu primärprozeßhaftem Funktionieren bei Borderline-Patienten vorstelle.

[11] Von einer anderen theoretischen Sichtweise ausgehend, der des primärprozeßhaften Funktionierens, hat Kernberg (1981) ebenfalls auf die enge Verflechtung von Objektbeziehungen, Affekten und Denkvorgängen bei Borderline-Patienten hingewiesen. Beide Konzepte, das des Funktionsstils sowie das des Primärprozeßfunktionierens legen es nahe, Entsprechungen der «Spaltung» (und anderer primitiver Abwehrmechanismen) in verschiedenen Erlebnisbereichen zu untersuchen, in Objektbeziehungen, Affekten und Denkvorgängen. Dies gilt auch für das noch vorzustellende Konzept des präoperationalen Funktionierens nach Piaget, das sich nicht nur auf das Denken, sondern auch auf Affekte und zwischenmenschliche Beziehungen bezieht (Piaget, 1995).

Shapiro geht davon aus, daß der kognitive und affektive Stil eines Menschen auch die Gestalt seines *Über-Ichs* mitbestimmt, weil dieser Stil die Transformation äußerer Autoritäten in innere Stukturen beeinflußt (S. 158). Ein impulsiver affektiver und kognitiver Stil, der nur an der unmittelbaren Bedürfnisbefriedigung interessiert ist und nur durch den unmittelbaren Wahrnehmungseindruck bestimmt wird, beeinträchtigt nach Shapiro die Bildung stabiler Über-Ich-Werte. Einen ensprechenden Standpunkt vertritt auch Piaget (z. B. 1962) in seinen Untersuchungen über die Entwicklung des moralischen Urteils (vgl. auch Abschnitt 3.20). Möglicherweise kann diese Sichtweise zum Verständnis der Störung des Über-Ichs bei Borderline-Patienten beitragen, die Kernberg ja in erster Linie auf den Abwehrmechanismus der Spaltung zurückführt. Wendet man die Überlegungen Shapiros auf Borderline-Patienten an, so verweisen diese auf die Bedeutung des affektiven und kognitiven Stils für die Entwicklung des Über-Ichs. Insbesondere für Borderline-Patienten mit *antisozialer Persönlichkeit* (Kernberg, 1983) können diese Überlegungen relevant sein. Shapiro (1991, S. 167, 168) beschreibt das so: «Wahrscheinlich ist also das 'antisoziale Verhalten' des Psychopathen nicht als ein Resultat mangelhafter Moral- und Gewissensbildung zu verstehen, sondern so, daß letztere zusammen mit ersterem aus bestimmten spezifischen und extremen Ausprägungen verschiedener Eigenheiten des impulsiven Stils folgen: egozentrischer, konkretistischer Blickwinkel, Fehlen von Zielen und Werten, die über den schnellen Erfolg hinausweisen, und rasches, ungeplantes Handeln.» – Eine sehr anschauliche literarische Darstellung dieses impulsiv-antisozialen Funktionsstils gibt die autobiographische Geschichte des «Minus-Mannes» von Heinz Sobota (Sobota, 1978). Hier findet sich auch eine deutliche Spaltung des Frauenbildes in eine «hohe», idealisierte Frau und eine verachtete, entwertete Hure, die nach eigenem Belieben als narzißtisches Selbst-Objekt gebraucht und mißbraucht werden kann.

3.2 Der «paranoide Stil» nach Shapiro

Paranoide Vorstellungen diffenzieren Borderline-Patienten besonders gut von Neurosen und anderen Persönlichkeitsstörungen (Zanarini, Gunderson und Frankenburg, 1990; Leichsenring und Ardjomandi, 1992; Leichsenring, 1994). Sie finden sich bei allen oder fast allen nach dem DIB-R diagnostizierten Borderline-Patienten (Zanarini, Gunderson und Frankenburg, 1990; Zanarini, Gunderson, Frankenburg und Chauncey, 1990). In das DSM-IV sind sie als ein weiteres diagnostisches Merkmal aufgenommen worden (Abschnitt 2.4).

Für Borderline-Patienten mit ausgeprägten paranoiden Zügen dürften deshalb Merkmale des von Shapiro (1991) beschriebenen «paranoiden Stils» charakteristisch sein.

Shapiro unterscheidet zwei Gruppen von Menschen mit paranoidem Stil: die eher «aggressiv-mißtrauischen» und die «verschlossenen, gehemmt-zurückhaltenden» (1991, S. 60). Während die «aggressiv-mißtrauischen» Patienten die Borderline-Kriterien nach Gunderson, dem DSM und dem ICD-10 sowie nach Kernberg problemlos erfüllen können, gilt dies für die «verschlossenen, gehemmt-zurückhaltenden» (Borderline-?) Patienten nicht ohne weiteres: Diese Patienten werden von den Borderline-Konzepten Gundersons, des DSM und des ICD-10 kaum erfaßt, bzw. sie werden danach nicht als Borderline-Patienten diagnostiziert. Es handelt sich um Patienten, die zum Teil extrem gehemmt, verschlossen und sozial isoliert sind. Nur das Konzept von Kernberg erfaßt auch diese Patienten als Borderline-Patienten, weil die entsprechenden primitiven Abwehrmechanismen, Objektbeziehungen sowie Identitäts-Diffusion vorliegen. Im Zusammenhang mit polymorph-perverser Sexualität beschreibt Kernberg (1967, 1983) z. B. Borderline-Patienten, deren manifestes Sexualverhalten völlig gehemmt ist, deren Onanie-Phantasien aber polymorph-perverse Züge aufweisen. Den Stil dieser Patienten könnte man auch als den «gehemmten» Stil bezeichnen. Hierdurch wird der Gegensatz zum «impulsiven» Stil hervorgehoben.[12]

«Mißtrauen» bedeutet nach Shapiro nicht nur, daß bestimmte Denkinhalte bestehen in dem Sinne, daß andere einem Schlechtes wollen, sondern geht mit einem bestimmten Wahrnehmungs- und Denkstil einher: Bei mißtrauischen Menschen ist die Aufmerksamkeit extrem angespannt, rigide und selektiv auf bestimmte «Indizien» ausgerichtet. Sie sind daher scharfe Beobachter, die die Umwelt sehr genau wahrnehmen, nach möglichen Gefahren «abtasten». Wahrnehmung und Aufmerksamkeit sind jedoch selektiv ausgerichtet auf die «Indizien», die ihren von vornherein bestehenden Verdacht bestätigen. Die

[12] Bereits Rapaport, Gill und Schafer (1945/46) haben zwei Gruppen von Patienten beschrieben, die sie als «Präschizophrene» bezeichneten: Die «Over-ideational Preschizophrenics» und die «Coarctated Preschizophrenics». Nach Kernberg (1983, S. 42) handelt es sich dabei im wesentlichen um Patienten mit einer Borderline-Persönlichkeitsorganisation (dagegen Widiger, 1982). Während sich die «Over-ideational Preschizophrenics» durch einen enormen Reichtum an Phantasien, lebhafte, inadäquate und schlecht kontrollierte Affekte und Handlungen auszeichnen, sind die «Coarctated Preschizophrenics» gekennzeichnet durch extreme Angst, Rückzug, Blockierungen, extreme Hemmung der Affekte und Phantasien, Fremdheitsgefühle und bestimmte sexuelle Vorlieben. Der Frage, inwieweit es sich dabei tatsächlich um Borderline-Patienten nach heute aktuellen Kriterien handelt, soll hier nicht weiter nachgegangen werden (vgl. dazu z. B. Widiger, 1982). Im vorliegenden Zusammenhang soll darauf aufmerksam gemacht werden, daß es neben den auffälligen «impulsiven» Borderline-Patienten auch eine andere, «gehemmte» Gruppe von Patienten gibt, bei denen nach Kernberg eine Borderline-Persönlichkeitsorganisation besteht, die jedoch nach den Kriterien Gundersons, des DSM und des ICD-10 wahrscheinlich nicht als Borderline-Patienten diagnostiziert werden.

Wahrnehmung paranoider Menschen ist zwar einerseits sehr genau, andererseits aber insofern unrealistisch, als Dingen eine verzerrte Bedeutung gegeben wird: Sie werden im Sinne ihres «Verdachts» interpretiert. Andererseits werden jedoch alle Hinweise, die gegen ihren «Verdacht» sprechen, selektiv nicht beachtet (Shapiro, 1991, S. 63): «Diese rigide Aufmerksamkeitsausrichtung führt sowohl zu den krassen Fehlleistungen der paranoiden Kognition, als auch zu deren gelegentlich brillianter Treffsicherheit.» Da paranoide Menschen immer das suchen, was sich hinter dem Gesagten oder Beobachteten verbirgt, geht ihnen der Blick für das Offensichtliche, für die Oberfläche und für den Kontext verloren. Hierin besteht der paranoide Realitätsverlust (Shapiro, 1991).

Dieser einseitig ausgerichtete paranoide Kognitionsmodus, der nach Bestätigungen für den eigenen «Verdacht» sucht, stellt nach Shapiro eine Grundlage der paranoiden Projektion dar. Er bildet eine notwendige (nicht jedoch hinreichende) Bedingung der paranoiden Projektion: Der paranoide Kognitionsmodus bildet den kognitiven Aspekt der paranoiden Projektion. Die Projektion verzerrt die sichtbare Wirklichkeit nicht (Shapiro, 1991, S. 75): «Die Projektion verzerrt vielmehr die Bedeutung der sichtbaren Realität; sie ist eine autistisch-interpretative Verzerrung der äußeren Realität... Eine Projektion besteht ausnahmslos aus falsch interpretierten Wahrnehmungen realer Vorkommnisse oder Verhaltensweisen.» Ist erst ein Indiz gefunden, wird der Verdacht zur Gewißheit und öffnet Tür und Tor für mißtrauische Interpretationen der Wirklichkeit (Shapiro, 1991. S. 77): «Wenn aber die Kognition so rigide und eingeengt ist wie beim Paranoiden, so immun gegen Korrekturen, so bereit, Offensichtliches zu ignorieren, und nur nach Zeichen zu suchen, die die Voreingenommenheit bestätigen, und wenn solch eine Kognition dazu führt, daß das Gefühl für Verhältnismäßigkeit und das real Erfahrbare verlorengeht – dann ist sie anfällig für interpretative Verzerrungen extremster Qualität, das heißt, Verzerrungen projektiver Art.»

Projektion wird nun auch als einer der zentralen Abwehrmechanismen von Borderline-Patienten angesehen (Kernberg, z. B. 1988), und paranoide Vorstellungen haben sich, wie bereits erwähnt, als diffential-diagnostisch besonders bedeutsam erwiesen. Es ist daher anzunehmen, daß den paranoiden Projektionen von Borderline-Patienten der von Shapiro beschriebene paranoide Kognitions-Modus (als eine notwendige Bedingung) zugrundeliegt. Diese Vermutung ist nicht nur von theoretischer Bedeutung für das Zustandekommen von Projektionen bei Borderline-Patienten, sondern hat auch therapeutisch Relevanz: Eine Berücksichtigung der kognitiven Aspekte der Projektion kann therapeutisch fruchtbar sein. Sie liefert Ansatzpunkte für therapeutische Interventionen, etwa indem die Selektivität des paranoiden Kognitions-Modus herausgearbeitet wird. – Auf die nicht-kognitiven Aspekte der paranoiden Projektion wird unten eingegangen werden.

Beh.

Paranoide Menschen leben nach Shapiro (1991, S. 78) in einem «ständigen Alarmzustand», in einem Zustand «totaler Mobilisiertheit», der bis in eine Anspannung der Körpermuskulatur reicht. In einem solchen permanenten Alarmzustand ist kein Platz für Gefühle, schon gar nicht für weiche und passive Gefühle. Shapiro vergleicht das mit der Notstandssituation in einem Staat (1991, S. 82): «In einer Nation im Zustand der Notstands-Mobilisierung findet ein großer Teil des normalen Alltagslebens nicht mehr statt, nicht nur – noch nicht einmal primär – per Erlaß und Verordnung, sondern einfach, weil sich das Interesse an vielen normalen Alltagsaktivitäten mit der normalen herrschenden Stimmung und den Anforderungen der Situation... nicht vereinbaren lassen. Und ganz ähnliches spielt sich in der Psychologie der paranoiden Persönlichkeit ab. So mobilisiert, wie sie ist... ist es einfach unmöglich, sich auch noch gleichzeitig über irgendetwas herzlich zu amüsieren.» – Shapiro berichtet von einem paranoiden Patienten, der in seiner Familie den Spitznamen «der Stock» hatte. Paranoide Menschen beherrschen alle Expressivität und Spontaneität einschließlich Gestik, Mimik und Körperhaltung und steuern sie bewußt, «wie ein General seine Truppen dirigiert» (Shapiro, 1991, S. 80). Shapiro (1991) beschreibt diese innere Überwachung und Unterdrückung auch mit dem Begriff des «inneren Polizeistaats», den Schafer (1954) in diesem Zusammenhang verwendet hat.

Shapiro (1991, S. 78) unterscheidet verschiedene Formen dieses Alarmzustands: «Dieser generelle Zustand der Mobilisiertheit hat unterschiedliche klinische Erscheinungsformen. Manchmal ist es eine höhere Bereitschaft zur Aggressivität mit einem harschen Umgangston und einer ständigen Bereitschaft zum Gegenangriff; es kann aber auch extreme Vorsicht und angespannte Kontrolliertheit sein, und manchmal ist es einach nur eine Art defensiver Wachsamkeit.»

Im Hinblick auf Borderline-Patienten dürfte die hohe Bereitschaft zu aggressiven Reaktionen und zum Gegenangriff für Borderline-Patienten typisch sein, bei denen neben dem paranoiden Stil ein «impulsiver Stil» besteht, und die zu den Borderline-Populationen nach Gunderson, Kernberg, dem DSM und dem ICD-10 gehören. Extreme Vorsicht und angespannte Kontrolliertheit dürfte dagegen für die Gruppe der gehemmten, verschlossenen und sozial isolierten Borderline-Patienten kennzeichnend sein, die nur nach Kernberg eine Borderline-Persönlichkeits-Organisation aufweisen.

Die zentrale Angst des paranoiden Menschen ist nach Shapiro die vor Verlust der Selbstbestimmung (Autonomie): nach innen (Triebe, Affekte) und nach außen. Er hat Angst, nachzugeben und überwältigt zu werden, unterworfen zu werden.

Die nicht-kognitiven Aspekte der Projektion bestehen nach Shapiro darin, daß eine innere Bedrohung in eine Bedrohung von außen umgewandelt wird. Shapiro beschreibt das folgendermaßen (1991, S. 96): Ein bestimmter Impuls, Affekt oder Vorstellungsinhalt wird als bedrohlich erlebt und zwar im Sinne einer Gefährdung der Selbstbestimmung und Selbststeuerung. Dies verstärkt das Gefühl, verletztlich zu sein und führt automatisch dazu, daß die defensive Mobilisiertheit verstärkt wird: Ein äußerer «Feind» wird gesucht und identifiziert, und Indizien werden aufgespürt, die den Verdacht bestätigen. Dies verstärkt rückwirkend wiederum die Mobilisierung und Anspannung. Zwischen dem Projizierenden und dem Objekt der Projektion entsteht eine dynamische Spannung (Shapiro, 1991, S. 96): «Wenn dieser Prozeß erst einmal in Gang gekommen ist, erhält er sich selbst aufrecht, und zwar aus einem einfachen Grund: er schafft subjektive Erleichterung.»

Shapiro betont, daß der Inhalt der Projektion nicht unbedingt der ursprünglichen inneren Spannung entsprechen muß (S. 101): «Wir stellen uns ja zum Beispiel nicht vor, daß die projektive Vorstellung, in eine Falle gelockt zu werden, buchstäblich das abgewehrte eigene Motiv widerspiegelt, jemanden in eine Falle zu locken.»

Aus den dargestellten Überlegungen leitet Shapiro (S. 104) folgenden Schluß ab: Menschen, die unter dem ständigen Druck unmodulierter Impulse und Affekte stehen, müssen eine mehr oder weniger dauerhafte «projektive Motivationslage» aufweisen. Das bedeutet nicht, daß sie ständig projizieren, aber daß sie ständig dazu bereit sind.

Diese Überlegung Shapiros kann zur Erklärung der starken Neigung von Borderline-Patienten zur Projektion beitragen: Aufgrund ihrer starken und unmodulierten (agressiven und/oder sexuellen) Impulse und Affekte kann bei Borderline-Patienten eine quasi dauerhafte «projektive Motivationslage» bestehen. Das bedeutet nach Shapiro nicht notwendigerweise, daß Borderline Patienten ständig projizieren. Es bedeutet aber, daß sie in einem mehr oder weniger beständigen Zustand der Anspannung und der Wachsamkeit sind, der Schwankungen nach oben und unten aufweist, aber jederzeit in einen Zustand aktiver Mobilisierung und Projektion übergehen kann. Dies geschieht dann, wenn sie Gefahr laufen, dem jeweiligen Impuls nachzugeben. Dies setzt den projektiven Zirkel in Gang.

Bei Borderline-Patienten kommt aber noch etwas hinzu, damit der eigene mißtrauische Verdacht bestätigt wird: Andere werden interaktionell so beeinflußt, daß sie sich tatsächlich so fühlen und verhalten, wie es von ihnen erwartet wird: Dies wird als projektive Identifizierung bezeichnet (Kernberg, 1977; Ogden, 1988).

3.3 Die Affekte bei Borderline-Patienten

Heftige intensive Gefühle werden als charakteristisch für Borderline-Patienten angesehen. Dies gilt jedoch nur für eine bestimmte Subgruppe von Borderline-Patienten. So führt Gunderson Wut, Angst, Depression, aber auch

Leere und Langeweile als diagnostische Merkmale für eine Borderline-Störung an (z. B. Gunderson & Kolb, 1978). Das DSM-IV nennt ebenso wie das DSM-III und DSM-III-R (American Psychiatric Association, 1983, 1987, 1994) neben Wut und Leere affektive Instabilität aufgrund ausgeprägter Stimmungsschwankungen, z. B. intensive dysphorische Episoden, Reizbarkeit oder Angst, die gewöhnlich nur Stunden oder wenige Tage anhalten.

Intensive Gefühle wie Wut und/oder Depression, die von Gunderson und im DSM-III, DSM-III-R, DSM-IV als diagnostische Kriterien angeführt werden, finden sich jedoch nicht bei manchen schizoiden oder narzißtischen Patienten mit einer Borderline-Persönlichkeitsorganisation nach Kernberg. Hierauf weist Kernberg (1988) hin. Rohde-Dachser (1989, S. 70) spricht in diesem Zusammenhang von den «blanden Formen des Borderline-Syndroms.» Hier zeigt sich, daß sich die Borderline-Populationen nach Kernberg einerseits und die nach Gunderson bzw. dem DSM andererseits überlappen, aber nicht deckungsgleich sind.

Für eine bestimmte Subgruppe von Borderline-Patienten sind jedoch starke Gefühle charakteristisch, nämlich für die Patienten mit Borderline-Persönlichkeitsstörung nach Gunderson, dem DSM und ICD-10 sowie für die entsprechende Subpopulation nach Kernberg – die Kernbergsche Borderline-Population schließt die beiden erstgenannten ja weitgehend ein.

Kernberg (1967, 1983, 1988) beschreibt in Anlehnung an Melanie Klein (1946, 1994 S. 133, 149), wie durch das Auseinanderhalten «guter» und «böser» Introjekte auch die Entwicklung der Affekte bei Borderline-Patienten beeinträchtigt wird: Gefühle von Ambivalenz, Depression, Anteilnahme, Schuld, Besorgnis sowie das Bedürfnis nach Widergutmachung werden nicht erlebt, wenn ein Objekt gespalten erlebt wird, als nur «gut» oder nur «böse».

Rohde-Dachser (1989) nimmt an, daß Borderline-Patienten sehr wohl bis zur depressiven Position gelangt sind, Gefühle von Trauer, Verlust und Sehnsucht, die zur depressiven Position gehören, aber durch eine «permanente Regression» auf die Abwehrkonstellation der paranoid-schizoiden Position im Sinne Melanie Kleins (1946, 1994) vermeiden: «Die permanente Regression des Borderline-Patienten auf die Abwehrformen der paranoid-schizoiden Position entspricht... eher einer *kontraphobischen* Einstellung gegenüber emotionalen Erlebnisweisen, die der Patient nur als traumatisch erinnern kann und weniger einem grundlegenden 'affektiven Defekt'» (Rohde-Dachser, 1989, S. 138, 139, Hervorhebung im Original). Das paranoid getönte Erleben von Borderline-Patienten dient in erster Linie der Abwehr der Depression (Rohde-Dachser, 1989, S. 139, Hervorhebung im Original): «In dieser Abwehr geht es darum, die in der depressiven Position erlebten Gefühle wieder 'auszulöschen'. An die Stelle der so extinktierten Gefühle müssen aber *Gefühlssurrogate* treten, wenn keine lebensvernichtende Leere entstehen soll. Die dem Borderline-Syndrom oft als typisch zugeschriebenen Gefühle der 'Angst', 'Wut' und der 'Anhedonie' eignen sich in hervorragender Weise für die Übernahme dieser Ersatzfunktion.»

Rohde-Dachser diskutiert zwei Funktionen der Affekte bei Borderline-Patienten: als «Gefühlssurrogate» und als «Deck-Affekte» im Sinne Greensons (1958). Greenson (1958) hat für eine bestimmte Patientengruppe den Begriff der «Deck-Abwehr» eingeführt. Diese «Deck-Abwehr» ersetzt bei diesen Patienten die Verdrängung, zu der sie nicht imstande sind: Sie «verdecken» statt zu «verdrängen». Nach Rohde-Dachser (1989) können die von Greenson beschriebenen Patienten unter strukturellen Gesichtspunkten als Borderline-Patienten angesehen werden. Hierfür spricht insbesondere die von Greenson beschriebene Identitäts-Störung der Patienten («multiple identities», S. 251, 252) sowie deren Unfähigkeit, gleichzeitig Liebe und Haß gegenüber einem Objekt zu erleben (Greenson, 1958, S. 253, Übersetzung F. L.): «Diese Patienten haben offensichtlich nicht die Fähigkeit, das geliebte und gehaßte Objekt in ein einziges Objekt zu verschmelzen.»

Greensons Beschreibungen der Deck-Abwehr können daher, so Rohde-Dachser, als ein wichtiger Aspekt der (Abwehr-) Struktur von Borderline-Patienten übernommen werden (Rohde-Dachser, 1989, S. 119, Hervorhebung im Original): «'Verdecken' ist *eine* Variante des Abwehrverhaltens von Borderline-Patienten neben anderen Abwehrmechanismen, die der Aufrechterhaltung der Spaltung dienen.» Jacobson (1957, 1977) sieht Verdecken als einen Spezialfall der Verleugnung.

Speziell die Gefühle Angst und Wut können bei Borderline-Patienten als Deck-Affekte und als Gefühlssurrogate dienen. Die Wut von Borderline-Patienten läßt sich nach Rohde-Dachser (1989) nicht allein auf schwere frühe Traumata zurückführen: Sie fragt, warum diese Wut in der exzessiven und unmodifizierten Weise fortbesteht. Allein durch die mangelnde Mischung aggressiver und libidinöser Triebregungen sei dies nicht erklärbar. Zur Erklärung der Wut bei Borderline-Patienten stellt Rohde-Dachser (1989, S. 141) eine funktionale Hypothese auf: Das Fortbestehen der Wut erfüllt gleichzeitig mehere Funktionen: Es dient (1.) der Abwehr anderer, ängstigenderer Triebregungen, (2.) der Spannungsabfuhr im Rahmen eines Ersatzgefühls und (3.) zur eigenen narzißtischen Rechtfertigung.

Wut kann der Abwehr der Angst dienen, die ausgelöst wird, wenn ein bedeutsames Objekt die Bedürfnisse des Patienten nicht befriedigt und sich damit als eigenständiges Subjekt erweist (Rohde-Dachser, 1989; Miller, 1975). Unter Bezug auf Bowlby (1973) vermutet Rohde-Dachser (1989, S. 142, Hervorhebung im Original), daß Wut auch als Sanktion für das verlassende Objekt gedacht ist, die verhindern soll, daß sich ähnliche Erlebnisse wiederholen: «... masochistisches Sich-Festklammern an der Wut und das häufige gedankliche 'Wiederkäuen' der Enttäuschung [dient] auch der Verleugnung eines endgültigen Objektverlustes und [schützt] das Individuum vor der mit dieser Erkenntnis verbundenen Panik. Ich glaube, dass sich diese Hypothese vor allem für die *chronische Wut* von Borderline-Patienten erhärten läßt.»

Wut dient bei Borderline-Patienten auch der Abwehr oraler Bedürfnisse (Rohde-Dachser, 1989, S. 143): «Nach meinen Erfahrungen ist die Bereitschaft zu exzessiver Enttäuschungsaggression bei vielen Borderline-Patienten so allgegenwärtig, dass stärkere libidinöse, besonders orale Bedürfnisse sofort diese Enttäuschungsaggression ausklinken, bevor es noch zur Artikulation dieser Bedürfnisse, geschweige denn zu ihrer expliziten Frustration gekommen ist. ...die Wut (bekommt) hier die Funktion einer Enttäuschungsprophylaxe. Wer anstelle seiner Bedürftigkeit sofort die Enttäuschungswut erlebt, kann nicht mehr enttäuscht werden.»

Zu ergänzen ist, daß Wut auch der Abwehr der Verschmelzungs-Angst dienen kann: Zum Umschlagen positiver in negativer Gefühle kann es dann kommen, wenn die Nähe als zu bedrohlich erlebt wird (Rohde-Dachser, 1994; Leichsenring, 1994). Wut dagegen ermöglicht intensiven Kontakt, verhindert aber, daß man sich zu nah kommt. Diese Funktion von aggressiven Gefühlen ist klinisch von schizoiden Patienten bekannt.

Angst und Wut können auch dazu dienen, die innere Leere auszufüllen und sich lebendig zu fühlen. Rohde-Dachser (1989, S. 145) bezeichnet das als «Ringen um Lebendigsein». Diese Funktion können auch gefährliche oder selbstschädigende Handlungen haben, die bei Borderline-Patienten häufig sind.

Anhedonie schützt Borderline-Patienten ebenfalls vor schmerzlichen oder überwältigenden Gefühlen wie Wut, Trauer, Sehnsucht, Kränkung (Miller, 1975; Rohde-Dachser, 1989). Borderline-Patienten können sich an ihre Empfindungslosigkeit klammern, weil es gefährlich ist zu genießen, weil das Genießen plötzlich aufhören kann und es auch hieße, die Welt und die Eltern zu rechtfertigen (Rohde-Dachser, 1989).

3.4 Vermeiden von Ambivalenz und Ambiguität als kognitiv-affektiver Stil von Borderline-Patienten

Während unter Ambivalenz das gleichzeitige Vorliegen positiver und negativer Gefühle gegenüber demselben Objekt verstanden wird, versteht man unter Ambiguität die kognitive Komponente der Ambivalenz: die kognitive Repräsentation der Mehrdeutigkeit des Objekts (Frenkel-Brunswik, 1949, 1974). Um es einfach auszudrücken: Gegenüber einem gefühlsmäßig ambivalent erlebten Objekt hat man auch widersprüchliche oder uneinheitliche Einstellungen, Haltungen, Beurteilungen oder Erwartungen.

Menschen unterscheiden sich im Hinblick auf die Fähigkeit, *emotionale Ambivalenz und kognitive Mehrdeutigkeit auszuhalten*. Diese Fähigkeit wird als Ambivalenz-Toleranz bzw. Ambiguitäts-Toleranz bezeichnet (Frenkel-Brunswik, 1949, 1974). Menschen mit einer geringen Toleranz für Ambivalenz und Ambiguität neigen zu Schwarz-Weiß-Lösungen, einem Denken und

Erleben in absoluten Kategorien, z. B. von «gut» oder «böse», «Freund» oder «Feind». Frenkel-Brunswik beschreibt dies folgendermaßen (1949, 1974, S. 65, Übersetzung und Hervorhebung F. L.): «Auf der einen Seite einer Skala, die durch diese Fähigkeit (der Ambiguitäts-Toleranz, F.L.) definiert wird, stehen jene mit einer Tendenz, zu Schwarz-Weiß-Lösungen zu greifen, in Bezug auf Werte zu vorschneller Geschlossenheit («premature closure») zu kommen, oft unter Vernachlässigung der Realität, und mit einer Tendenz, *uneingeschränktes und unzweideutiges («unambiguous») totales Akzeptieren oder Zurückweisen anderer Personen* anzustreben. Das Aufrechterhalten solcher Lösungen erfordert das Ausschließen von Aspekten der Realität, die für diese Lösungen eine mögliche Bedrohung bilden.»

Durch das Ausschließen von nicht ins Bild passenden Aspekten der Realität ergibt sich eine Beziehung zwischen dem Vermeiden von Ambivalenz und Ambiguität und dem Abwehrmechanismus der Verleugung: Nur durch die Verleugnung von «Zwischentönen» lassen sich z. B. Schwarz-Weiß-Lösungen aufrechterhalten.

Eine geringe Toleranz für Ambivalenz und Ambiguität führt zu der Tendenz, andere entweder *total* zu akzeptieren oder *total* abzulehnen. Hieraus ergibt sich eine Beziehung zwischen dem Vermeiden von Ambivalenz und Ambiguität und dem Abwehrmechanismus der Spaltung, d. h. der Aufteilung von Selbst- und Objektrepräsentanzen in «gut» und «böse». Wie aus dem oben angeführten Zitat hervorgeht, hat Frenkel-Brunswik diesen Zusammenhang gesehen. Sie schreibt weiterhin (1949, 1974, S. 66, Übersetzung F. L.): «Manche Individuen sind fahig, sowohl positive als auch negative Merkmale bei ihren Eltern zu sehen und können Liebe und Haß gegenüber derselben Person ohne zu viel Angst oder Konflikt akzeptieren. Andere scheinen gezwungen zu sein, ihr Bild von den Eltern zu dramatisieren, indem sie sie als entweder ganz und gar gut oder ganz und gar böse sehen.» Etwas später spricht sie auf der Basis ihrer Befunde ausdrücklich von «Spaltung» (1949, S. 66, 67, Übersetzung F. L.): «Es sind Daten dieser und anderer Art, die uns dazu veranlassen festzustellen, daß die betreffenden Kinder die positiven und die negativen Seiten ihrer Gefühle und Haltungen spalten («split»), statt daß sie sich ihres gleichzeitigen Vorliegens bewußt sind.»

Frenkel-Brunswik beschreibt hier etwas, das gut mit dem übereinstimmt, was heute von Kernberg (1967, 1988) als Spaltung bezeichnet wird.

Rohde-Dachser (1989) sieht die Spaltung bei Borderline-Patienten auch unter dem Aspekt der Vermeidung von Ambivalenz. Unter Einbeziehung eines Zitats von Segal (1974) beschreibt sie, wie Borderline-Patienten Ambivalenz und Depression durch Spaltung abwehren (1989, S. 138): «Vieles deutet darauf hin, dass diese Patienten in der depressiven Position, zu der sie vorgestoßen sind, in der Beziehung zum inneren und äußeren Objekt, 'intensive Gefühle von Furcht, Verlust, Trauer, Sehnsucht' in einem Ausmaß erleben, welches ... die Flucht aus der Ambivalenz zurück in die Aufspaltung des Objekts in «gut» und «böse» erzwang.»[13]

Unter ich-psychologischen Gesichtpunkten sehen auch Bellak, Hurvich und Gediman (1973, S. 471) eine geringe Toleranz für Ambiguität als Anzeichen für eine mangelhafte synthetisch-integrative Fähigkeit, eine Ich-Funktion. Eine geringe Toleranz für Ambiguität könne sich z. B. darin äußern, daß extreme Standpunkte eigenommen werden, die die Dinge übervereinfachen. Der Betreffende bleibt bei Widersprüchen stehen, die an der Oberfläche liegen und kann die zugrundeliegende Einheit nicht erfassen.

Zu einem Vermeiden von Ambivalenz und Ambiguität kommt es, wenn ein Übermaß an Ambivalenz und Ambiguität vorliegt (Frenkel-Brunswik, 1949, 1974, S. 84, Übersetzung F. L.): «Zu viel emotionaler Ambiguität und Ambivalenz wird durch Verleugnung und Intoleranz für kognitive Ambiguität entgegengewirkt. Es ist, als würde alles zusammenbrechen, wenn man den existierenden Diskrepanzen ins Gesicht sehen würde.»

Es wird nicht klar, was Frenkel-Brunswik meint, wenn sie schreibt, daß «alles zusammenbrechen» würde. Angst vor Vernichtung wird heute als zentral für Borderline-Patienten und Schizophrene angesehen (z. B. Kernberg, 1967, 1988): Bei Borderline-Patienten ist es die Angst, daß das «Gute» durch das «Böse» vernichtet wird, bei Schizophrenen, daß das Selbst durch die Verschmelzung mit einem Objekt vernichtet wird.

Wie drückt sich nun eine geringe Toleranz für Ambiguität und die resultierende Vermeidung von Ambiguität aus?

Nach den oben angestellten Überlegungen drückt sich eine geringe Toleranz für Ambiguität und eine Vermeidung von Ambiguität unter anderem in der Spaltung in «Gut» und «Böse» aus. Durch die Spaltung wird die Welt in polare, absolute Gegensätze eingeteilt, in «Schwarz» und «Weiß». Hinweise finden sich in der Sprache. Zur Verdeutlichung sei noch einmal Kernberg (1983, S. 50) zitiert: «Das vielleicht bekannteste Spaltungsphänomen ist die Aufteilung äußerer Objekte in 'total gute' und 'total böse' [bzw. 'total schlechte'], wobei ein Objekt ganz abrupt und total seinen Charakter von einem Extrem zum anderen verändern kann, indem sämtliche Gefühle und Vorstellungen über die betreffende Person von einem Moment auf den anderen völlig ins Gegenteil umschlagen. In gleicher Weise können auch ständige extreme Schwankungen zwischen konträren Selbstkonzepten ein Ausdruck von Spaltungsprozessen sein.»

In den von Kernberg (1983, S. 50) verwendeten sprachlichen Formulierungen drückt sich die Aufteilung in absolute Gegensätze aus: ein Objekt ver-

[13] Demnach wird bei Borderline-Patienten durch Spaltung nicht nur die Angst abgewehrt, daß das «Böse» das «Gute» vernichtet, sondern es werden auch Ambivalenz, Verlust, Trauer und Sehnsucht abgewehrt.

ändert «ganz abrupt und total» seinen Charakter; «sämtliche» Gefühle und Vorstellungen schlagen «völlig» ins Gegenteil um. In einer neueren Arbeit schreibt auch Paulina Kernberg (1994, S. 64; Hervorhebung F. L.), daß bei Spaltung die Vorstellungen von Objekten in Polaritäten und absoluten Begriffen ausgedrückt werden. Sie gibt folgendes Beispiel: «She is *always* nosy; she is *never* kind to me.»

In verschiedenen Untersuchungen habe ich zusammen mit meinen Kollegen die Vermeidung von Ambiguität untersucht (Leichsenring, Roth & Meyer, 1992; Leichsenring & Meyer, 1992; Leichsenring & Meyer, 1994). Zu diesem Zweck haben wir die Sprache von Borderline-Patienten untersucht: Bestimmte sprachliche Ausdrücke intepretiere ich als Indikatoren für eine Vermeidung von Ambiguität, z. B. «immer», «nie», «ständig», «alle», «niemand», «absolut» «total», «natürlich», «eindeutig», «nur» (z. B. Leichsenring & Meyer, 1994). Dagegen zeigen Ausdrücke wie z. B. «oft», «meistens», «einige», «kaum», «möglich», «auch» unserer Ansicht nach eine Toleranz für Ambiguität an.[14]

Wir haben die Sprache von Borderline-Patienten anhand der Antworten untersucht, die sie zu einem projektiven Test gaben, der Holtzman Inkblot Technik, einer Weiterentwicklung des Rorschach-Tests. Wie beim Rorschach-Test werden «Tintenkleckse» gezeigt, und die Patienten werden gefragt: «Was könnte das sein?»

Die Antworten der Patienten werteten wir im Hinblick auf die verwendeten sprachlichen Ausdrücke aus. Dazu verwendeten wir ein Computer-Programm.[15]

Wir konnten zeigen, daß Borderline-Patienten tatsächlich signifikant häufiger Ausdrücke wie «immer», «nie», «ständig», «alle», «niemand», «absolut» «total», «natürlich», «eindeutig», «nur» usw. verwenden als Patienten mit neurotischen Störungen, z. B. mit Angstneurosen, Phobien, depressive Neurosen, Zwangsneurosen, oder (zwanghaften und hysterischen) Charakterneurosen (Leichsenring, Roth & Meyer, 1992). Borderline-Patienten wiesen auch einen signifikant höheren «Dogmatismus-Quotienten» auf.

[14] Die erstgenannten Ausdrücke (sogenannte «A-Ausdrücke») werden bei der Auswertung zu den zweitgenannten Ausdrücken (sogenannte «B-Ausdrücke») quantitativ ins Verhältnis gesetzt. Diese Relation wurde von Ertel (1972) als Meßgröße eingeführt und als «Dogmatismus-Quotient» (DQ) bezeichnet. Die Summe der auf die Vermeidung von Ambiguität («Dogmatismus») hinweisenden A-Ausdrücke stehen dabei im Zähler, die Summe der A- und B-Ausdrücke im Nenner. Wir verstehen den «Dogmatismus-Quotienten» als Indikator für die Vermeidung von Ambiguität (z. B. Leichsenring & Meyer, 1994).

[15] Wir untersuchten eine Stichprobe von 30 stationär behandelten Borderline-Patienten und 30 ebenfalls stationär behandelten Patienten mit neurotischen Störungen. Die Diagnosen sind anhand des «Diagnostic Interviews for Borderlines» von Gunderson und Kolb (1978) gestellt worden (z. B. Leichsenring; Roth & Meyer, 1992).

3.4.1 Zusammenhänge zwischen dem Vermeiden von Ambiguität mit Spaltung, primitiven Objektbeziehungen und Affekten

Uns interessierte auch die Frage, ob sich tatsächlich ein Zusammenhang zwischen der Vermeidung von Ambiguität und dem Abwehrmechanismus der Spaltung nachweisen läßt.

Spaltung erfaßten wir anhand von affektiven Polarisierungen in «Gut» und «Böse» in der Holtzman Inkblot Technik (Leichsenring, 1991 a sowie Abschnitt 2.5.12). Beispiele für solche affektiven Polarisierungen sind die oben bereits zitierten Antworten zweier Borderline-Patientinnen:

«Das ist ein Mittelpunkt irgendeiner Art, der von den verschiedenen Schichten eingehüllt oder umarmt wird. Richtig warm: 'Wir sind ja bei dir, wir schützen dich, Du bist der Mittelpunkt.' Hier ist ein Schlangenkopf der aufpaßt, der angreifen will. Das Wesen muß die Hülle zerstören, um dem Wesen zu sagen: 'Ich bin nicht die liebe, gute Hülle. Bei mir wirst du frieren. Ich werde dich alleine lassen.' Sie will alles beherrschen.»

«Wieder ein Schmetterling, durchgerissen in der Mitte, halb gut und halb schlecht. Durchgerissen: durch den Freiraum. Die freundlichen Farben würde ich als gut bezeichnen, die dunklen wirken bedrohlich.»

Wir haben nun geprüft, ob die Vermeidung von Ambiguität mit solchen affektiven Polarisierungen, «Spaltungen», zusammenhängt. Es zeigte sich tatsächlich, daß ein solcher Zusammenhang besteht: Je häufiger Borderline-Patienten affektive Polarisierungen verwendeten, desto häufiger verwendeten sie auch Ausdrücke wie «immer», «nie», «ständig», «alle», «niemand», «absolut» «total», «natürlich», «eindeutig», «nur» usw.: um so stärker vermieden sie Ambiguität (Leichsenring, Roth & Meyer, 1992 sowie Tab. 3). Dies gilt insbesondere für affektive Polarisierungen, die innerhalb einer Antwort vorgenommen werden: Affektive Polarisierungen dieser Art haben sich in neuen Untersuchungen als für Borderline-Patienten besonders charakteristisch erwiesen (Leichsenring, in Vorbereitung).

In unseren Untersuchungen zeigte sich jedoch auch, daß die Vermeidung von Ambiguität bei Borderline-Patienten zwar mit affektiver Polarisierung zusammenhängt, sich hierdurch jedoch nicht allein erklären läßt: Borderline-Patienten vermeiden Ambiguität auch und überwiegend unabhängig von affektiven Polarisierungen: Der überwiegende Teil der Varianz der A-Ausdrücke («immer», «nie», «alle», «niemand», «absolut» «total» usw.) läßt sich statistisch durch affektive Polarisierungen (Spaltung) nicht vorhersagen (Tab. 3).[16]

[16] Für den statistisch interessierten Leser sei angeführt, daß z. B. die Produkt-Moment-Korrelation zwischen den A-Ausdrücken und affektiven Polarisierungen innerhalb einer Antwort von $r = 0.48$ nur einem Anteil an erklärter Varianz von 23 Prozent entspricht. Das bedeutet, daß mehr als 75 Prozent der Varianz der A-Ausdrücke nicht durch Spaltung innerhalb einer Antwort erklärt werden kann.

Tabelle 3: Korrelation des Dogmatismusquotienten sowie der A- und B-Ausdrücke mit Spaltung, starker Angst und Feindseligkeit sowie primitiven Objektbeziehungen in einer Stichprobe von 30 Borderline-Patienten der Untersuchung von Leichsenring, Roth und Meyer (1992)

	DQ	A-Ausdrücke	B-Ausdrücke
Spaltung (L)	0.09	0.33*	-0.17
Spaltung (I)	0.23	0.48*	-0.21
Ax = 2	0.06	0.44*	0.03
Hs = 3	0.16	0.47*	-0.05
Mut = 6	0.02	0.52*	0.03

DQ: Dogmatismusquotient
Spaltung (L): affektive Polarisierungen in «Gut» und «Böse» (nach Lerner und Lerner, 1980)
Spaltung (I): affektive Polarisierungen in «Gut» und «Böse» innerhalb einer Antwort (Leichsenring, in Vorbereitung)
Ax=2: starke Angst nach Holtzman et al. (1961)
Hs=3: extreme Feindseligkeit nach Holtzman et al. (1961)
Urist=6: primitive Objektbeziehungen nach Urist (1977): «Auffressen», «Aussaugen», «Zerreißen», «Zerstören», «Vernichten»
* statistisch signifikant (α=0.05, N=30, einseitiger Test)

Auch Probleme der *Identität* können zu einer Vermeidung von Ambiguität führen. Hierauf hat bereits Frenkel-Brunswik (1949, 1974, S. 83) hingewiesen. Identitäts-Probleme bestehen bei Borderline Patienten in Form der Identitäts-Diffusion, d.h. in der Aufspaltung in eine «ganz gute» und eine «ganz böse/schlechte» Selbstrepräsentanz (Kernberg, 1988). Vermutlich besteht bei Borderline-Patienten ein Übermaß an Ambivalenz und Ambiguität nicht nur im Hinblick auf die Objekte, sondern auch im Hinblick auf die gegensätzlichen Selbstrepräsentanzen. Dies führt, wenn man den Annahmen von Segal, Rohde-Dachser und Frenkel-Brunswik folgt, zur Vermeidung von Ambiguität und Ambivalenz auch in Bezug auf gegensätzliche Selbstrepräsentanzen. Hierfür sprechen auch Überlegungen von Erikson (1956, 1977, S. 168): Erikson grenzt bei der Diskussion einer «negativen Identität» die Begriffe «Ganzheit» und «Totalität» voneinander ab. «Ganzheit» zeichnet sich nach Erikson durch eine Gestalt aus, die durch die «fortschreitende Wechselbeziehung zwischen verschiedenartigen Funktionen und Teilen» gekennzeichnet ist. «Im Gegensatz dazu stellt 'Totalität' eine 'Gestalt' dar, bei der die Betonung auf den starren Umrißlinien liegt: bei an sich willkürlich gewählten Grenzen darf nichts, was hineingehört draußen bleiben, und nichts, was nach draußen gehört, kann innen geduldet werden. Totalität ist absolut exklusiv wie absolut inklusiv: ein Zustand des Entweder-Oder, der ein Element der Gewalt enthält... In der Psychologie des Einzelnen wie in derjenigen von Gruppen taucht immer wieder das Bedürfnis nach Totalität ohne Gegensatz und Zweifel auf, auch wenn die «Ganzheit» dafür aufgegeben werden muß. Um es in einem Satz zu sagen: Wenn der Mensch an seiner wesenhaften Ganzheit verzweifelt, rekonstruiert er sich und die Welt, indem er in einer künstlichen Totalität Zuflucht sucht.»

Nach diesen Überlegungen Eriksons schließt «Totalität» im Gegensatz zu «Ganzheit» ein Erleben von «Gegensatz und Zweifel», von «sowohl-als-auch», von «vielleicht» oder «manchmal» aus. Mit anderen Worten: ein Erleben von Ambiguität. Eine Vermeidung von Ambiguität, ein «dogmatisches» Denken und Fühlen kann, wie es die Überlegungen Eriksons nahelegen, einen Ursprung in der totalistischen Rekonstruktion von sich selbst und der Welt, des Selbst und der Objekte haben.

In eigenen Untersuchungen habe ich die Hypothese eines Zusammenhangs zwischen Identitäts-Diffusion und der Vermeidung von Ambiguität empirisch geprüft. Identitäts-Diffusion wurde dabei mittels des von mir entwickelten (Selbstbeurteilungs-) Fragebogens zur Borderline-Persönlichkeitsorganisation erfaßt, dem Borderline-Persönlichkeits-Inventar. Identitäts-Diffusion wird z. B. durch Aussagen angezeigt wie «Manchmal kommt in mir eine andere Person zum Vorschein, die gar nicht zu mir gehört.» Die Ergebnisse bestätigen die Hypothese: *Je stärker die Patienten Identitäts-Diffusion erleben, um so höher ist der «Dogmatismus-Quotient», d.h. um so stärker vermeiden sie Ambiguität* (Leichsenring, 1994 sowie Tab. 4).

Dieser Zusammenhang ist zunächst einmal nur ein korrelativer, kein kausaler. Es ist möglich, daß die Vermeidung von Ambiguität und die Identitäts-Diffusion durch etwas Drittes bedingt wird. Auch über die Richtung eines möglichen Kausalzusamenhangs ist mit der gefunden Korrelation nichts ausgesagt: Identitäts-Diffusion kann Vermeidung von Ambiguität bedingen oder auch umgekehrt. Ein korrelativer Zusammenhang ist aber eine notwendige, wenn auch nicht hinreichende Bedingung für das Vorliegen eines Kausalzusammenhangs.

Allerdings kann auch die Identitäts-Diffusion die Vermeidung von Ambiguität nicht vollständig erklären: Auch hier ist der überwiegende Teil der Varianz des «Dogmatismus-Quotienten» nicht durch Identitäts-Diffusion vorherzusagen (Leichsenring, 1994). Mit anderen Worten: Die Vermeidung von Ambiguität tritt auch unabhängig von der Identitäts-Diffusion auf.[17]

Weiterhin vermuteten wir, daß die Vermeidung von Ambiguität bei Borderline-Patienten auch mit primitiven Formen von Objektbeziehungen zusammenhängt: Die absolute Qualität «ganz guter» und «ganz böser» Objekte zeigt

[17] Die Produkt-Moment-Korrelation zwischen der Identitäts-Diffusions-Skala und den A-Ausdrücken beträgt bei Borderline-Patienten 0.48. Dies entspricht einem Anteil an erklärter Varianz von 23 Prozent (Leichsenring, 1994).

Tabelle 4: Korrelation des Dogmatismusquotienten sowie der A- und B-Ausdrücke mit «Identitäts-Diffusion», «frühen Beziehungsstörungen» und «mangelhafter Realitätsprüfung» in einer Stichprobe von 20 Borderline-Patienten und 23 Patienten mit neurotischen Störungen (Leichsenring, 1994)

	DQ	A-Ausdrücke	B-Ausdrücke
Identitäts-Diffusion	0.48*	0.30*	-0.19
Beziehungsstörung	0.18	0.28	0.08
Realitätsprüfung	0.32*	0.24	-0.12

* statistisch signifikant (α=0.05, N=43, einseitiger Test)
Identitäts-Diffusion, Beziehungsstörung Realitätsprüfung: Skalen im «Borderline-Persönlichkeits-Inventar» (Leichsenring, 1994)

sich sprachlich in Ausdrücken wie «alle», «immer», «nie», «ständig», «niemand», «absolut» «total», «natürlich», «eindeutig», «nur» usw.

Bestimmte Formen primitiver Objektbeziehungen, die mit «Auffressen», «Aussaugen», «Zerreißen», «Zerstören» zu tun haben, kommen im Rorschach-Test oder in der Holtzman Inkblot Technik in Antworten wie den folgenden zum Ausdruck (Urist, 1977; Leichsenring, 1989):

«Zwei Teufel, fressen ein Gerippe auf. Es ist sowieso nicht mehr viel übrig, die fressen den noch ganz auf. Die Teufel haben so viele Arme, sind böse: Die Mundwinkel sind nach unten gezogen.»

«Furchtbar, wieder ein Monster, das überall Zähne hat. Dicke Backen, Zangen, als ob er die roten Flecken oben einfangen will. Backen, Loch, wo man nicht mehr rauskommt. Malmsteine. Wenn man dazwischen kommt, wird man zu Brei gemalmt. Erst werden sie angeschnitten, dann zermalmt, dann weiter durch die Zähne durchgeschnitten. Das sieht aus wie Schweine.»

Solche Beschreibungen von Objektbeziehungen finden sich bei Borderline-Patienten in der Holzman Inkblot Technik signifikant häufiger als bei Patienten mit neurotischen Störungen (Leichsenring, 1989). Sie erinnern stark an Melanie Kleins (1946, 1994, S. 140, 141) Beschreibungen der Objektbeziehungen in der schizoid-paranoiden Position: «Die phantasierten Angriffe auf die Mutter folgen zwei Hauptlinien: eine ist die vorwiegend orale Regung, sie auszusaugen, zu beißen und den mütterlichen Körper auszuhöhlen und seines guten Inhalts zu berauben...; die andere Angriffslinie stammt von den analen und urethralen Regungen her und schließt die Ausstoßung gefährlicher Substanzen (Exkremente) aus dem Selbst in die Mutter hinein ein. ...Diese Exkremente und bösen Teile des Selbst sollen nicht nur das Objekt verletzen, sondern es auch kontrollieren und in Besitz nehmen.»

Wir können tatsächlich zeigen, daß die *Vermeidung von Ambiguität* bei Borderline-Patienten statistisch signifikant mit *primitiven Objektbeziehungen* korreliert, die mit «Auffressen», «Aussaugen», «Zerreissen», «Zerstören» zu tun haben: Je häufiger solche Formen von Objektbeziehungen von den Patienten in den Holtzman-Tafeln gesehen werden, desto häufiger verwenden sie Ausdrücke wie «total», «immer», «ganz» usw., d.h. desto stärker vermeiden sie Ambiguität (Tab. 3).[18]

Die Vermeidung von Ambiguität steigt auch an, wenn *starke Affekte* beteiligt sind: Je mehr feindselige Gefühle Borderline-Patienten empfinden und je mehr Angst sie empfinden, desto stärker vermeiden sie Ambiguität (Leichsenring, Roth und Meyer, 1992 sowie Tab. 3). Aber auch der umgekehrte Zusammenhang ist denkbar: Je mehr sie in absoluten Begriffen denken («total», «immer», «ganz» usw.), desto ängstigender erleben sie Objektbeziehungen.[19] Ertel (1981, S. 133) beschreibt den Zusammenhang zwischen Affekten und der Vermeidung von Ambiguität allgemein folgendermaßen: «Affekte wie Furcht verengen den Blick, Liebe macht sogar blind, am verhaßten Gegner läßt man kein gutes Haar...»

Die von uns gefundenen Zusammenhänge zwischen primitiven Formen von Objektbeziehungen und der Vermeidung von Ambiguität stehen in Einklang mit Annahmen von Frenkel-Brunswik (1949, 1974, S.67): Sie bringt ein Übermaß an Ambivalenz und Ambiguität und die resultierende Vermeidung von Ambiguität in einen kausalen Zusammenhang mit dem Versuch, Aggression gegenüber Elternfiguren zu bewältigen, die zu bedrohlich sind (1949, 1974, S. 67; Übersetzung F. L.): «Eine Übersicht über eine Reihe von Daten legt nahe, daß der Versuch, Aggression gegenüber Elternfiguren zu bewältigen, die als zu bedrohlich und mächtig erlebt werden, eine der wichtigen Determinanten der Tendenz ist, Ambiguität jeder Art rigide zu vermeiden.»

Die von uns gefundenen Zusammenhänge zwischen der Vermeidung von Ambiguität und Angst und Feindseligkeit sind unabhängig vom Ursprung der Affekte, etwa davon, ob diese Affekte mit den Primärobjekten zusammenhängen. Die Ergebnisse sind jedoch vereinbar mit der oben zitierten Annahme von Frenkel-Brunswik (1949, 1974, S. 67).

[18] Die Produkt-Moment-Korrelation zwischen den A-Ausdrücken und dem Rating solcher Objektbeziehungen nach der Skala von Urist (1977) beträgt bei Borderline-Patienten 0.52 (Skalenstufe 6 nach Urist, vgl. Leichsenring, 1989). Dies entspricht einem Anteil an erklärter Varianz von 27 Prozent.

[19] Die Produkt-Moment-Korrelation zwischen den A-Ausdrücken und den Holtzman Inkblot Technik Indikatoren für starke Angst (Anxiety=2) und extreme Feindseligkeit (Hostility = 3) beträgt bei Borderline-Patienten 0.48 und 0.46. Dies entspricht einem Anteil an erklärter Varianz von 23 Prozent und 21 Prozent (vgl. auch Leichsenring, Roth und Meyer, 1992).

3.4.2 Vermeiden von Ambiguität bei Schizophrenen

Wir haben auch die Sprache Schizophrener mit dem beschriebenen sprachstatistischen Verfahren untersucht (Leichsenring und Meyer, 1992). Auch für Schizophrene vermuteten wir, daß sie Ambiguität vermeiden oder reduzieren. Wir gingen davon aus, daß die Vermeidung von Ambiguität bei Schizophrenen mit ihrer Abgrenzungsschwäche zusammenhängt. Diese Abgrenzungsschwäche wird je nach dem zugrundegelegten theoretischen Konzept als mangelhafte Selbst-Objekt-Differenzierung (z. B. Kernberg, 1967, 1988), als «Overinclusion» (Cameron, z. B. 1939) oder «Grenz-Störung» («boundary disturbance») bezeichnet (Blatt & Wild, 1976, Harrow & Quinlan, 1985).[20]

Unsere Hypothese bestätigte sich: Sowohl akut als auch chronisch Schizophrene verwendeten signifikant mehr Ausdrücke der Kategorie A («alle», «immer», «total» usw.) als Patienten mit neurotischen Störungen und wiesen einen signifikant höheren «Dogmatismus-Quotienten» auf (Leichsenring & Meyer, 1992). Zwischen Borderline-Patienten und akut Schizophrenen bestanden dagegen keine Unterschiede in der Vermeidung von Ambiguität, soweit sie sich in den genannten sprachlichen Ausdrücken widerspiegelt. *Chronisch* Schizophrene vermieden Ambiguität am stärksten: Sie verwendeten Ausdrücke der Kategorie A («alle», «immer», «total» usw.), signifikant häufiger als Borderline-Patienten und akut Schizophrene.

Wir vermuteten weiterhin, daß die Vermeidung von Ambiguität bei *paranoiden* Schizophrenen besonders stark ausgeprägt ist: Ein paranoides Wahn-System stellt ein sehr geschlossenes Weltbild dar, das Zwischenstufen oder Möglichkeiten ausschließt: Ein paranoider Schizophrener ist *absolut sicher*, daß die Verfolger hinter ihm her sind, daß sie ihm *immer* und *überall nur* Böses wollen. Es zeigte sich auch tatsächlich, daß paranoide Schizophrene signifikant mehr Ausdrücke der Kategorie A verwendeten als nicht-paranoide Schizophrene (Leichsenring & Meyer, 1992).

Wir konnten auch zeigen, daß die Vermeidung von Ambiguität auch bei akut Schizophrenen mit starken Affekten zusammenhängt: Je mehr Angst und Feindseligkeit akut Schizophrene erleben, desto höher ist der Dogmatismusquotient, d. h. desto stärker vermeiden sie Ambiguität (Leichsenring und Meyer, 1994). Für chronisch Schizophrene gilt dies dagegen nicht.[21]

[20] Wir untersuchten eine Stichprobe von akut Schizophrenen (N=25) und eine Stichprobe von chronisch Schizophrenen (N=25). Die Diagnosen sind nach ICD-9 (Degwitz, 1980) gestellt worden. Als chronisch Schizophrene wurden Schizophrene diagnostiziert, bei denen eine Residualsymptomatik bestand und die Krankheitsdauer mindestens zwei Jahre betrug (Leichsenring und Meyer, 1992).

[21] Eigenartigerweise nimmt die Vermeidung von Ambiguität bei chronisch Schizophrenen mit zunehmender Angst und Aggression ab (Leichsenring und Meyer, 1994).

Kraus (1988) nimmt an, daß die Vermeidung von Ambiguität ein *spezifisches* Merkmal der affektiven Psychosen ist. Die ausgeprägte Vermeidung von Ambiguität bei Borderline-Patienten und Schizophrenen spricht aber gegen diese Annahme. Ein direkter Vergleich von Patienten mit affektiven Psychosen mit Borderline-Patienten und Schizophrenen bezüglich ihres Sprechverhaltens steht allerdings noch aus.

Für Patienten mit neurotischen Störungen ist eine Vermeidung von Ambiguität dagegen nicht kennzeichnend: Sie vermeiden Ambiguität nicht stärker als eine Vergleichsgruppe von Nicht-Patienten (Leichsenring und Meyer, 1994).

3.4.3 Vermeiden von Ambiguität und weitere Konflikte

Frenkel-Brunswik (1949, 1974) erweitert den Begriff der Ambiguität über die Dichotomie «positiv-negativ» hinaus auf Dichotomien und Konflikte allgemein. Sie nennt folgende Dichotomien (Konflikte), die der Vermeidung von Ambiguität unterliegen können (1949, 1974, S. 67, Übersetzung F. L.): «Dominanz und Unterwerfung», «Sauberkeit und Schmutzigkeit», «Gut und Böse», «Tugendhaftigkeit und Lasterhaftigkeit», «Männlichkeit und Weiblichkeit». Außderdem führt sie Identitäts-Konflikte an (S. 83).

Wenn Ambiguität in Zusammenhang mit den genannten Dichotomien vermieden oder reduziert wird, wird auch die damit zusammenhängender Angst reduziert. Vermeidung von Ambiguität hat damit auch eine Abwehrfunktion (Frenkel-Brunswik, 1949, 1974, S. 69).

Es läßt sich nun die Hypothese aufstellen, daß die Vermeidung von Ambiguität dann auftritt, wenn die für die verschiedenen Persönlichkeitsstrukturen spezifischen Konflikte betroffen sind, wie sie z. B. König (1992 b) beschrieben hat: bei schizoiden Personen Konflikte um Selbst- vs. Objektverlust, bei narzißtischen Personen Konflikte um den Selbstwert, bei depressiven Personen Konflikte um Geliebt- und Versorgtwerden, bei zwanghaften Personen Konflikte um Dominanz und Unterwerfung, bei phobischen Personen Konflikte um Geführtwerden vs. Selbstbestimmen, bei hysterischen Personen Konflikte um Männlichkeit und Weiblichkeit.

Eigene empirische Untersuchungen kommen zu Ergebnissen, die mit dieser Hypothese vereinbar sind: Wie oben bereits erwähnt, korreliert die Vermeidung von Ambiguität bei Borderline-Patienten mit dem Abwehrmechanismus der Spaltung. Bisher unveröffentlichte Ergebnisse zeigen, daß die Vermeidung von Ambiguität bei Schizophrenen im Unterschied zu Borderline-Patienten signifikant mit einer Instabilität der Körpergrenzen oder Selbstgrenzen korreliert (Leichsenring, in Vorbereitung): Je weniger abgegrenzte Objekte Schizophrene in den Holtzman-Tafeln deuten, um so mehr Ausdrücke der Kategorie A («alle», «immer», «total» usw.) verwenden sie. Bei Borderline-Patienten besteht dagegen ein solcher Zusammenhang nicht.

Wir haben auch eine Stichprobe psychisch «Gesunder» untersucht, d. h. von Personen, die in verschiedenen diagnostischen Verfahren relativ ungestört erscheinen (Leichsenring & Meyer, 1994). Bei diesen Personen sind auch verschiedene Persönlichkeitsfragebogen erhoben worden. Dies ermöglicht es, Zusammenhänge zwischen bestimmten Persönlichkeitsmerkmalen und der Vermeidung von Ambiguität zu untersuchen. Die Ergebnisse sind folgende: Bei «Gesunden» korreliert die Vermeidung von Ambiguität mit Merkmalen des zwanghaften Charakters, nämlich mit «Gefügigkeit» und «Retentivität»: Je gefügiger sich jemand im Gießen-Test (z. B. Beckmann, Brähler & Richter, 1983) beschreibt, desto häufiger verwendet er/sie Ausdrücke der Kategorie A («immer», «nie», «ständig», «alle», «niemand», «absolut» «total», «natürlich», «eindeutig», «nur» usw.), d.h. um so stärker vermeidet er/sie Ambiguität. Bei «Retentivität» ist der Zusammenhang jedoch umgekehrt: Je retentiver sich jemand beschreibt, desto häufiger verwendet er/sie Ausdrücke der Kategorie B («oft», «meistens», «einige», «kaum», «möglich», «auch» usw.), d. h. desto weniger vermeidet er/sie Ambiguität (Leichsenring, in Vorbereitung).[22]

Während ein zwanghaftes Charaktermerkmal, nämlich Gefügigkeit, bei «Normalen» mit einem erhöhten Dogmatismus-Quotienten einhergeht, d. h. mit einer Vermeidung von Ambiguität, scheint ein anderes zwanghaftes Charaktermerkmal, nämlich Retentivität, mit einer Suche nach Ambiguität einherzugehen. Dies könnte dem Bedürfnis zwanghafter Menschen zur Differenzierung entsprechen. Budner (1962) hat darauf hingewiesen, daß es nicht nur Menschen gibt, die Ambiguität vermeiden, sondern auch solche, die Ambiguität sogar suchen. MacDonald (1970) hat diesen Gedanken fortgeführt: Danach gibt es Menschen, die Ambiguität suchen, genießen und in ambiguitiven Aufgaben besonders gut sind. Hierbei kann es sich z. B. um Menschen mit einem starken Bedürfnis nach Differenzierung handeln. Vermutlich ist das bei ausgeprägt retentiven Menschen der Fall. Es ist aber durchaus möglich, daß auch andere Persönlichkeitsmerkmale mit einer Suche nach Ambiguität einhergehen.

Die signifikante Korrelation mit Retentivität spricht andererseits dafür, daß ein Denk- und Sprachstil, der sich durch ein hohes Maß an Ambiguität auszeichnet, auch ein vorsichtig-mißtrauischer ist: Eine vorsichtig-mißtrauische Haltung drückt sich in der Skala Retentivität des Gießen-Tests aus (Beckmann, Brähler & Richter, 1983). Jemand, der differenziert und relativiert, indem er Begriffe verwendet wie «einige», «vielleicht» oder «manchmal», hält sich auch ein «Hintertürchen» offen.

[22] Der Dogmatismusquotienten und die A-Ausdrücke korrelieren in der Stichprobe der 30 «Normalen» signifikant mit der Gießen-Test-Skala «Gefügigkeit» (r=0.31 bzw. 0.44), die B-Ausdrücke signifikant mit der Gießen-Test-Skala «Retentivität» (r=0.31).

Extreme Formen des Mißtrauens in Form paranoider Wahnvorstellungen gehen dagegen, wie die bereits referierten Befunde bei Schizophrenen zeigen, mit einer Zunahme von A-Ausdrücken einher (Leichsenring & Meyer, 1992). Die Geschlossenheit des paranoiden Weltbildes drückt sich auch sprachlich aus: «Alle wollen mir immer nur Böses.»

Daß Gefügigkeit bei deutschen «Normalen» mit einem erhöhten Dogmatismus-Quotienten einhergeht, läßt an die Studien von Adorno zum autoritären Charakter denken (Adorno et al., 1969): Je gefügiger jemand ist bzw. sich im Fragebogen beschreibt, desto dogmatischer ist er oder sie auch: Um so häufiger verwendet er/sie Ausdrücke wie «immer», «nie», «ständig», «alle», «niemand», «absolut» «total», «natürlich», «eindeutig», «nur» usw. Man könnte vermuten, daß in anderen Kulturkreisen die Vermeidung von Ambiguität mit anderen Charaktermerkmalen korreliert, bei Japanern z. B. mit Schamkonflikten.

3.4.4 Vermeiden von Ambiguität als Persönlichkeits-Funktions-Stil auch unabhängig von Konflikten

Frenkel-Brunswik (1949, 1974) schien davon auszugehen, daß sich die Vermeidung von Ambiguität zu einem allgemeinen Stilmerkmal entwickelt, das nicht mehr nur an die ursprünglichen Konflikte gebunden ist (S. 70, 71, auch S. 73, Übersetzung F. L.): «In Bezug auf die Toleranz von Ambiguität stellt sich die Frage, ob jene, die zu widerstreitenden Gefühlen oder dem Denken in widerstreitenden Wertvorstellungen unfähig sind, allgemein unfähig sind, Dinge auf zwei oder mehr verschiedene Arten zu sehen.»

In seinem Verständnis von Charakter ging Wilhelm Reich (1933) davon aus, daß die ursprünglich gegen bestimmte Triebkonflikte gerichtete Abwehr sich «verhärtet» und vom ursprünglichen Konflikt löst. So entstehen chronische, generalisierte Haltungen und Reaktionsmuster, die nach Reich den «Charakter» oder den «Charakterpanzer» ausmachen. Sie dienen nicht mehr nur der Bewältigung des ursprünglichen Konflikts, sondern übernehmen eine allgemeine Abwehr- oder Schutzfunktion.

In unseren Untersuchungen hatte sich ja tatsächlich gezeigt, daß die Vermeidung von Ambiguität bei Borderline-Patienten zwar mit affektiver Polarisierung zusammenhängt, sich hierdurch jedoch nicht allein erklären läßt: Borderline-Patienten vermeiden Ambiguität auch und überwiegend unabhängig von affektiven Polarisierungen. Der überwiegende Teil der Varianz der A-Ausdrücke («immer», «nie», «alle», «niemand», «absolut» «total» usw.) läßt sich statistisch durch affektive Polarisierungen (Spaltung) nicht vorhersagen. Dies gilt auch für Identitäts-Diffusion, primitive Abwehrmechanismen und Affekte.

Die Vermeidung von Ambiguität ist also nicht identisch mit der Spaltung. Ich verstehe die Vermeidung von Ambiguität als den *kognitiven Stil* von Borderline-Patienten oder zumindest als ein Merkmal ihres kognitiven Stils. Wie die Untersuchungen an Schizophrenen gezeigt haben, ist die Vermeidung von Ambiguität aber auch für den *kognitiven Stil* Schizophrener charakteristisch.

Was ist unter einem «kognitiven Stil» zu verstehen?

Hoffmann (1984, S. 81) gibt in seinem Buch «Charakter und Neurose» folgende prägnante Definition kognitiver Stile: «Kognitive Stile bestimmen die Art und Weise, in der ein Individuum seine Wahrnehmung der Umwelt aufnimmt, organisiert, speichert und einsetzt. Sie sind formale Modi, in denen das Ich seine Wahrnehmung der Realität strukturiert.» In diesem Sinne leisten kognitive Stile auch einen Beitrag zur Persönlichkeitsstruktur (Frenkel-Brunswik, 1949, 1974; Prelinger und Zimet, 1964; Hoffmann, 1984; Shapiro, 1991).

Bei Borderline-Patienten hängt die als kognitiver Stil verstandene Vermeidung von Ambiguität mit dem Abwehrmechanismus der Spaltung zusammen. Das Verhältnis von Abwehr und kognitivem Stil wird allgemein folgendermaßen gesehen: *Abwehr und kognitiver Stil werden als stabile, nebeneinander stehende Strukturen der Persönlichkeit verstanden* (Holzman & Klein, 1954; Gardner, et al. 1959, Shapiro, 1991, S. 22, 189–197). Hoffmann (1984, S. 84) schreibt dazu: «Beide dienen der Anpassung und beide können sich ergänzen. Dabei wird der kognitive Stil eher als das Generelle und die Abwehr als das Spezielle angesehen».[23]

Im Einklang mit dieser Sicht ist es, daß die Vermeidung von Ambiguität bei Borderline-Patienten mit affektiver Polarisierung (Spaltung) und Identitäts Diffusion zusammenhängt, sich aber nicht vollständig durch sie erklären läßt: Borderline-Patienten vermeiden Ambiguität, wenn sie spalten, aber nicht nur dann. Auch bei Schizophrenen kann die Vermeidung von Ambiguität nicht

[23] Nach Gardner et al. dienen sowohl Abwehr als auch kognitive Stile («cognitive controls») der Modulierung von Triebentladungen. Gardner et al. (1959, S. 12) bezweifeln allerdings, daß Abwehr und kognitiver Stil zwei unterschiedliche Kontroll-Systeme mit verschiedenen Wahrnehmungs- und Ausführungsapparaten bilden: Sie halten es für wahrscheinlicher, daß Abwehr- und kognitive Kontrollmechanismen sich derselben Signal- und Handlungsinstrumente bedienen. Einen ähnlichen Standpunkt vertreten auch Kreitler und Kreitler (1993) in ihrer Arbeit über kognitive Determinanten von Abwehrmechanismen: Sie sehen Abwehrmechanismen als ursprünglich alltägliche kognitive Strategien an («common cognitive strategies», S. 154), die auch ohne Abwehrfunktion eingesetzt werden können. Zu Abwehrmechanismen werden solche kognitiven Strategien nach Kreitler und Kreitler (1993, S. 154) unter drei Bedingungen: (a) wenn sie hauptsächlich intrapsychischen Bedürfnissen dienen; (b) wenn sie ohne bewußte Kontrolle gebraucht werden und wenn sie (c) eine Schematisierung erfahren haben, die zu einer Reduzierung von Flexibilität und Variabilität des Erlebens und Verhaltens führt. Aus dieser Sicht stellen Abwehrmechanismen spezielle oder auch spezialisierte kognitive Strategien dar.

vollständig durch die Instabilität der Körper- oder Selbstgrenzen erklärt werden (Leichsenring, in Vorbereitung). Ebenso wenig kann bei den «Normalen» die Vermeidung von Ambiguität vollständig durch Gefügigkeit und Retentivität erklärt werden.

Ein kognitiver Stil weist formale Übereinstimmungen mit der jeweiligen Abwehr auf, auch wenn er gerade nicht zur Abwehr eingesetzt wird. Der kognitive Stil «paßt» zum gesamten Funktionstil. Nach Shapiro (1991) übernimmt der gesamte Funktionsstil unter Belastungen die Aufgabe der Abwehr. Bezogen auf Borderline-Patienten heißt das, daß die Vermeidung von Ambiguität Abwehrzwecken dienen kann, aber auch unabhängig davon besteht.

Legt man ein solches Verständnis zugrunde, ist es möglich, daß die Vermeidung von Ambiguität im Sinne eines «totalitären» oder «dogmatischen» Denkens sich vom jeweils ursprünglichen Konflikt löst und zu einem generellen Persönlichkeitsmerkmal wird, das das Erleben auf verschiedenen Ebenen (Denken, Fühlen, Handeln) kennzeichnet. *Dann handelt es sich nicht mehr nur um einen kognitiven Stil, sondern um einen allgemeinen Persönlichkeits- oder Funktions-Stil.* Frenkel-Brunswik (1949, 1974, S. 70, Übersetzung F. L.) formuliert dies so: «Solche Tendenzen zum vorschnellen Schließen («closure»), Springen zu Generalisierungen auf der Grundlage gewisser spezifischer und äußerlicher Aspekte, Übertragen alter Einstellungen («carrying over old sets») und Ähnliches werden in den kognitiven und perzeptuellen Reaktionen offenbar, so wie sie es in den emotionalen and sozialen Bereichen sind.» Sie spricht auch von der «Vermeidung von Komplexität» («avoidance of complexity», 1949, S. 83), «Vermeidung von Unsicherheit» («avoidance of uncertainty», S. 76), «Widerstand gegen Veränderung» («resistance to change», S. 79), «Furcht vor Ambiguität» («fear of ambiguity», S. 89) und «Vermeidung von Ambiguitäten im allgemeinen», («avoidance of ambiguities in general», S. 73). Danach bezieht sich die Vermeidung von Ambiguität nicht mehr nur auf die kognitive Komponente der Ambivalenz.

Norton (1975, S. 608, Übersetzung F. L.) definiert Intoleranz von Ambiguität dann auch als Tendenz, solche Informationen als Quelle von Unbehagen oder Bedrohung zu erleben, die «vage, unvollständig, bruchstückhaft («fragmented»), mannigfaltig («multiple»), wahrscheinlich, unstrukturiert, unsicher, inkonsistent, entgegengesetzt («contrary»), widersprüchlich oder unklar» sind.

Norton (1975) hat auch darauf hingewiesen, daß die Vermeidung von Ambiguität in verschiedenen Bereichen unterschiedlich sein kann. Reis (1994) hat einen Fragebogen entwickelt, der die Vermeidung von Ambiguität in verschiedenen Bereichen erfaßt: Ambiguität bezüglich der Geschlechterrolle, gegenüber den Eltern, sozialen Konflikten, unlösbaren Problemen, neuen Erfahrungen.

Die Vermeidung von Ambiguität kann sich auf miteinander in Widerspruch stehende Gefühle, Kognitionen, Normen, Ideale (einschließlich Ideal- und Real-Selbst) sowie auf konfligierende Identitäts-Komponenten beziehen bzw. dort zum Ausdruck kommen (Kraus, 1988). Dies schließt auch Konflikte z. B. zwischen Wünschen und Normen oder Gefühlen und Kognitionen ein.

Das oben angeführte Zitat von Frenkel-Brunswik (1949, 1974, S. 70) weist aber auch darauf hin, daß die Vermeidung von Ambiguität nicht nur in verschiedenen inhaltlichen Bereichen unterschiedlich sein, sondern auch verschiedene Formen annehmen kann: «vorschnelles Schließen» («premature closure»), «Springen zu Generalisierungen», («jumping to generalisations») «Übertragen alter Einstellungen» («carrying over old sets»).

Gestaltpsychologisch formuliert, entstehen bei der Vermeidung von Ambiguität Gestalten von hoher «Prägnanz» («great Prägnanz», Frenkel-Brunswik, 1949, 1974, S. 70). Damit meint sie, daß die Gestalten sehr scharfgeschnitten sind («highly clear-cut», S. 70). Solche scharfen oder starre Grenzen hat auch Erikson (1956, 1977, S. 168), wie bereits erwähnt, bei seinem Begriff der Totalität betont: «Bei an sich willkürlich gewählten Grenzen darf nichts, was hineingehört draußen bleiben, und nichts, was nach draußen gehört, kann innen geduldet werden. Totalität ist absolut exklusiv wie absolut inklusiv: ein Zustand des Entweder-Oder, der ein Element der Gewalt enthält...»

Solche Gestalten sind «geschlossen» (Frenkel-Brunswik, 1949, 1974, S. 70, Übersetzung F. L.): «Diese Gestalten sind 'geschlossen' («closed») und können durch neue Erfahrungen nicht modifiziert werden, die sofort vom Standpunkt der alten Einstellung («old set») gesehen werden und in derselben Weise klassifiziert werden wie vorhergehende [Erfahrungen].»

Da formale Stilmerkmale weniger der Zensur (Abwehr) unterworfen sind als inhaltliche Merkmale (Sexualität, Aggression, Ödipus-Konflikt usw.), nimmt Frenkel-Brunswik (1949, 1974, S. 90) an, daß diese formalen Merkmale die gesamte Persönlichkeitsstruktur durchziehen, an der Oberfläche und in der Tiefe ähnlich und daher von größerer Generalität und diagnostischer Validität sind.

Shapiro (1991) geht in seinem Konzept der «neurotischen Stile» davon aus, daß jeder «neurotische Stil» auch viele nicht-motivationale Ursachen hat, z. B. konstitutionelle oder Umweltfaktoren und sich nicht allein auf Triebkonflikte und deren Abwehr zurückführen läßt. Aus diesem Grund kritisiert er (1991, S. 16) an der oben beschriebenen Sichtweise von Reich, daß sie die Funktionen unberücksichtigt läßt, die unabhängig von Erfordernissen der Abwehr sind und zum Charakter beitragen: von Geburt an vorhandene und von Triebkonflikten unabhängige Funktionen wie Wahrnehmung und Gedächtnis sowie Anpassungsleistungen und durch die soziale Umwelt beeinflußte Funktionsmodi.

Die Frage, ob die Vermeidung von Ambiguität ausschließlich aus spezifischen Abwehrkonflikten entstanden ist, läßt sich zur Zeit nicht beantworten. Es ist durchaus möglich, daß die Vermeidung von Ambiguität sowohl motivationale als auch nicht-motivationale Ursachen hat, daß z. B. konstitutionelle oder in der Umwelt liegende Faktoren eine Rolle spielen.

Daß die Vermeidung von Ambiguität auch ein Versuch zur Bewältigung komplexer Situationen ist, zeigt ein weiteres Ergebnis unserer eigenen Untersuchungen: Ambiguität wird um so stärker vermieden, je mehrdeutiger die Reiz-Situation ist, mit der die Person konfrontiert ist (Leichsenring & Meyer, 1994): Die Tafeln des Rorschach-Tests und der Holtzman Inkblot Technik sind nicht alle in gleichem Maße mehrdeutig (ambiguitiv). Es gibt Tafeln, die mehrdeutiger sind als andere. Bei den stark mehrdeutigen Tafeln der Holtzman Inkblot Technik wird nun aber Ambiguität stärker vermieden als bei den weniger mehrdeutigen Tafeln. Dies gilt für «Gesunde», Patienten mit neurotischen Störungen, Borderline-Patienten und akut Schizophrene. Insofern stellt die Vermeidung von Ambiguität auch einen Versuch dar, komplexe Situationen zu bewältigen. Dieses Ergebnis zeigt, daß die Vermeidung von Ambiguität auch mit *situativen Merkmalen zusammenhängt und auch intra-individuell variiert.* Nur chronisch Schizophrene vermeiden Ambiguität unabhängig von der Mehrdeutigkeit der Tafeln, d. h. der Reiz-Situation (Leichsenring & Meyer, 1994).

Daß die Vermeidung von Ambiguität auch der Bewältigung komplexer Situationen dient, verweist darauf, daß sie auch *adaptive* Funktion hat: Sie schafft «prägnante» oder «gute» Gestalten (Ertel, 1981, S. 114), indem sie die «Ordnung, Einfachheit und Vollkommenheit [vergrößert], die Zufälligkeit, Komplexität und Unvollkommenheit [vermindert]...». Auch der Aufwand an Energie für die Verarbeitung einer Information wird durch eine Vermeidung von Ambiguität reduziert (Ertel, 1981, S. 115).

Abschließend läßt sich hier festhalten:

Shapiros (1991) Konzept der «neurotischen Stile» läßt sich auf die Vermeidung von Ambiguität anwenden bzw. ausweiten: *Die Vermeidung von Ambiguität kann Bestandteil bestimmter Funktionsstile sein, nämlich eines Borderline-Funktionsstils sowie eines schizophrenen Funktionsstils.* Damit ist gemeint, daß Abwehrmechanismen, kognitive, affektive und Handlungsstile und Symptome entwickelt werden, die zueinander «passen» und so zu einem allgemeinen Funktionsstil beitragen oder diesen ausmachen. Etwas anders: Es werden Abwehrmechanismen, kognitive, affektive und Handlungsstile sowie Symptome entwickelt, die einen allgemeinen Funktionsstil widerspiegeln, der seine Wurzeln in spezifischen Konflikten, konstitutionellen Faktoren und Umweltfaktoren der Person hat. Ausgehend von diesen Wurzeln entwickelt jeder Mensch eine «charakteristische» und konsistente Art, zu denken, zu fühlen, zu handeln und mit Konflikten umzugehen (Shapiro, 1991).

Die Vermeidung von Ambiguität ist von mir bei Borderline-Patienten nachgewiesen worden, die sowohl die Kriterien Gundersons als auch die Kernbergs erfüllen (Leichsenring, 1991 c). Sie stammen aus dem Überlappungsbereich der Borderline-Populationen nach Gunderson und nach Kernberg. Inwieweit die Vermeidung von Ambiguität auch für andere Populationen von Borderline-Patienten charakteristisch ist, ist streng genommen offen. Die Vermeidung von Ambiguität kann jedoch als ein Bestandteil des kognitiv-affektiven Funktionsstils der untersuchten Borderline-Population angesehen werden.

3.4.5 «zweiwertige Orientierung»

Semantiker haben eine Neigung beschrieben, die sie als «zweiwertige Orientierung» bezeichnet haben. Hayakawa (1967, S. 304) beschreibt dies folgendermaßen: «Diese Neigung, die Welt in zwei entgegengesetzte Lager einzuteilen, «Recht» gegen «Unrecht», «Gut» gegen «Böse» – und die Existenz irgendeines Mitteldings zu ignorieren oder zu leugnen, kann als zweiwertige Orientierung bezeichnet werden.»

Hayakawa (1967) weist z. B. in der Sprache Hitlers und anderer Nazi-Führer, aber auch bei Lenin und Stalin eine zweiwertige Orientierung nach, z. B. im Gegensatzpaar «arisch» vs. «jüdisch», «bourgeois» vs. «revolutionär».

Als Beispiel für eine «zweiwertige Orientierung» führt Hayakawa (1967) folgende Zitate Hitlers und Lenins an: «Jedermann in Deutschland ist ein Nationalsozialist – die Wenigen, die abseits von der Partei stehen, sind entweder Unbelehrbare oder Idioten» (Hitler 1938, zitiert nach Hayakawa, 1967, S. 306).

«Hat man auch nur eine einzige Klaue im Netz, dann ist der Vogel gefangen... Man kann nicht eine grundlegende Annahme, einen wesentlichen Teil dieser Philosophie des Marxismus (der wie ein Stahlblock ist) herausnehmen, ohne in die Arme des bourgeois-reaktionären Irrtums zu fallen» (zitiert nach Hayakawa, 1967, S. 311)

Unter dem Begriff der «zweiwertige Orientierung» ist hier vermutlich eine Form der Spaltung beschrieben worden, bei der die Aufteilung in «gut» und «böse» relativ stabil ist und nicht schnell von einem Extrem ins andere umschlägt. – Bromberg und Small (1983, S. 8, Hervorhebungen im Original) nehmen ja übrigens an, daß Hitler eine narzißtische Persönlichkeit auf Borderline-Niveau aufwies: «Careful study of the now abundant biographical data leads to the conclusion that Adolf Hitler was a *narcissistic personality with paranoid* features, functioning on a *borderline personality* level...»

Eine «zweiwertige Orientierung» dient auch der Vermeidung von Ambiguität. Wenn es nur A und B gibt, liegt entweder das eine vor oder das andere. Zwischenstufen und Unsicherheiten werden so vermieden. Eine «zweiwertige Orientierung» kann als eine Form der Vermeidung von Ambiguität angesehen werden.

Aus einer «zweiwertigen Orientierung» folgt auch die Notwendigkeit, sich vor dem Bösen zu schützen: indem es vernichtet wird (Hayakawa, 1967,

S. 309): «Wenn das Gute 'absolut gut' und das Böse 'absolut böse' ist, dann verlangt die Logik einer primitiven, zweiwertigen Orientierung, daß das 'Böse' durch alle verfügbaren Mittel ausgetilgt werde.»

Diese «Logik» erinnert an Kernbergs Beschreibung der projektiven Identifizierung und omnipotenten Kontrolle: Die externalisierten «bösen» Objekte müssen unter Kontrolle gehalten werden oder angegriffen, bevor sie einen selbst angreifen und zerstören (Kernberg, 1983, S. 52; Kernberg et al, 1993, S. 16).

Oben wurde gezeigt, daß die Vermeidung von Ambiguität bei Borderline-Patienten (und akut Schizophrenen) mit starker Angst und Feindseligkeit sowie mit primitiven Formen von Objektbeziehungen zusammenhängt. Diese Ergebnisse stehen mit der von Hayakawa und Kernberg beschriebenen «Logik» in Einklang.

Hayakawa geht in Anlehnung an Aldous Huxley davon aus, daß eine zweiwertige Propaganda Menschen fähig macht, «kalten Blutes Dinge zu tun, die sonst nur in der Hitze der Leidenschaft getan werden könnten» (Hayakawa, 1967, S. 310). Beispiele dafür liefert jeder Krieg.

Theweleit (1977, 1978) macht auf eine weitere Funktion der Vermeidung von Ambiguität aufmerksam: Er weist in den von ihm untersuchten Texten «faschistischer» oder «soldatischer Männer» eine mangelhafte Differenzierung zwischen Selbst und Objekt nach, die mit der Angst vor und dem Wunsch nach Verschmelzung einhergeht. Zur Veranschaulichung sei ein von Theweleit angeführtes Zitat von Ernst Jünger wiedergegeben: «Schleimig mit tausend Gliedern kriecht Angst in uns, jede Faser mit saugenden Armen fesselnd. Absolutes Gefühl, schmilzt sie Welt und Ich zu schwärzlichem Brei...» (Jünger, «Kampf als inneres Erlebnis», S. 97, zitiert nach Theweleit, 1977, S. 306). Es ist eine unbekannte, unheimliche Angst: «Das ist stärker als wir. Ein Nebel, der in uns liegt und zu solchen Stunden über den unruhigen Gewässern der Seele sein rätselhaftes Wesen treibt. Nicht Angst – die können wir in ihre Höhle scheuchen, wenn wir ihr scharf und spöttisch ins fahle Angesicht starren – sondern ein unbekanntes Reich, in das die Grenzen unseres Empfindens sich schmelzen. Da merkt man erst, wie wenig man in sich zu Hause ist. Tief auf dem Grunde Schlummerndes, von rastlosen Tagenwerken Überdröhntes, steigt empor und zerfließt, noch ehe es sich gestaltet, in dumpfe Traurigkeit» (Jünger, «Kampf als inneres Erlebnis», S. 72, zitiert nach Theweleit, 1977, S. 307).

Theweleit nimmt an, daß bei diesen Männern die Phase der Loslösung und Individuation im Sinne Margaret Mahlers (Mahler, 1972) nicht bewältigt worden ist und bezeichnet die resultierende Ich-Organisation wegen der mangelhaften Selbst-Objekt-Grenzen als «psychotisch» (1978, S. 248). Bildhaft-plastisch formuliert er es auch so (Theweleit, 1978, S. 246, Hervorhebung im Original): «Ich möchte sagen, es handelt sich um nicht fertig geborene oder auch um nicht *zuende* geborene Menschen» – Theweleit (1978, S. 248) hält einen solchen «psychotischen Typ» für den Normalfall im wilhelminischen

Deutschland: «Mit anderen Worten: ein in seiner Grundstruktur eher 'psychotischer Typ' wäre der deutsche Normalfall gewesen (gerade zu Zeiten Freuds); viel 'normaler' und häufiger als z. B. Ödipus, der wahrscheinlich ein ausgesprochen seltenes Exemplar gewesen ist: die Fiktion eines nicht-faschistischen Bürgers, wie Freud einer war...» Diese Verallgemeinerung Theweleits halte ich allerdings für überzogen: für zu «dogmatisch».

Theweleit geht auch der Frage nach, wie die Angst vor Selbstverlust abgewehrt wird. Er bezieht sich dabei auf Mahler (1972) und die von ihr beschriebenen «Erhaltungsmechanismen» («maintenance mechanisms», Mahler, 1972, S. 58). Sie nennt Verleugnung, Verschiebung, Verdichtung, und «Entdifferenzierung» (Mahler, 1972, S. 63). Die «Entdifferenzierung» kann so weit gehen, daß die Unterscheidung zwischen belebten und unbelebten Objekten verlorengeht (Mahler, 1972, S. 63): Belebte Objekte werden in unbelebte verwandelt, weil sie ungefährlicher sind («Devitalisierung» und «Dehumanisierung»), als Ersatz werden unbelebte Objekte halluzinatorisch in belebte verwandelt (Mahler, 1972, S. 230, 63).[24]

An dieser Stelle soll besonders auf die «Entdifferenzierung» eingegangen werden. Entdifferenzierung und Entlebendigung kann sich nach Theweleit körperlich und verbal äußern, körperlich, indem die anderen in «blutigen Brei» verwandelt werden: «In der Herstellung der Wahrnehmung 'blutiger Brei' wirken Entlebendigung und Entdifferenzierung zusammen. Ich denke, daß der Mann hier die Wiederbelebung seiner zentralen Unlustsituation erfährt: daß er ohne Grenzen, ununterschieden in einer verschlingenden Symbiose gefangen ist, daß alles Fleisch blutiger, feuchter Brei ist, in dem man vergeht, zugespitzt; daß er blutig geboren wurde und da niemals rauskann. Bezeichnend für den Vorgang ist die körperliche Nähe mit dem Bedrohlichen, die gesucht wird (große Verschlingungsgefahr) und aus der sich der Mann mit einem gewaltigen Hieb (Schlag mit dem Kolben) oder Schuß aus direkter Nähe abrupt herausdifferenziert als Überlebender: Nicht Ich, die anderen sind der Matsch» (Theweleit 1978, S. 314). Die phallischen Aktivitäten (Schlag mit dem «Kolben», «Schuß» aus direkter Nähe) dienen hier der Abgrenzung: als Mann.

Als «zivile Formen» der Entdifferenzierung und Entlebendigung nennt Theweleit (1978, S. 314, 315): «Alle verbalen Vernichtungen, meist als Rache für erfolgte 'Kränkungen'. Alles in einen Topf: 'die Frauen sind alle gleich' (schlecht versteht sich. *Eine* Sauce). Die Faust auf den Tisch setzen... Das berühmte 'Euch kennen wir schon' (was für'n Scheiß ihr nämlich seid). Der vielleicht verbreitetste zivile Selbsterhaltungsvorgang: alle anderen wo und wie es nur geht 'schlecht' machen»..., besonders die Freunde und die näheren

[24] In ihrer Unterscheidung von normalen, neurotischen primitiven und psychotischen Abwehrmechanismen ordnet Paulina Kernberg (1994) die Erhaltungsmechanismen Mahlers als psychotische Abwehrmechanismen ein.

Bekannten (um nicht mit ihnen zu verschmelzen in bedrohlicher Nähe – nicht wir, sie sind dieser diffuse Haufen, unentschlossen, unentschieden, mit Nebel im Kopf und großen Sprüchen. Und was steckt *dahinter*? (auch bloß Brei).»

Diese Ausführungen Theweleits sind auch deshalb interessant, weil sie auf eine Funktion hinweisen, die die Vermeidung von Ambiguität durch Entdifferenzierung haben kann: *Die Entdifferenzierung anderer nach dem Motto «alles eins» kann der Erhaltung eines fragilen Selbst dienen:* Durch die Herstellung einer Wahrnehmung nach dem Muster «Nicht ich, die anderen sind die diffuse Einheit» kann das eigene Selbst von der undifferenzierten «Masse» abgegrenzt und die Gefahr der Selbstauflösung abgewendet werden.

Mit dieser Annahme steht das oben berichtete Ergebnis in Einklang, daß Schizophrene um so mehr Ausdrücke der Kategorie A («alle», «immer», «total» usw.) verwenden, je weniger abgegrenzte Objekte sie in den Holtzman-Tafeln deuten: *Je instabiler die Körper- und auch die Selbstgrenzen sind, desto stärker vermeiden oder reduzieren Schizophrene Ambiguität.* Vermeidung von Ambiguität kann bei Schizophrenen Ausdruck einer Abgrenzugsschwäche sein oder aber ein Versuch der Bewältigung dieser Schwäche, ein Versuch der Selbsterhaltung.

Eine Entdifferenzierung kann andererseits auch dem *Wunsch* nach Verschmelzung dienen: Dies ist der Fall, wenn die eigene Person in die Entdifferenzierung miteinbezogen wird, z. B. «*Ein* Volk, *ein* Reich, *ein* Führer». Eine hierarchische Struktur des «Ganzen» kann wiederum der Abwehr der Angst vor Verschmelzung dienen (Theweleit, 1978, z. B. S. 256). Für den klinischen Bereich beschreibt Mahler (1972, S. 63) z. B. wie ihr Patient George die verlorene Symbiose mit der Mutter durch Entdifferenzierung zwischen lebendigen und unlebendigen Objekten wieder herzustellen versuchte: «Unter anderem suchte er in der Umgebung der Brauerei, die sich in der Nähe der elterlichen Wohnung befand, fieberhaft nach Bierfässern, um sie zu berühren und ihre Oberfläche zu fühlen. Dabei handelte es sich um den Versuch, mit Hilfe dieser primitiven taktilen Wahrnehmungserlebnisse die abgebrochene Verbindung zum Körper der schwangeren Mutter wiederzufinden und zu reparieren.»

3.5 Primärprozeßhaftes Funktionieren als kognitiv-affektiver Stil von Borderline-Patienten

Wie sich primärprozeßhaftes Denken in einer therapeutischen Gesprächssituation äußert, soll zunächst anhand eines anschaulichen Beispiels erläutert werden. Das geschieht anhand eines Beispiels, das Rudolf (1977, S. 112, 113) gibt. Rudolf stellt dabei die sich ergebende Störung der Kommunikation in den Vordergrund: «Ein 22jähriger Patient sitzt mir freundlich distanziert gegenüber und berichtet über sein Befinden. In diesem Zusammenhang kommt er auf seine Zahnschmerzen zu sprechen. Sein Bericht enthält, ineinander übergehend, drei Feststellungen: «Der Zahnarzt hat mir eine falsche Füllung gemacht. Davon habe ich eine Bleivergiftung bekommen. – Ich bin ja selbst Schuld. Ich habe meine Zähne vernachlässigt, bis sie kaputt waren. – Ich bin immer regelmäßig zum Zahnarzt gegangen.» Jeder Zuhörer ist darauf eingestellt, sich von den Aussagen seines Gegenübers einstimmen zu lassen. Genau das mißlingt hier. Die erste Feststellung ist eine Anklage gegen den Zahnarzt. Der Patient stellt sich als Geschädigten dar. Der Gesprächspartner nimmt an, der Patient sei wohl auf den Arzt böse, gleich ob zu Recht oder zu unrecht. Die zweite Feststellung des Patienten negiert zugleich die erste. Der Patient klagt sich selbst an. Der Therapeut darf als Gefühlshintergrund vermuten, der Patient sei wohl zu ängstlich gewesen, um sich rechtzeitig behandeln zu lassen. Offenbar hat er lieber Schaden genommen, als sich der unangenehmen Behandlung auszusetzen. Die dritte Feststellung negiert wieder völlig die zweite und stellt die erste in Frage. Offenbar ist der Patient aus Angst um seine Gesundheit regelmäßig zum Arzt gegangen, war also nicht selber schuld: aber ob deshalb der Arzt versagt hat, oder die Zähne ohnehin schlecht waren, bleibt offen. Der ständige Wechsel des Standortes verwirrt den Zuhörer, der sich auf einen engen Bezug zum Patienten einläßt. Er hat das Gefühl, «jetzt verstehe ich überhaupt nichts mehr». Verwirrung und Orientierungslosigkeit treten auf wie beim Anblick einer optischen Täuschung, wo eine Treppe sowohl nach aufwärts wie nach abwärts führt, je nachdem wie man hinschaut.»

Rudolf erklärt diese merkwürdige Form des Denkens durch das Fehlen einer eindeutigen «Gestimmtheit» des Patienten (1977, S. 112): «Worauf basiert aber die rational feststellbare mangelnde Denkgenauigkeit und fehlende logische Eindeutigkeit? Sie beruht auf dem Fehlen einer eindeutigen «Gestimmtheit» des Patienten, auf dem Mangel an gefühlsmäßigem «Ausdruck». Bei dem Versuch herauszufinden, wie der Patient sich fühlt, erfahre ich nichts.»

Dieses Fehlen einer eindeutigen «Gestimmtheit» des Patienten kann mit verschiedenen widersprüchlichen Ich-Zuständen im Sinne Kernbergs (1981) zusammenhängen, die Kernberg auf die Aktivierung verschiedener voneinander gespaltener Selbstrepäsentanzen zurückführt. Im Einklang damit erklärt Rudolf das Geschehen auch folgendermaßen (1977, S. 113): «Dieser Patient stellt... drei widersprüchliche ich-bezogene Einstellungen gleichwertig nebeneinander: «Ich bin von einem Menschen geschädigt worden – ich habe diesen Menschen aus Angst gemieden – ich habe mich aus Sorge regelmäßig an diesen Menschen gewandt». Der Zuhörer weiß nicht, auf welches gefühlsmäßige «ich» des Patienten er sich beziehen soll, sofern er überhaupt eine beständige Form der Bezogenheit versucht. Er hängt in der Luft. Die kommunikative Atmosphäre ist gekennzeichnet durch das unbehagliche «Wir-verstehen-uns-nicht».»

Der Zusammenhang zwischem primärprozeßhaftem Denken und Spaltung wird in einem weiteren Fallbeispiel von Rudolf noch deutlicher, in dem ein Patient folgendes berichtet (1977, S. 113): «Ich habe mich jetzt bei der Polizei beworben. Ich möchte zum Sitten- und Betrugsdezernat. Ich bin für Gerechtigkeit, für Bestrafung aller Ausbeuter und Ganoven. Ich fühle mich schon als Polizist. Ich habe sogar gestern jemanden angezeigt. Ich war sehr aufgeregt auf dem Polizeirevier, weil ich so auffällig gekleidet war wie ein Zuhälter. Ich gehe freitags immer in ein Lokal, wo Nutten und Zuhälter sind. Da mache ich mich zurecht wie ein Zuhälter. Am liebsten möchte ich Zuhälter sein. Ich traue mich bloß nicht, ein Mädchen zu fragen, ob sie für mich anschaffen geht. – Ich wünsche mir auch, ich hätte eine eigene Wohnung und eine treue Frau und ein paar Kinder und wäre ein leitender Angestellter.»

Rudolf (1977, S. 113) schreibt hierzu: «Wieder enthält die Aussage des Patienten logisch Widersprüchliches, ohne daß der Patient diesen Widerspruch selbst erlebt. Für ihn steht alles gleichrangig nebeneinander: Seine realen Erlebnisse, seine Vorstellungen und Phantasien, seine Interessen am Guten und am Bösen. Er möchte dieses und jenes; er ist dieser und jener zugleich. Diese Form der Alogik gibt es sonst nur im Traum. Dort kann ein Mensch zugleich handeln und zuschauen, etwas tun und es unterlassen, jemand sein und es nicht sein. Wenn die ausrichtende Kraft der Intentionalität entfällt, bleibt eine primär-prozeßhafte Vieldeutigkeit zurück. Fehlt aber die logisch eindeutige Abfolge von Gedanken und entsteht keine eindeutige Gefühlslage bei einem Patienten, so entsteht auch kein Gesamteindruck von ihm. Wo anstelle von nachvollziehbar geanzheitlichem Erleben jenes nicht Eindeutige, alogisch Widersprüchliche Affektfreie und Affektinadäquate eines Patienten in Erscheinung tritt, reagieren wir mit Befremden. Uns fehlt eine der wichtigsten Brücken des Verständnisses.»

Den Abwehraspekt primärprozeßhaften Denkens erläutert Rudolf anhand des oben zitierten Zahnarztbeispiels (1977, S. 114): «Die beschriebene Verwirrsituation des Zahnarztbeispiels war offenbar durch ein verstärktes Abschalten des Patienten bewirkt worden, der damit auf eine zuvor erfolgte vertrauensvolle Annäherung – er hatte zuvor etwas für ihn Wichtiges und gleichzeitig Beschämendes mitgeteilt – mit «Abwehr» reagierte. Inhaltlich ist das Thema – schädigt der Arzt mich, kann er mir helfen oder bin ich zu krank – deutlich auf die aktuelle Therapiesituation bezogen.»

Rudolf grenzt sein Verständnis aber auch ab von dem Kernbergs (1977, S. 114): «Amerikanische Autoren (z. B. Kernberg) sehen in solchen Kommunikationsstörungen vorzugsweise die «Abwehr» des Patienten: Die ohnehin bestehende strukturelle Schwierigkeit des Patienten, unterschiedliche Aspekte seiner selbst und der Welt zu einem ganzheitlichen zu integrieren, wird in Konfliktsituationen als Selbstschutz eingesetzt. Durch Spaltung (Splitting) zerfällt das Ich in gegensätzliche Zuständlichkeiten und schützt sich damit vor unangenehmen Gefühlsregungen. Grundsätzlich meint diese Hypothese des Splittings als Abwehr das gleiche wie unsere Beschreibung des intentionalen Rückzugs. Jedoch bleibt die Vorstellung mehr im intraindividuellen Bereich verhaftet und eignet sich weniger zum Verständnis der kommunikativen Störung.»

Kernberg (1981, S. 110) definiert primärprozeßhaftes Funktionieren folgendermaßen: «Der Primärprozeß umfaßt die Merkmale der frühesten kognitiven Funktionen, der frühesten affektiven Funktionen und die schnellen Veränderungen und Verschiebungen primitiver Affekte über die verschiedenen Selbst- und Objektvorstellungen, die sich unter der Vorherrschaft primitiver Affektdispositionen aus den primitiven Einheiten von Selbst- und Objektvorstellungen ableiten.» Bei einem primärprozeßhaften Funktionieren sind kognitive Funktionen, Affekte und Objektbeziehungen eng miteinander verflochten und nicht voneinander zu trennen. Kernbergs Theorie baut auf den Überlegungen von Rapaport (1973, S. 28, 29) auf, der den Begriff des Primärprozesses auf Denken, Handeln und Fühlen bezieht und ein «primäres Modell der Aktion», ein «primäres Modell des Denkprozesses» und ein «primäres Modell des Affekts» beschreibt. Diese Modelle integrieren Denken, Fühlen und Handeln (Rapaport, 1973, S. 30): «Diese primären Modelle heben die traditionelle Spaltung des Seelenlebens in Handeln, Denken und Fühlen auf und stellen seine Einheit wieder her.» Kernberg beschreibt das folgendermaßen (1981, S. 110): «...der Primärprozeß ist durch bestimmte Züge primitiver Wahrnehmungen und primitiver Affekte und durch bestimmte Selbst- und Objekt-'Verbindungen' charakterisiert... Ich habe darauf hingewiesen, daß die früheste intrapsychische Erfahrung Affekt und Wahrnehmung im Kontext der frühesten Einheiten internalisierter Objektbeziehungen integriert. Dementsprechend können wir nicht von 'reinem Affekt' oder 'reinem Primärprozeßdenken' als von unabhängigen Aspekten des Primärprozeßfunktionierens sprechen.»

Diese Sicht Kernbergs ist vereinbar mit Annahmen der differentiellen Emotionstheorie von Izard (z.B. 1994). Izard nimmt «affektiv-kognitive Strukturen» an (1994, S. 65, 67): «Diese affektiv-kognitiven Strukturen bestehen aus einer dynamischen und relativ stabilen Beziehung zwischen einem Affekt (Emotion, Trieb) auf der einen Seite und gewissen kognitiven Prozessen wie Vorstellungen und Überzeugungen auf der anderen.»

Eine affektiv-kognitive Struktur stellt nach Izard (1994. S. 65) etwas sehr ähnliches wie eine Einstellung dar: Eine Einstellung beinhaltet eine affektive Haltung zu einem Objekt, kognitive Einschätzungen des Objekts und Handlungstendenzen in Bezug auf das Objekt (Izard, 1994, S. 65). Bei Borderline-Patienten sind solche Einstellungen oder affektiv-kognitive Strukturen durch primitive Wahrnehmungen und primitive Affekte sowie durch bestimmte Selbst- und Objekt-Verbindungen charakterisiert. Affektiv-kognitive Strukturen haben nach Izard Eigenschaftscharakter (1994, S. 65): «Affektiv-kognitive Strukturen sind psychologische Organisationen von Affekt und Kognition – eigenschaftsähnliche

Phänomene, die aus wiederholten Interaktionen zwischen einem bestimmten Affekt oder Affektmuster und einer bestimmten Gruppe oder Konstellation von Kognitionen resultieren. Eine komplexe affektiv-kognitive Struktur oder eine zusammenhängende Gruppe derartiger Strukturen kann eine affektiv-kognitive Orientierung bilden, eine globalere Persönlichkeitseigenschaft, einen Komplex von Eigenschaften oder eine Disposition wie zum Beispiel Introversion.»

So bilden auch die affektiv-kognitiven Strukturen von Borderline-Patienten einen Komplex von Eigenschaften. Diesen möchte ich als den Funktionstil von Borderline-Patienten bzw. der betreffenden Borderline-Population bezeichnen. Er weist Merkmale primärprozeßhaften Funktionierens (Kernberg) und präoperationalen Funktionierens (Piaget) auf. Dies werde ich im folgenden zu zeigen versuchen.

Kernberg (1983, S. 44) bezeichnet die Regression zu primärprozeßhaften Denkvorgängen als das «wichtiges strukturelle Kriterium» für eine Borderline-Persönlichkeitsorganisation. Er erläutert aber nicht, durch welche Merkmale primärprozeßhaftes Funktionieren bei Borderline-Patienten im einzelnen gekennzeichnet ist. Genau diese Merkmale möchte ich in der vorliegenden Arbeit herausarbeiten.

3.5.1 Die diagnostische Erfassung primärprozeßhaften Funktionierens

In der üblichen klinisch-psychiatrischen Untersuchung zeigen Borderline-Patienten selten Anhaltspunkte für formale Denkstörungen und primärprozeßhaftes Funktionieren (Kernberg, 1967, 1983, S. 44). Diese Merkmale zeigen sich unter Bedingungen, die den Patienten wenig äußere Struktur bieten: Hierzu zählt das klassische analytische Setting auf der Couch sowie die Erhebung projektiver Tests, die sich durch eine geringe Strukturiertheit des Materials auszeichnen (Gunderson und Singer, 1975). Im Hinblick auf die diagnostische Erfassung primärprozeßhaften Funktionierens sagt deshalb Kernberg (1983, S. 44): «Und weil dieses Merkmal hauptsächlich durch die Anwendung projektiver Tests nachzuweisen ist, werden solche verfeinerten Testverfahren zu einem unerläßlichen Hilfsmittel in der Diagnostik der Borderline-Persönlichkeitsstruktur.»

Kein geringerer als Rapaport, einer der Begründer der psychoanalytischen Ich-Psychologie, sah solche Testverfahren als besonders geeignet an, um auch subtilere Auffälligkeiten des Denkens zu untersuchen (Rapaport, Gill und Schafer, 1945/46, S. 331): «It can also be claimed that comprehensive and systematic work with the verbalizations on these tests is a highway for investigating disorders of thinking.»

Aus heutiger Sicht kann ergänzt werden, daß solche Testverfahren es nicht nur erlauben, Störungen des Denkens zu untersuchen, sondern auch kognitiv-affektive Stile. Das soll im Folgenden gezeigt werden.

In eigenen Untersuchungen mit der Holtzman Inkblot Technik habe ich gezeigt, daß es möglich ist, Borderline-Patienten von Patienten mit neurotischen Störungen auf der einen Seite und von Schizophrenen auf der anderen Seite anhand von primärprozeßhaften «Denk»-Vorgängen zuverlässig zu unterscheiden (Leichsenring, 1991, b).[25]

Hierbei ist nicht das primärprozeßhafte Denken an sich als pathologisch anzusehen, sondern das relative Wegfallen des sekundärprozeßhaften, rationalen Denkens (Brenner (1981 b, S. 56). In ähnlicher Weise unterscheidet Holt (1968, S. 425) zwischen pathologischem Durchbrechen von primärprozeßhaftem Material (maladaptive Regression) und kontrollierten, sozial akzeptablen Ausdrücken des Primärprozesses (adaptive Regression im Dienste des Ichs). In eigenen Untersuchungen konnte tatsächlich auch gezeigt werden, daß bei psychische «Gesunde» zwar einerseits bestimmte stark primärprozeßhafte Denkvorgänge auftreten können, wie sie ansonsten für Psychotiker charakteristisch sind, andererseits aber die Realitätsprüfung, Integration und Abstraktion, die durch andere Indikatoren erfaßt werden, nicht beeinträchtigt oder sogar besonders gut entwickelt sind (Leichsenring & Hiller, 1990). Mit anderen Worten: Psychisch «Gesunde» können sich Freiheit der Phantasie erlauben, ohne daß der Kontakt zur Realität darunter leidet. Bei Borderline-Patienten ist dies dagegen nicht der Fall (Leichsenring & Hiller, 1990).

Zu primärprozeßhaftem Denken kommt es nach Kernberg bei Borderline-Patienten, wenn im Verlauf einer Regression primitive Abwehrmechanismen und Objektbeziehungen reaktiviert werden. Auch Rohde-Dachser (1989) geht davon aus, daß formale Denkstörungen bei Borderline-Patienten eine vorüber gehende Reaktion auf umschriebene Konflikte darstellen, reversibel sind und immer auch einen Abwehraspekt haben. Im Unterschied zu psychotischen Patienten seien Borderline-Patienten imstande, Widersprüche zu korrigieren, wenn man sie damit konfrontiert (Rohde-Dachser, 1989).

Auf empirisch-statistischem Weg habe ich diese Annahmen geprüft. Es zeigte sich tatsächlich, daß die für Borderline-Patienten charakteristischen Formen primärprozeßhaften Denkens statistisch signifikant mit primitiven Formen von Objektbeziehungen, Abwehrmechanismen und Affekten korrelieren (Leichsenring, 1991 c, 1991 d).

Zur Verdeutlichung des Zusammenhangs zwischen primärprozeßhaftem Denken und primitiven Objektbeziehungen sei die Antwort einer Borderline-Patientin zu Tafel 4 der Holtzman Inkblot Technik angeführt. Auf die Frage «Was konnte das sein?», sagt sie: «Hohleneingang, Hohle, Frau, Gesicht, die Höhle hat die Form eines Frauengesichts, der Eingang sieht aus wie der Mund

[25] Genauer formuliert handelt es sich nicht um reine «Denk»-Vorgänge, sondern um Merkmale primärprozeßhaften Funktionierens im Sinne einer engen Verflechtung von Denken, Affekten und Objektbeziehungen.

der Frau, ein riesiger Mund, der die Reiter verschluckt oder verschlingt. Reiter, die in diesen Schlund reinreiten. Obwohl sie noch ein Stück entfernt sind, sind sie schon eingefangen, weil das nach großen Ohren aussieht, sie sind im Bann der Person. Hier die großen Ohren und der Unterkiefer, so runtergeklappt.»

Die Patientin sieht zunächst etwas, was sie als «Höhleneingang» und dann als «Höhle» deutet. Die «Höhle» bekommt dann für sie die Form eines Frauengesichts, der «Höhleneingang» wird zum «Mund der Frau». Der «Höhleneingang» und der «Mund der Frau» werden hier primärprozeßhaft zu einem Begriff zusammengezogen, verdichtet: Es ist ein «riesiger Mund», so groß, daß er sogar Reiter, die die Patienten ebenfalls sieht, «verschluckt oder verschlingt»: Etwas, was in Wirklichkeit nicht möglich ist, d. h. die Realitätsprüfung fällt an dieser Stelle zeitweise aus. Ein weniger schwer gestörter (neurotischer) Patient würde an dieser Stelle z. B. hinzufügen: «So etwas geht natürlich nicht wirklich» oder «So etwas gibt es aber nicht.» Die Borderline-Patientin gibt einen solchen Hinweis, daß sie sich des Unterschiedes zwischen Phantasie und Wirklichkeit bewußt ist, aber nicht. Sie bezieht dann einen weiteren Teil der Tafel in ihre Antwort ein, die sie als «große Ohren», nämlich der Frauenfigur deutet. Die «großen Ohren» der Frauenfigur werden dann zur Begründung dazu herangezogen, daß die «Reiter» «schon eingefangen» sind, «im Bann der Person»: eine bizarre, primärprozeßhafte Begründung, denn noch so große Ohren können keine Reiter einfangen. Die Begründung speist sich vermutlich aus dem gefährlichen Charakter der gedeuteten Frauenfigur. Am Ende sieht die Patientin den «Unterkiefer» der Frau, der «so runtergeklappt» ist, dabei deutet sie mit den Händen so etwas wie eine heruntergeklappte Baggerschaufel an.

Deutlich wird in dieser Antwort der Zusammenhang zwischen primitiven, höchst gefährlichen, nämlich verschlingenden Objektbeziehungen und dem Abgleiten des Denkens auf ein primärprozeßhaftes Niveau und dem zeitweisen Ausfallen der Realitätsprüfung. Dieser Zusammenhang läßt sich, wie bereits erwähnt, auch auf empirisch-statistischem Weg nicht nur für einen Borderline-Patienten und eine Antwort zeigen, sondern für die gesamte Stichprobe der untersuchten Borderline-Patienten (Leichsenring, 1991 c, 1991, d).

Rapaport bezeichnet die Verdichtung von «Höhleneingang» und «Mund der Frau» als «Kontamination» und die bizarre Begründung, daß die «Reiter» schon «eingefangen» sind, «im Bann der Person», weil das nach «großen Ohren» aussieht, als «Autistische Logik» (Rapaport, Gill & Schafer, 1945/46).

Hierbei handelt es sich um spezielle Formen primärprozeßhaften Denkens oder Funktionierens (Holt, 1968, S. 425).

Ich habe in meinen Untersuchungen drei Dimensionen von primärprozeßhaftem «Denken» gefunden, die für Borderline-Patienten charakteristisch sind, d. h. bezüglich derer sie sich von Patienten mit neurotischen Störungen unterscheiden: Hierbei handelt es sich um «Selbstbezug und Eigentümlichkeit», «phantastische, unrealistische Verbindungen und Begründungen» sowie «realitätsferne Wahrnehmung und eigenwillige Logik» (Leichsenring, 1991, c).

Ich werde diese Formen primärprozeßhaften «Denkens» zunächst vorstellen und diskutieren. Im einem weiteren Schritt werde ich sie im Rahmen der Theorie Piagets (1936, 1948, 1995) untersuchen.

3.5.2 Selbstbezug und Eigentümlichkeit

Mit «Selbstbezug» ist gemeint, daß Borderline-Patienten sich selbst in die Antwort auf die Holtzman-Tafel einbeziehen und der Antwort so eine persönliche Bedeutung geben. Mit «Eigentümlichkeit» ist gemeint, daß die gegebene Antwort unverhältnismäßig subjektiv und affektbeladen ist. Als «eigentümlich» werden aber auch Antworten angesehen, wenn der Patient seine Deutung der Tafel für die einzig mögliche hält, für «Realität» oder wenn er sehr Spezifisches deutet, für das die Tafel keinen Anhaltspunkt bietet. Ein Borderline-Patient gab z. B. folgende Antwort zu Tafel 5: «Teil von einem Gesicht hinter einer zersprungenen, dreckigen Glasscheibe, wohnt armselig, ein einsamer Mensch. Teilweise sehe ich mich hinter dieser Scheibe, so auch der Ausdruck im Gesicht, verzweifelt. Ist gar nicht so richtig da, hat sich schon in nichts aufgelöst.»

Der Patient sieht zunächst ein «Gesicht» in der Tafel, hinter einer «Glasscheibe» (Derealisation?). Es folgt eine affektive Zuschreibung: Er hält den Meschen für «einsam», er wohnt «armselig». Im nächsten Schritt sieht der Patient sich selbst in dem Tintenklecks, zumindest «teilweise»: Die Formulierung «teilweise» deutet auf eine gewisse Möglichkeit zur Distanzierung hin. Der Patient findet Ähnlichkeiten zwischen dem Gesicht in der Tafel und seinem eigenen: der «Ausdruck im Gesicht», den er für «verzweifelt» hält. Der Mensch «ist gar nicht so richtig da, hat sich schon in nichts aufgelöst» (Depersonalisation?).

Derselbe Patient gab folgende Antwort (Tafel 22): «Da sehe ich meinen Alptraum: das, was in meinen Träumen versucht mich zu erwürgen, die Arme. Das, was auf meinem Brustkasten sitzt, die Tatzen. Wie Zangen, Greifarme, Tatzen: kann mir gut vorstellen, daß es so auf dem Brustkasten liegt, um ihn wehrlos zu machen. Ich will das nicht mehr, daß mich jemand umklammert.»

Der Patient sieht «seinen Alptraum» in der Tafel, das, was auf «seinem Brustkasten sitzt» und versucht, «ihn zu erwürgen», mit «Zangen und Greifarmen». Wenn der, der «wehrlos» gemacht werden soll, er selbst ist, sieht er sich sogar selbst in der Tafel.

Die Tafeln des Rorschach-Tests oder der Holtzman Technik repräsentieren einen Ausschnitt der Außenwelt, d. h. der Realität. Die Antwort des Patienten hat deshalb nicht nur mit dem projektiven Test zu tun, sondern sagt uns in einem allgemeineren Sinn etwas aus über seinen Umgang mit der Realität: Der Patient bezieht etwas in der Außenwelt auf sich, was mit ihm nichts zu tun hat: Die Tafeln enthalten «ihn selbst» oder «seinen Alptraum» in Wirklichkeit natürlich nicht. Sie stellen keinen Spiegel dar, sondern Tintenkleckse. Wenn er sich selbst oder etwas von sich in der Außenwelt sieht, kann man einerseits sagen, er bezieht etwas auf sich, was mit ihm nichts zu tun hat. Anders betrachtet kann man aber auch sagen, daß er etwas von sich in die Außenwelt hineinverlagert, daß er sich «entgrenzt», sich selbst in die Außenwelt «einmischt», sich selbst in die Außenwelt hinein erweitert.

Eine Borderline-Patientin gab folgende Antworten. Die erste Antwort ist bereits oben in Abschnitt 3.4 zitiert worden:

«Furchtbar, wieder ein Monster, das überall Zähne hat. Dicke Backen, Zangen, als ob er die roten Flecken oben einfangen will. Backen, Loch, wo man nicht mehr rauskommt. Malmsteine. Wenn man dazwischen kommt, wird man zu Brei gemalmt. Erst werden sie angeschnitten, dann zermalmt, dann weiter durch die Zähne durchgeschnitten. Sieht aus wie Schweine.» (Tafel 6)

«Total unheimlich, macht mir totale Angst: Messer, Zähne, ich möchte mal was anderes sehen.» (Tafel 14)

Bei der wenig später folgenden Tafel 18 sieht mich diese Patientin erschreckt und verwundert an und sagt: «Wenn Sie lauter so Bilder mit Monstern haben, können wir gleich aufhören! Das ist ein Saugkopf, können Löcher in die Haut machen... Wenn man es genauer anguckt, kriegt man richtig Schiß.»

Selbstbezug und Eigentümlichkeit zeigt sich hier folgendermaßen: Die Patientin sieht höchst gefährliche Figuren und zerstörische Objektbeziehungen in die Tafeln «hinein», möglicherweise auch sich selbst: «Wenn *man* dazwischen kommt, wird *man* zu Brei gemalmt.» Die Holtzman-Tafeln sind für sie «lauter Bilder mit Monstern», auf die sie im nächsten Schritt dann stark affektiv reagiert: Die Ungeheuer treten zu ihr in Beziehung, machen ihr schreckliche Angst. Für die Patientin ist das, was sie in die Tafeln hineinsieht, hinein projiziert, Realität. Sie ist nicht imstande, sich davon zu distanzieren. Ich mußte die Erhebung des Tests unterbrechen, um der Patientin Gelegenheit zu geben, in die Wirklichkeit zurückzufinden und sich zu beruhigen. In der Pause begann sie dann sogar, in einem abstrakten Bild, das im Untersuchungszimmer hing, ebenfalls solche Ungeheuer zu sehen. Für mich stellte dieses Bild etwas völlig anderes dar, ich konnte ihre Deutung des Bildes nicht mehr nachvollziehen.

Was läßt sich aus solchen «Selbstbezügen und Eigentümlichkeiten» nun für Borderline-Patienten schließen: Die Einbeziehung der eigenen Person in einen Ausschnitt der äußeren Realität verweist auf eine mangelhafte Abgrenzung zwischen Selbst und Nicht-Selbst. Borderline-Patienten entgrenzen sich, erweitern sich selbst in die Außenwelt hinein. Sie verlagern etwas aus ihrer inneren Welt, im Extremfall sich selbst, in die Außenwelt.

Auf das, was sie – projektiv verzerrt – außen wahrnehmen, reagieren Borderline-Patienten dann mit starken Affekten. Sie reagieren darauf, als sei es Realität. Es ist ihnen nicht möglich, zwischen ihren Phantasien und der Wirklichkeit zu unterscheiden. Borderline-Patienten können sich von ihren Projektionen nicht distanzieren, keinen Abstand dazu einnehmen.

Etwas anders formuliert kann man auch sagen, daß sich im Bezug auf die eigene Person und den sehr subjektiven Reaktionen ein Problem der Regulierung von Nähe und Distanz ausdrückt: Wer sich selbst in einer Klecks-Tafel, d.h. in der Außenwelt sieht und darauf mit heftigen Gefühlen reagiert, kann keinen Abstand halten.

Allgemeiner formuliert, zeigen die beschriebenen Reaktionen eine starke Selbstbezogenheit und eine sehr subjektive Sicht der Welt: Borderline-Patienten sehen die Welt quasi durch eine andere Brille, durch eine Brille, auf deren «Gläsern» höchst bedrohliche Ungeheuer ihr Unwesen treiben. Auf diese Ungeheuer reagieren sie affektiv mit Angst oder Angriff.

Selbstbezüge und Eigentümlichkeiten zeigen eine mangelhafte Unterscheidung zwischen Selbst und Objekt an. Wie aus den anführten Beispielen hervorgeht, treten solche «Selbstbezüge und Eigentümlichkeiten» häufig in Verbindung mit starker Aggression und primitiven Formen von Objektbeziehungen auf. In diesen Objektbeziehungen geht es z.B. um «Auffressen», «Aussaugen», «Zerreißen», «Zerstören», «Vernichten». Dieser Zusammenhang zwischen «Selbstbezug und Eigentümlichkeit» und primitiven aggressiven Formen von Objektbeziehungen läßt sich, wie bereits erwähnt, auch auf empirisch-statistischem Weg nicht nur für einen Borderline-Patienten und eine Antwort zeigen, sondern für die gesamte Stichprobe der untersuchten Borderline-Patienten. Dies habe ich an anderer Stelle gezeigt (Leichsenring, 1991 c, 1991 d). Bei diesen Fällen von «Selbstbezügen und Eigentümlichkeiten» und der zugrundeliegenden mangelhaften Unterscheidung zwischen Selbst und Objekt handelt es sich daher nicht um reine «Defizite», sondern um Ausfälle, die in Zusammenhang mit bestimmten primitiven Formen von Objektbeziehungen auftreten.

Bei diesem Zusammenhang handelt es sich vermutlich um das, was Kernberg (1983, S. 51) als «umschriebene Schwächung der Ichgrenzen im Bereich der Projektion von Aggression» bezeichnet. Kernberg (1983, S. 51) schreibt diesbezüglich über Borderline-Patienten: «Zwar sind die Ichgrenzen dieser Patienten so weit entwickelt, daß in den meisten Lebensbereichen ein ausreichendes Differenzierungsvermögen zwischen Selbst und Objekten gewährleistet ist, aber die besondere Intensität der Projektionsneigung führt im Verein mit der charakteristischen Ichschwäche dieser Patienten leicht zu einer umschriebenen Schwächung der Ichgrenzen im Bereich der Projektion von Aggression.»

Selbstbezug und Eigentümlichkeit und eine mangelhafte Unterscheidung zwischen Selbst und Objekt hängen zwar bei Borderline-Patienten sehr häufig mit der *Projektion von Aggression* zusammen, treten jedoch auch in Zusammenhang mit Wünschen nach *Verschmelzung* auf. Diese drücken sich z. B. im Wunsch nach Einswerden mit idyllischen, friedlichen Landschaften aus – Es ist das, was Romain Rolland, ein Freund Freuds, das Gefühl des «Ozeanischen» nennt (Freud, 1930, S. 422; auch König, 1988). Eine Borderline-Patientin gab z. B. folgende Antwort: «Landschaft, ist eingerahmt. Die Landschaft selbst ist heller, sieht verheißungsvoll aus. Die Sonne geht auf, der Rahmen ist dunkel gehalten. Man will sofort dahin gehen in die Landschaft, da könnte man alles vergessen, was man sonst beim Spazierengehen nicht vergißt. Könnte man heulen. Der Rahmen bedeutet: ist nicht zugänglich. Der Rahmen ist aufgebrochen, nicht ganz durch, Menschen können nicht rein. Landschaft, weil wir alle von einem schönen Land träumen. Das Rot ist die Sonne, die aufgeht, das Grün die Wälder. Das Wasser: weil´s dazu gehört, ist das Schönste. Und eine kleine Bucht.»

In dieser Antwort drückt sich der Wunsch nach Verschmelzung aus, aber auch die Frustration dieses Wunsches: das Erleben der Getrenntheit, einer Grenze: «Der Rahmen bedeutet: ist nicht zugänglich.» Der «Rahmen» oder die Grenze ist aber nicht ganz dicht: «ist aufgebrochen». Sie ist aber «nicht ganz durch», gemeint ist nicht ganz durchgebrochen: «Menschen können nicht rein.»

Hier findet Selbstbezug und Eigentümlichkeit im Rahmen einer Wiederverschmelzung von Selbst- und Objektrepräsentanzen statt, wie sie Kernberg (1983, S. 44) beschrieben hat.

3.5.3 Selbstbezogenheit und Egozentrismus

In Piagets (1936, 1948, 1995) Theorie der psychischen Entwicklung nimmt das Konzept des «Egozentrismus» eine zentrale Rolle ein. Piaget bezieht Egozentrismus auf frühkindliche Formen des Denkens, der Affekte und der sozialen Wahrnehmung. Piaget unterscheidet zwei Formen des Egozentrismus: In der extremen, lebensgeschichtlich sehr «frühen» Form kann das Kind nach Piaget nicht zwischen sich selbst und der Welt unterscheiden. Objekte sind nur eine Extension des eigenen Selbst (Piaget, 1995, S. 74, Miller, 1993, S. 63, 66-67). Sie existieren daher auch nur, solange sie zu sehen, zu hören oder zu fühlen sind. Es herrscht das Prinzip «aus den Augen, aus dem Sinn»: Nur was ich sehe, höre, fühle existiert, es gibt nichts unabhängig von mir. Das bedeutet, daß es in der extremen Form des Egozentrismus noch keine konstanten kognitiven Vorstellungen von Objekten gibt: Es gibt noch kein «permanentes

Objekt» (Piaget, 1995, S. 75). Es besteht das noch nicht, was als *kognitive Objektpermanenz* bezeichnet wird.[26]

Wenn die Vorstellungen von Objekten aber nicht stabil sind, ist eine Integration von «guten» und «bösen» Aspekten des Objekts nicht möglich: Die jeweils andere Seite «existiert» nicht, weil sie nicht «da» ist, d.h. nicht erlebt wird und kognitiv nicht repräsentiert ist. *Fehlende kognitive Objektpermanenz zieht daher notwendigerweise eine Spaltung in «gut» und «böse» nach sich.* Dies ist letztlich unabhängig davon, auf welcher Basis eine fehlende kognitive Objektpermanenz besteht, d.h. ob ihr eine mangelhafte Unterscheidung zwischen Selbst und Objekt zugrundeliegt oder ein anderer Prozeß.

In der etwas späteren, weniger extremen Form des Egozentrismus werden Objekte nach Piaget vorwiegend aus der Perspektive des Selbst wahrgenommen. Die Perspektive eines anderen kann weder räumlich noch zwischenmenschlich eingenommen werden. Ein Kind kann z.B. ein Bilderbuch hochheben und seine gegenübersitzende Mutter fragen: «Was ist das?», ohne sich darüber klar zu sein, daß die Mutter nur den Rücken des Buches sehen kann (Miller, 1993, S. 66). Diese weniger extreme Form des Egozentrismus ist nach Piaget kennzeichnend für das Denken des Kindes im Alter von 2 bis 7 Jahren, ein Entwicklungsstadium, das Piaget als «präoperativ» bezeichnet.[27]

Der Selbstbezogenheit von Borderline-Patienten und der Subjektivität ihrer Reaktionen liegt, wie oben gezeigt wurde, eine mangelhafte Unterscheidung von Selbst und Nicht-Selbst zugrunde. Selbstbezug und Subjektivität von Borderline-Patienten lassen sich daher unter Bezug auf die Theorie Piagets (1936, 1948, 1995) als Egozentrismus auffassen. Der «Egozentrismus» von Borderline-Patienten besteht zum einen in einer mangelhafte Unterscheidung von Selbst und Nicht-Selbst. Hierbei können auch Projektionen von Aggression und eine partielle Wiederverschmelzung von Selbst- und Objektrepräsentanzen eine Rolle spielen.

Bei einer späteren Form des Egozentrismus können Borderline-Patienten zwar zwischen Selbst- und Objektrepräsentanzen unterscheiden, sie weigern sich aber, diese Trennung hinzunehmen: Nach Mahler zeichnen sich Kinder in der Krise der Wiederannäherungsphase und Borderline-Übertragungen dadurch aus, daß sie sich der Getrenntheit von einem primären Objekt bewußt sind, sich aber gegen diese Getrenntheit wehren und sie ungeschehen machen wollen (Mahler et al.

[26] Diese extreme Form des Egozentrismus besteht nach Piaget von der Geburt bis etwa zum Alter von zwei Jahren. Diesen Entwicklungsabschnitt bezeichnet Piaget als Stadium des «sensumotorischen Denkens»: Das Kleinkind denkt, indem es Wahrnehmungen und Handlungen verbindet.

[27] «Präoperatives Denken» erfolgt auf der Basis mentaler Repräsentationen, über die das Kind im Unterschied zum vorhergehenden «sensumotorischen Stadium» jetzt verfügt. Allerdings stehen ihm bestimmte Operationen noch nicht zur Verfügung, die es erst im nachfolgenden Stadium erwirbt, das Piaget als «konkret-operativ» bezeichnet.

1984, S. 140). Die Getrenntheit macht ihnen Angst, und sie versuchen die Mutter zu zwingen, wie eine allmächtige Erweiterung des eigenen Selbst zu funktionieren. Hierdurch versuchen sie, die Illusion der eigenen Allmacht aufrechtzuerhalten: Die Illusion getrennt zu sein, groß und allmächtig und allein zurechtzukommen. Charakteristisch ist ein rascher Wechsel zwischen Anklammern und Wegstoßen (Ambitendenz), in dem sich der Wunsch nach Wiedervereinigung und die Angst vor Wiederverschlingung ausdrückt (Mahler et al., 1984).

Auch diese Form der Beziehung, bei der der andere nur als Erweiterung des eigenen Selbst erlebt wird und gezwungen werden soll, z. B. etwa wie ein Teil des eigenen Körpers, wie ein Arm oder Bein zu funktionieren, möchte ich als «egozentrisch» bezeichnen.

Egozentrismus erschwert es, den Blickwinkel oder Standpunkt eines anderen im übertragenen Sinn einzunehmen. Wenn aber der andere nur aus der eigenen Perspektive erlebt wird, so bedeutet das auch, daß er als «gut» erlebt wird, wenn er gemäß den eigenen Wünschen funktioniert und als «böse», wenn er dies nicht tut. Hieraus ergibt sich eine Beziehung zwischen Egozentrismus und dem Abwehrmechanismus der Spaltung: Egozentrismus erschwert auch in der weniger extremen Form die Integration «guter» und «böser» Aspekte von Objekten, d. h. das Entstehen von emotionaler Objektkonstanz: *Egozentrismus begünstigt die Spaltung in «gut» und «böse».*

Dies schließt nicht aus, daß die Trennung in «gut» und «böse» Abwehr- und Schutzfunktion hat: Ego-Zentrismus kann eine Voraussetzung oder eine begünstigende Bedingung für eine solche Trennung zu Abwehrzwecken sein: Wer andere egozentrisch erlebt, kann sie besonders leicht in «gut» und «böse» aufteilen.

Ego-Zentrismus bzw. eine mangelhafte «De-Zentrierung» (Piaget) kann eine Voraussetzung oder eine begünstigende Bedingung für eine Aufteilung von Selbst- und Objektrepräsentanzen in «gut» und «böse» sein.

Diese Überlegungen sind unabhängig davon, ob «Spaltung» als einzelner Abwehrmechanismus oder als komplexer Vorgang aufgefaßt wird, der zu einer Aufteilung in «gut» und «böse» führt (vgl. Abschnitt 2.5.11). Faßt man die «Spaltung» als komplexen Vorgang auf, kann Ego-Zentrismus und eine mangelhafte «De-Zentrierung» eine der Bedingungen oder Mechanismen sein, die der Aufteilung in «gut» und «böse» zugrundeliegen.

Auch die oben beschriebene umschriebene Ich-Schwäche im Bereich der Projektion von Aggression erschwert eine Integration: Wer so extrem böse ist, wie er durch die Projektion eigener Aggression wird, kann schwer gleichzeitig auch als auch gut erlebt werden. Auch diese Ich-Schwäche im Bereich der Projektion von Aggression kann als Egozentrismus aufgefaßt werden: Auch ihr liegt eine mangelhafte Unterscheidung zwischen Selbst und Nicht-Selbst, zwischen Phantasie und Wirklichkeit zugrunde.

Es ist anzunehmen, daß Egozentrismus nicht nur mit der Spaltung der Objekte einhergeht, sondern auch mit der Spaltung des Selbst: Der «andere», in dessen Perspektive man sich bei einer egozentrischen Sichtweise nicht hineinversetzen kann, kann auch die eigene Person sein. Flavell, einer der Nachfolger Piagets, formuliert das für den nicht-klinischen Bereich folgendermaßen (Flavell et al. 1993, S. 181, Übersetzung F. L.): «Es kann zum Beispiel schwer sein, sich vorzustellen, daß man sich nächste Woche gut und glücklich fühlt, wenn man sich heute schrecklich krank oder unglücklich fühlt. Die Perspektive für sich selbst zu übernehmen, wenn diese verschieden ist von der gegenwärtigen, kann manchmal ebenso schwer sein wie die Perspektive einer anderen Person zu übernehmen.» Genau das ist aber der Fall bei der Spaltung des Selbst: Ein Borderline-Patient weiß zwar rational, daß er z. B. letzte Woche bestimmte impulsive Handlungen vorgenommen hat, heute kann er sich das jedoch kaum noch vorstellen, weil er in einem anderen Zustand des Selbst ist. Insofern steht auch die Spaltung des Selbst in einer Beziehung zum Egozentrismus, wenn darunter ein Sich-Nicht-Hineinversetzen-Können in einen anderen als den gegenwärtigen Zustand des Selbst verstanden wird. Daß ein Borderline-Patient sich in einen früheren Zustand des Selbst nicht hineinversetzen kann, kann dabei durchaus Abwehrfunktion haben. Ein Sich-Nicht-Hineinversetzen-Können in einen anderen als den gegenwärtigen Zustand des Selbst kann Ausdruck, Parallele oder Grundlage der «Spaltung» sein.

Überspitzt formuliert könnte man sogar sagen, daß die Spaltung in «gut» und «böse» eine bestimmte Form egozentrischen Denkens und Erlebens darstellt.

Nach diesen Überlegungen sollte bei Borderline-Patienten ein Zusammenhang zwischen «Selbstbezug und Eigentümlichkeit» (Egozentrismus) und Spaltung bestehen. Diese Hypothese wurde von mir empirisch geprüft.

Ich habe, wie bereits erwähnt, einen Selbstbeurteilungs-Fragebogen entwickelt zur Erfassung der Borderline-Persönlichkeitsorganisation im Sinne Kernbergs, den ich als «Borderline-Persönlichkeits-Inventar» bezeichnet habe (Leichsenring, 1994, 1996). Dieser Fragebogen erfaßt das Ausmaß der Identitäts-Diffusion, der Störungen der Objektbeziehungen und der Realitätsprüfung. Es kann gezeigt werden, daß «Selbstbezug und Eigentümlichkeit» signifikant mit «Identitäts-Diffusion» und «frühen Beziehungsstörungen» sowie mit «mangelhafter Realitätsprüfung» in diesem Fragebogen korreliert: Je stärker «Selbstbezug und Eigentümlichkeit» ausgeprägt ist, um so stärker sind auch die «Identitäts-Diffusion», die «frühen Beziehungsstörungen» und die Beeinträchtigung der Realitätsprüfung. Für den statistisch interessierten Leser sind die Korrelationen in Tabelle 5 angeführt.[28] Zusammenhänge werden hier

[28] Selbstbezug (Self-Reference, SR) wird in der Holtzman Inkblot Technik in drei Schweregraden signiert: 2, 3 und 4, ebenso Kontaminationen (Contamination, CT) und Fabulierte Kombinationen (Fabulized Combinations, FC). «Eigentümlichkeit» («Queer», QR) wird in drei Schweregraden signiert, 1, 2 und 3, «Autistische Logik» («Autistic Logic», AL) in vier Schweregraden 1, 2, 3 und 4 (Holtzman et al. 1961).

nur für die Formen und Schweregrade primärprozeßhaften Denkens/Funktionierens berichtet, die sich als charakteristisch für Borderline-Patienten im Vergleich zu Patienten mit neurotischen Störungen erwiesen haben (vgl. Leichsenring, 1991 c).

Aus der Höhe der angeführten Korrelationen geht allerdings hervor, daß weder Selbstbezug noch Eigentümlichkeit überwiegend durch «Identitäts-Diffusion», «frühe Beziehungsstörungen» oder «mangelhafte Realitätsprüfung» erklärt werden kann: Selbstbezug des Schweregrades 3 erklärt z. B. nur 13 Prozent der Varianz von «Identitäts-Diffusion» ($r = 0.36$, $r^2 = 0.13$).

Auch «Eigentümlichkeit» (QR 2) korreliert signifikant mit affektiven Polarisierungen in «Gut» und «Böse» in Holtzman-Antworten (nach der Methode von Lerner und Lerner, 1980), wie z. B. «Hexe» und «Engel» (Tab. 6). Die Ergebnisse sind jedoch nicht ganz einheitlich: «Spaltung» in «Gut» und «Böse» nach Lerner und Lerner (1980) korreliert entgegen der Erwartung nicht signifikant mit «Selbstbezug» (SR3, Tab. 6). Die Diskrepanz zwischen den Ergebnissen in Fragebogen und Holtzman Inkblot Technik lassen sich möglicherweise darauf zurückführen, daß der Selbstbeurteilungs-Fragebogen andere Aspekte oder eine andere Ebene der Borderline-Pathologie erfaßt als der projektive Test: Der Fragebogen erfaßt Selbstbeurteilungen über den Zustand des Selbst und über zwischenmenschliche Beziehungen, der projektive Test Fremdbeurteilungen affektiver Gegensätze, die nicht speziell auf das Selbst oder die Objekte bezogen sind. Ich vermute daher, daß der Fragebogen eher das erfaßt, was klinisch unter Spaltung verstanden wird, als die Methode von Lerner und Lerner (1980): Sie erfaßt affektive Gegensätze in einem weiteren Sinn.

Tabelle 5: Zusammenhang zwischen Selbstbezug (SR3), Eigentümlichkeit (QR2), Kontaminationen (CT3, CT4), fabulierten Kombinationen (FC3) und Autistischer Logik (AL3) in der Holtzman Inkblot Technik mit «Identitäts-Diffusion», «frühen Beziehungsstörungen» und «mangelhafter Realitätsprüfung» im «Borderline-Persönlichkeits-Inventar» (N = 20 Borderline-Patienten, N = 23 Patienten mit neurotischen Störungen, Leichsenring, 1994)

	SR 3	QR 2	CT 3	CT 4	FC 3	AL 3
Identitäts-Diffusion	0.36*	0.47*	0.47*	0.31*	0.49	0.50*
Beziehungsstörung	0.40*	0.40*	0.29	0.36*	0.45*	0.58*
mangelnde Realitätsprüfung	0.33*	0.50*	0.48*	0.28	0.56*	0.48*

* signifikant $\alpha = 0.05$

Ein weiteres interessantes Ergebnis ist folgendes: «Selbstbezug» und «Eigentümlichkeit» korrelieren bei Borderline-Patienten signifikant mit Suizid-Versuchen: In einer anderen Untersuchung haben wir unter anderem die Häufigkeit von Suizidversuchen bei stationär behandelten Borderline-Patienten erfaßt (Leichsenring & Ardjomandi, 1992).[29] Der Zusammenhang von Suizid-

Tabelle 6: Zusammenhang zwischen Selbstbezug (SR 3), Eigentümlichkeit (QR 2), Kontaminationen (CT 3, CT 4), fabulierten Kombinationen (FC 3) und Autistischer Logik (AL 3) mit Spaltung, starker Angst und Feindseligkeit und primitiven Objektbeziehungen in einer Stichprobe von 30 Borderline-Patienten (Leichsenring, 1991 c, d)

	SR 3	QR 2	CT 3	CT 4	FC 3	AL 3
Sp	0.10	0.48*	0.55*	0.49*	0.40*	0.44*
Ax = 2	0.46*	0.46*	0.43*	0.36*	0.66*	0.64*
Hs = 3	0.19	0.43*	0.53*	0.35*	0.59*	0.46*
Urist = 6	0.45*	0.45*	0.41*	0.38*	0.65*	0.76*

* signifikant $\alpha=0.05$
Sp: Spaltung nach Lerner und Lerner (1980),
Ax=2: starker Angst nach Holtzman et al. (1961)
Hs=3: extreme Feindseligkeit nach Holtzmann et al. (1961)
Urist=6: primitive Objektbeziehungen nach Urist (1977): «Auffressen», «Aussaugen», «Zerreißen», «Zerstören», «Vernichten» usw.

Versuchen mit «Selbstbezug» und «Eigentümlichkeit» läßt sich folgendermaßen interpretieren: Möglicherweise kommt es bei Borderline-Patienten dann zu Suizid-Versuchen, wenn ein anderer als der gegenwärtige Zustand des Selbst nicht vorgestellt werden kann, so daß es nicht möglich ist, sich von gegenwärtig belastenden Erlebnissen zu distanzieren.

3.5.4 Egozentrismus und bedürfnisbefriedigendes Objekt

Von einem etwas anderen Gesichtspunkt aus betrachtet, ergibt sich auch eine Beziehung zwischen Egozentrismus (Selbstbezogenheit) und Objektbeziehungen auf der Ebene der Bedürfnisbefriedigung. Auch ein Zusammenhang zu mangelnder Objektkonstanz ergibt sich, wenn Mahlers Definition von Objektkonstanz zugrundegelegt wird (Mahler et al. 1984, S. 142): «...Objekt-

[29] «Selbstbezug» des Schweregrades 3 und «Eigentümlichkeit» des Schweregrades 2 korrelieren in der Stichprobe von 25 Borderline-Patienten und 19 Patienten mit neurotischen Störungen signifikant mit Suizid-Versuchen (r = 0.43 und 0.47).

konstanz beinhaltet mehr als die Bewahrung der Repräsentanz des abwesenden Liebesobjekts...; sie beinhaltet zugleich die Vereinigung von «gutem» und «bösem» Objekt zu einer Gesamtrepräsentanz.» Mc Devitt (1994, S. 371) schreibt in diesem Zusammenhang: «Bevor die Objektkonstanz erreicht ist, hat die versorgende Person noch keine unabhängige Existenz und Initiative, sondern sie wird im Sinne der Wünsche und Begrenzungen des Kindes erlebt». Das entspricht Piagets Beschreibung des Egozentrismus.

Unter Bezug auf die Untersuchung von Edcumbe und Burgner (1972) beschreibt McDevitt (1994, S. 370) eine Gruppe «ernsthaft gestörter, neurotischer und Borderlinekinder»: «So erwarteten diese Kinder z.B. unmittelbare Befriedigung, waren unfähig, Frustrationen zu ertragen und zeigten einen relativen Mangel an Fähigkeit, Rechte und Wünsche anderer wahrzunehmen und sich auf diese einzustellen. Darüber hinaus mangelte es ihnen an Interesse gegenüber Aspekten des Objekts, die nicht unmittelbar mit dessen Fähigkeit zur Befriedigung von Bedürfnissen verbunden war. Diese defensive Regression in Objektbeziehungen erwuchs vor allem aus Ängsten, das Objekt oder die Liebe des Objekts zu zerstören oder zu verlieren. Das Ziel dieser Regression war es, das Objekt fester an das Kind zu binden...»

In einem entsprechenden Zusammenhang gibt Rudolf (1977, S. 116) das Beispiel einer Patientin, die über ihren Mann sagt: «Mein Mann ist für mich ein Stück Hausrat, an das ich mich gewöhnt habe. Ich möchte am liebsten sein Verhalten steuern können wie einen Automaten. Ich mag an nichts Anteil nehmen, was ihn beschäftigt. Ich fühle mich am wohlsten, wenn er im Nebenzimmer schläft. Wenn er aus dem Haus geht, schwitze ich vor Angst, daß er wegbleibt; wenn er bei mir im Zimmer ist, kann ich nicht einschlafen, weil ich denke, er bringt mich um.»

Rudolf schreibt dazu (1977, S. 116): «Die Selbstverständlichkeit, mit der der andere in Anspruch genommen, ausgenutzt und schlecht behandelt wird, ist ebenso groß wie die Selbstverständlichkeit, mit der erwartet wird, der andere solle die eigenen Bedürfnisse in vollem Umfang erfüllen.» Rudolf ergänzt wenig später (1977, S. 116): «Jemand, der außerstande ist, zu empfinden, wie ein anderer sich fühlt, nimmt darauf auch keine Rücksicht.» Auf diesen Aspekt des Sich-Nicht-Hineinversetzen-Könnens in andere wird im folgenden Abschnitt eingegangen werden.

Die von McDevitt und Rudolf gegebenen Beschreibungen illustrieren Objektbeziehungen auf der Ebene der Bedürfnisbefriedigung. Man kann daher sagen, daß eine bestimmte Form von Egozentrismus mit Objektbeziehungen auf der Ebene der Bedürfnisbefriedigung verbunden ist. Aus dem Zitat von McDevitt geht hervor, daß dieser Egozentrismus Abwehrfunktion haben kann: Er kann dazu dienen, das Objekt fester zu binden.

Nach diesen Überlegungen kann Egozentrismus eine Grundlage oder eine Entsprechung einer mangelnden Objektkonstanz sein. Egozentrismus kann daher nicht nur in einer Beziehung zu einem Abgrenzungsproblem im Bereich von Selbst- und Objektrepräsentanzen, sondern auch zu einem Integrationsproblem stehen.

3.5.5 Egozentrismus, Perspektivenübernahme und Empathie

Egozentrismus im Sinne Piagets bezieht sich auf die Unfähigkeit, einen von der eigenen Person verschiedenen Standpunkt sowohl im räumlichen als auch im übertragenen Sinn einzunehmen. Die Fähigkeit, sich in das Erleben eines anderen hineinzuversetzen, seinen Wahrnehmungsstandpunkt im übertragenen Sinn einzunehmen, wird von den Nachfolgern Piagets als «Rollenübernahme» («role taking») bezeichnet (Flavell et al. 1975). Hierbei handelt es sich um die Übernahme eines Begriffs aus dem symbolischen Interaktionismus Meads (z. B. Siegrist, 1970). Der Ausdruck «Perspektivenübernahme» («perspective taking», Selman, 1971) scheint mir allerdings treffender, da es ja nicht darum geht, eine «Rolle» im soziologischen Sinn einzunehmen, etwa die eines Vaters oder einer Mutter, eines Lehrers oder Vorgesetzten, sondern darum, allgemein eine andere als die eigene Sichtweise einzunehmen (vgl. auch Flavell 1975, S. 16).

Das Gemeinsame der Leistungen, einen von sich selbst verschiedenen Standpunkt im räumlichen wie im übertragenen Sinn einzunehmen, besteht nach Piaget in dem, was er als «Dezentrierung» und «Reversibilität» bezeichnet. Die Überwindung des Ego-Zentrismus, die «Dezentrierung» vom Selbst, erfolgt dadurch, daß das Kind im sozialen Austausch mit anderen Widerspruch und Konflikte erlebt und so immer wieder die Erfahrung macht, daß seine Ansicht nur eine unter vielen möglichen ist. Auch für Erwachsene ist es notwendig, auf diese Weise immer wieder egozentrische Standpunkte zu überwinden (Montada 1987). «Dezentrierung» bedeutet in diesem Zusammenhang auch, daß ein Kind nicht mehr nur ein zentrales Merkmal berücksichtigen kann, nämlich den eigenen Standpunkt, sondern mehrere. Unter «Reversibilität» versteht Piaget die Fähigkeit, einen Vorgang mental zurückzuführen, rückgängig zu machen. Ein Beispiel für Reversibilität wäre etwa, wenn ein großes Glas mit Wasser in mehrere kleine Gläser umgefüllt wird und das Kind erkennt, daß jetzt nicht weniger Wasser vorhanden ist, weil es den Vorgang in Gedanken rückgängig machen kann. Reversibilität ist bei der Perspektivenübernahme erforderlich, um wieder zum eigenen Standpunkt zurückkehren zu können, nachdem man sich in den des anderen hineinversetzt hat.

Dezentrierung und Reversibilität ordnet Piaget dem «konkret-operatorischen» Entwicklungsstadium zu, das auf das sensumotorische und präoperatorische Stadium folgt, die durch Zentrierung, Irreversibilität und Egozentrismus gekennzeichnet sind (Flavell et al., 1975, S. 13).[30]

Vollständig überwunden wird der Egozentrismus allerdings nie, auch nicht bei Erwachsenen. Bei uns allen besteht lebenslang das «Risiko», egozentrisch zu denken (Flavell et al., 1993, S. 181). Flavell et al. begründen das folgendermaßen (1993): Wir erfahren unsere eigenen Ansichten und Gefühle direkt, während die der anderen auf indirektere Art erschlossen oder zugänglich gemacht werden müssen. Das eigene Erleben steht dagegen ständig zur Verfügung. Außerdem können wir unsere eigenen Ansichten und Gefühle gewöhnlich nicht vollständig abschalten, wenn wir versuchen, den Standpunkt eines anderen zu erschließen (Flavell et al., 1993, S. 181, Übersetzung F. L.): «Unsere eigenen Perspektiven produzieren klare Signale, die für uns viel lauter sind als die der anderen, und sie klingeln gewöhnlich weiter in unseren Ohren, während wir versuchen, die Perspektive eines anderen zu dekodieren. Es kann beträchtliches Geschick und Anstrengung erfordern, den Standpunkt eines anderen durch diese Art Lärm genau zu repräsentieren, und die Möglichkeit egozentrischer Verzerrung ist immer präsent.» [31]

Flavell unterscheidet mehrere Teilfähigkeiten der «Rollenübernahme» (Flavell et. al. 1975, S. 6, 7):

- die Informationsvermittlung unter Berücksichtigung des Informationsbedarfs des Zuhörers,
- die Vorhersage des Verhaltens anderer,
- das Überzeugen anderer,
- das Darstellen von Rollen,
- die Übernahme der (räumlichen) Wahrnehmungsposition anderer.

Die Fähigkeit, andere zu überzeugen stellt allerdings meines Erachtens keinen Aspekt der Rollenübernahme dar, sondern hat diese (allenfalls) als eine Voraussetzung: Sich in andere hineinversetzen zu können, erleichtert es, sie zu überzeugen.

[30] Das konkret-operatorische Entwicklungsstadium umfaßt etwa das siebte bis elfte Lebensjahr. Es ist dadurch gekenzeichnet, daß Operationen auf real vorhandene oder mental repräsentierte Objekte angewendet werden können. Operationen sind in dem Sinne konkret, als sie sich nur mit dem befassen, was «ist», nicht mit dem, was «sein könnte» (Miller, 1993, S. 71).

[31] Ein ausgeprägt egozentrischer Standpunkt führt bei Psychotherapeuten zu Problemen in der Gegenübertragungsanalyse, weil schlecht zwischen dem eigenen Erleben und dem des Patienten unterschieden werden kann.

Das Verhalten anderer vorhersagen zu können, schließt in bestimmten Fällen auch die Fähigkeit ein, die Reaktionen anderer auf eigenes Verhalten vorherzusehen und in seiner Planung zu berücksichtigen. In Meads Theorie des symbolischen Interaktionismus wird dies als Grundlage sozialer Intelligenz angesehen (Siegrist, 1970).

Von dem kognitiven Aspekt des Sich-Hineinversetzens in einen anderen kann der emotionale des Sich-Einfühlens unterschieden werden (Empathie). Flavell et al. (1975, S. 15) vermuten, daß affektive Erfahrungen Vorläufer der kognitiven Rollenübernahme bilden: Positive affektive Erfahrungen würden die Entwicklung des Sich-Hineinversetzens in andere erleichtern, negative dagegen erschweren. Von einem ich-psychologischen und objektbeziehungstheoretischen Rahmen ausgehend, nehmen Blanck und Blanck (1981, S. 28, 29) an, daß eine gute symbiotische Erfahrung Voraussetzung für die Einfühlung in einen anderen ist, weil das Subjekt hier die Erfahrung gemacht hat, daß mit ihm gefühlt wurde. Blanck und Blanck betonen in diesem Zusammenhang aber auch die Bedeutung einer gelungenen Loslösung und Individuation: Letzteres schließt die Differenzierung zwischen Selbst und Objekt sowie die Integration «guter» und «böser» Aspekte des Selbst und der Objekte in der Wiederannäherungsphase nach Mahler ein (Mahler et al. 1984).[32]

Diese Annahmen stehen in Einklang mit Überlegungen und entwicklungspsychologischen Befunden, die Hoffman (1975) vorträgt. Hoffman diskutiert die affektiven und kognitiven Aspekte der Empathie, speziell für das Leiden anderer. Danach ist es sehr wahrscheinlich, daß Menschen das Leiden anderer empathisch erfahren, lange bevor sie zwischen sich und anderen unterscheiden können (Hoffman, 1975, S. 614). Bevor dies möglich ist, ist es aber unklar, wer leidet: Ich selbst oder der andere. Erst wenn diese Unterscheidung gelingt, wird klar, daß es ein anderer ist, der leidet und nicht man selbst, wenn das Leiden eines anderen erlebt wird. Zunächst bedeutet dies jedoch noch nicht, daß das Kind auch weiß, daß die Gefühle, Gedanken, Wahrnehmungen oder Bedürfnisse des anderen von seinen verschieden sein können. Hoffman berichtet als Beispiel von einem 13 Monate alten Jungen, der seine eigene Mutter herbeibrachte, um einen weinenden Freund zu trösten, obwohl dessen Mutter ebenfalls in der Nähe war. Erst mit etwa zwei Jahren gelingt es, zwischen der eigenen Befindlichkeit und der anderer zu unterscheiden (Hoffmann, 1975). Zunächst kann auch nur die momentane Befindlichkeit des anderen erfaßt werden, noch keine dauerhafte Befindlichkeit, etwa mit jeman-

[32] Nur wer den anderen als unabhängige Person mit eigener Befindlichkeit erlebt, die anders als die eigene sein kann, kann erfassen, wie es dem anderen geht. Eine gelungene Abgrenzung vermindert auch die Gefahr, sich selbst zu verlieren, wenn man sich in andere hineinversetzt: Nur wer sich von anderen abgrenzen kann, kann es auch wagen, sich in sie hineinzuversetzen.

dem, der bei einem Unfall in der Vergangenheit ein Bein verloren hat, der im Moment aber fröhlich ist. Dies setzt nach Hoffmann voraus, daß andere und man selbst eine stabile Identität über die Zeit haben.

Bei Borderline-Patienten ist nun die Fähigkeit beeinträchtigt, sich empathisch in andere hineinzuversetzen (Kernberg, z. B. 1983). Sie können auch schlecht einschätzen, wie ihr eigenes Verhalten auf andere wirkt (Antizipation). Dies gilt auch für andere ich-strukturell gestörte Patienten (z. B. Heigl-Evers & Streeck, 1985). Diese «Ausfälle» können zum einen mit der Selbstbezogenheit («Egozentrismus») von Borderline-Patienten zusammenhängen: Wenn Borderline-Patienten den anderen nicht als von sich getrennte Person erleben können oder erleben wollen, so bedeutet dies auch, daß sie sich nicht in seine Bedürfnisse und Sichtweisen hineinversetzen können. Auch die Wirkung des eigenen Verhaltens auf andere kann nicht vorhergesehen werden, weil dies voraussetzt, daß ein anderer Standpunkt als der eigene eingenommen werden kann. Der lebensgeschichtliche Hintergrund kann dabei, wie Blanck und Blanck annehmen, in einer nicht geglückten Symbiose und Loslösung und Individuation liegen. Hoffmann (1975) zitiert eine Reihe von Untersuchungen, wonach Kinder, die bei ihren Eltern Zuneigung erfahren, sich sicher fühlen, selbstbewußt und beliebt sind, stärker dazu neigen anderen zu helfen als Kinder, bei denen das nicht der Fall ist. Helfen und Empathie korrelieren positiv miteinander (Hoffmann, 1975). Diese Befunde stehen in Einklang mit den Annahmen von Blanck und Blanck (1981).

Borderline-Patienten, aber auch andere ich-strukturell gestörte Patienten setzen häufig im Gespräch Dinge voraus, die der andere nicht wissen kann. Hier besteht eine mangelhafte Perspektivenübernahme in dem Sinne, daß der Informationsstand des Zuhörers ungenügend berücksichtigt wird. Montada (1987, S. 420) beschreibt dieses Phänomen in Bezug auf das präoperative Kind: «Ein Kind dieses Alters hat noch keine Zweifel, ob der Gesprächspartner verstanden hat, was es sagt, es fragt nicht nach. Es weiß nicht, daß der andere die Dinge vielleicht nicht so versteht und sieht, wie es selbst. Es sieht auch keine Veranlassung, seine Ansichten zu rechtfertigen oder zu begründen.» Die eigene Sicht wird nicht als eine unter mehreren möglichen verstanden (Egozentrismus).

Einer solchen mangelnden Perspektivenübernahme kann bei Borderline-Patienten eine mangelhafte Differenzierung zwischen Selbst und Objekt zugrundeliegen, etwa im Rahmen der von Kernberg (1983, S. 44) beschriebenen partiellen Wiederverschmelzung von Selbst- und Objektrepräsentanzen: Borderline-Patienten gehen davon aus, daß ihr eigens Wissen dem anderen auch zur Verfügung steht und ihm nicht erst mitgeteilt werden muß. Aber auch eine Weigerung, die (vollzogene) Differenzierung zu akzeptieren, kann zugrundeliegen: Der andere soll als Erweiterung des eigenen Selbst dienen, die eigenen Gedanken kennen, die eigenen Wünsche magisch erfüllen, ohne daß sie verbal geäußert werden müssen (vgl. Mahler et al., 1984 sowie Abschnitt 3.11).

Manche ich-strukturell gestörten Patienten zeichnen sich andererseits dadurch aus, daß sie blitzartig schnell erfassen, was in anderen vorgeht oder wo deren empfindliche Stellen liegen. Vermutlich ist ihnen das möglich, weil ihre Selbst-Grenzen durchlässig sind. Das Erfassen von empfindlichen Stellen ermöglicht es auch, den anderen per projektiver Identifizierung zu einem «bösen» Objekt zu machen. Der Patient braucht nur lange genug auf diesen empfindliche Stellen «herumzureiten», um zu erreichen, daß etwa der Therapeut wirklich wütend wird. Kernberg (1983, S. 52) spricht im Rahmen der projektiven Identifizierungen von der angstvollen «Einfühlung» («Empathie») in den «Feind».

Aus den von Hoffman (1975) beschriebenen Stufen der Entwicklung der Empathie folgt, daß selbst wenn die Selbst-Objekt-Differenzierung erreicht ist, dies noch nicht bedeutet, daß auch zwischen dem eigenen und dem fremden Erleben unterschieden werden kann: Ein Borderline-Patient kann dann zwar wissen, daß es ein anderer ist, der ein bestimmtes Gefühl hat und nicht er selbst, aber er kann dessen Gefühle und Bedürfnisse, die anderes sein können als seine eigenen in einer vergleichbaren Situation, noch nicht erfassen. Wie Hoffman (1975) erläutert, ist für einen weiteren Schritt in der Entwicklung der Empathie notwendig, eine über die Zeit stabile Vorstellung von sich selbst und den Objekten zu entwickeln (Identität bzw. Objektkonstanz). Durch die Spaltung des Selbst und der Objekte ist diese Voraussetzung bei Borderline-Patienten nicht gegeben: Dieselben Objekte sind einmal «gut», ein andermal «böse». Dies gilt auch für das Selbst. Eine Einfühlung in eine dauerhafte Befindlichkeit ist so nicht möglich.

Entsprechend betont auch Kernberg (1983), daß durch die Spaltung eine wirkliche Einfühlung in andere und echtes Mitgefühl nicht möglich sind. Mitgefühl, Trauer oder Schuld werden von Borderline-Patienten nicht erlebt. Dies setzt «ganze» Objekte voraus. Die Spaltung beeinträchtigt die Affektentwicklung.

Auf den Zusammenhang zwischen der jeweiligen Objektbeziehungspathologie und Einschränkungen bestimmter Ich-Funktionen haben Heigl-Evers und Streeck (1985) hingewiesen. Eine symbiotische Objektbeziehung etwa geht mit Einschränkungen in der Realitätsprüfung, der Antizipation der Wirkung des eigenen Verhaltens auf andere sowie der Frustrationstolernz einher (Heigl-Evers und Streeck, 1985, S. 181): «...denn diese Funktionen sind in den phantasierten symbiotischen Objektbeziehungen, die von diesen Patienten auch in ihrer interpersonellen Realität vorausgesetzt werden, nicht erforderlich.»

In einer mangelnden Perspektivenübernahme in konflikthaften Situationen kann ein Faktor liegen, der zu den Problemen von Borderline-Patienten in zwischenmenschlichen Beziehungen beiträgt.

Sich in andere hineinzuversetzen wird für Borderline-Patienten aber auch dadurch erschwert, daß sie ihre Bedürfnisse als so drängend erleben: Das Objekt «muß» ihre Bedürfnisse einfach sofort, ganz und gar und in erster Linie befriedigen, egal welche eigenen Wünschen und Befindlichkeiten es hat. Insofern spielen affektive Faktoren eine wichtige Rolle bei der mangelnden Fähigkeit zur «Perspektivenübernahme». Anna Freud (1980, S. 1232) formuliert das für den Säugling so: «Solange das Kind uneingeschränkt seinen Bedürfnissen unterworfen ist, d.h. in der Funktionsweise: ganz dem Lustprinzip untersteht –, hat es nur eine Forderung an das Objekt: unmittelbare Befriedigung. Ein Objekt, das diesen Anspruch in einer aktuellen Situation nicht erfüllt, kann als solches nicht festgehalten werden und wird gegen ein befriedigendes ausgetauscht. Bevor nicht-befriedigende (z.B. abwesende) Objekte ihre Besetzung beibehalten können, müssen zuerst die Bedürfnisse schwächer oder unter Ichkontrolle gebracht werden.»

Identifizierungen mit den besänftigenden, tröstenden Funktionen der Mutter werden von Mahler (Mahler et al. 1984) und McDevitt (1994) als entscheidend angesehen für eine Reihe wichtiger psychischer Funktionen: für die Entwicklung von Objektkonstanz, für selbständiges Funktionieren, für die Zähmung von Aggression und triebhaften Regungen überhaupt, für die Bewältigung von Trennungsangst, für die Entwicklung von Sorge und Fürsorge sowie von Selbstwertregulierung.

Mit diesen verschiedenen Funktionen der Selbstregulierung entwickelt sich vermutlich auch die Fähigkeit, sich von den eigenen Erlebnissen zu distanzieren, wodurch es möglich wird, sich in andere hineinzuversetzen.

Betrachtet man die sich in den Antworten zur Holtzman Inkblot Technik widerspiegelnden Beziehungsmuster als Indikatoren für verinnerlichte Objektbeziehungen bzw. eines «verinnerlichten Rollenspiels», unterscheiden sich Borderline-Patienten und Patienten mit neurotischen Störungen deutlich hinsichtlich bestimmter inhaltlicher Rollen sowie der damit korrelierenden Affekte (Leichsenring, 1989): Kennzeichend für Borderline-Patienten sind «böse» Objekte: bösartig kontrollierende, zerstörende, auffressende, verschlingende Objekte. Hierbei handelt es sich nicht um Identifizierungen mit den besänftigenden, tröstenden Funktionen der Mutter, sondern vermutlich um Rollenübernahmen nach dem Modell der Identifizierung mit dem Aggressor (A. Freud 1975). Wenn positive affektive Erfahrungen die Entwicklung der Perspektivenübernahme erleichtern, negative sie dagegen erschweren (Flavell et al., 1975, S. 15;, Hoffmann, 1975), dann liegt in diesen «bösen» inneren Objekten ein Faktor für die mangelhafte Empathie von Borderline-Patienten.

Wie die oben referierten Ergebnisse der eigenen Untersuchungen zeigen, tritt die Selbstbezogenheit von Borderline-Patienten und damit vermutlich auch eine mangelnde Perspektivenübernahme dann auf, wenn Konflikte aktualisiert werden, die um Aggression, Angst, Spaltung und primitive Objektbeziehungen kreisen. Das bedeutet, daß es sich bei der mangelnden Fähigkeit von Borderline-Patienten, sich in andere hineinzuversetzen und deren Reaktionen zu antizipieren, nicht um reine «Defekte» handelt. Insofern scheint ein Zusammenhang zwischen Egozentrismus (mangelnder Perspektivenübernahme), der Aktualisierung von Konflikten und «Ausfällen» der Antizipations- und Urteilsfunktion zu bestehen.

3.5.6 Kontaminationen: Verschmelzung von Objekten – Zusammenhänge mit primitiven Abwehrmechanismen und Objektbeziehungen

Neben «Selbstbezug und Eigentümlichkeit» habe ich ein weiteres Merkmal primärprozeßhaften Denkens gefunden, das Borderline-Patienten von Patienten mit neurotischen Störungen unterscheidet: «phantastische Verbindungen». Bei einer Form dieser «phantastischen Verbindungen» werden zwei Konzepte, die miteinander nicht vereinbar sind, zu einem einzigen verschmolzen. Diese Verschmelzung wird als «Kontamination» bezeichnet (Rorschach, 1942; Rapaport, Gill und Schafer, 1945/46; Holtzman et al., 1961). Ein Beispiel für eine Kontamination ist folgende Antwort: «Eine Frau, nein, Zähne und Klauen, ein Ungeheuer: eine Frauen-Bestie mit langen Zähnen und Klauen.»

In der Mythologie gibt es eine Fülle von Figuren, bei denen verschiedene Wesen primärprozeßhaft zu einem einzigen verdichtet, verschmolzen werden: etwa der Minotaurus, halb Mensch, halb Stier oder die Sphinx, halb Mensch, halb Katze. Auch Zentaueren, Chimären oder der Greif stellen solche primärprozeßhaften Verdichtungen dar, ebenso Vampire (Dracula) und Werwölfe sowie der christliche Teufel mit Bocksfuß und Schwanz. Im Neuen Testament wird in der Offenbarung des Johannes 12, 13 ein großer roter Drache mit sieben Köpfen und zehn Hörnern beschrieben sowie ein Tier aus dem Meer mit zehn Hörnern und sieben Köpfen: Das Tier sieht aus wie ein Leopard, hat Füße wie Bärentatzen und ein Maul wie ein Löwe. Ein Beispiel aus einem anderen Kulturkreis ist Quetsalcoatl, die gefiederte Schlange der Ureinwohner Mexikos und besonders eindrucksvoll: Coatlicue, «die mit dem Schlangenrock», eine Göttin der Azteken. Eine interessante Auswahl von Geschichten über Tiermenschen in verschiedenen Kulturen und Zeiten gibt das von Völkel (1994) herausgegebene Buch «Werwölfe und andere Tiermenschen». Auf Coatlicue soll hier etwas näher eingegangen werden, weil sie interessante psychoanalytische Überlegungen erlaubt, die auch im Hinblick auf Borderline-Patienten relevant sind. Coatlicue ist abgebildet in Form einer mächtigen, über zweieinhalb Meter hohen Statue aus schwarzem Basalt. Sie trägt, daher ihr Name, einen Rock aus Schlangenleibern. Ihr Kopf besteht aus zwei einander zugekehrten Schlangenköpfen. Der eigentliche Kopf ist abgeschlagen, aus zwei mächtigen Blutströmen gerinnen die beiden Schlangenköpfe. Coatlicue trägt eine Kette, in der sich geöffneten Hände und herausgerissene Herzen abwechseln und an der ein Totenschädel hängt. Die Figur als ganzes ist hochambivalent. Bischof (1989, S. 480) schreibt hierzu, indem er sich auf die Kette bezieht: «Die Symbolik der Kette ist also ambivalent: Was sie ausdrückt, ist verströmende Mutterliebe und zugleich verschlingender verzehrender Vampirismus. Coatlicue ist nährende Amme und kinderfressende Hexe in einem.» Ein anderes Beispiel für diese Ambivalenz ist die indische Göttin Kali mit ihren vier Armen (Bischof, 1989, S. 481): «Der obere auf der linken Seite schwingt drohend einen blutbefleckten Säbel, der darunter hält einen abgetrennten Menschenkopf an den Haaren; der obere rechte Arm ist erhoben zu der Gebärde 'Fürchte dich nicht', der vierte Arm ist dem Betrachter entgegengestreckt zur Spende von Wohltaten. Um den Hals trägt sie eine Kette aus Menschenköpfen, aus menschlichen Armen ist ihr Rock. Ihre Zunge hängt heraus, begierig, Blut zu lecken.»

Bischof (1989, S. 481, 482) versteht Coatlicue und Kali in ihrer Ambivalenz als universale Archetypen für die «rätselhaft anmutende Verklammerung von Segen und Vernichtung, Schenken und Entreißen, Liebe und Tod.» Bischof (1989) sieht diese Verklammerung als zwei Aspekte eines Bedürfnisses, nämlich dem nach Vertrautheit und Sicherheit: In der Beziehung zur primär vertrauten Person kann Sicherheit erlebt werden, in der Verschmelzung mit ihr gibt sich das Individuum jedoch selbst auf, löscht sich selbst aus. Coatlicue und Kali symbolisieren die Ambivalenz zwischen dem Wunsch nach Verschmelzung mit der «guten» Mutter und der Angst vor Selbstaufgabe und Vernichtung. Objektbeziehungstheoretisch repräsentieren Coatlicue und Kali gleichzeitig die «gute» Mutter der Symbiose und die gefährliche verschlingende und auch kastrierende Mutter der Trennung.[33]

Das Beispiel von Coatlicue und auch anderer der oben angeführten Verdichtungen (z. B. Dracula, Werwolf) zeigen, daß primärprozeßhaftes Denken eng mit bestimmten «frühen» oder «primitiven» Formen von Objektbeziehungen zusammenhängen kann. Dies entspricht auch den oben angeführten Annahmen von Kernberg (1981, 1983).

[33] Nach Bischof (1989) übt die Sehnsucht nach Abhängigkeit und Verschmelzung *selbst* eine «psychisch kastrierende Wirkung» (S. 489) aus, weil zu viel Vertrautheit und Nähe dem Wunsch nach Fremdheit und Erregung, Autonomie und Sexualität entgegenwirken. Hierin besteht nach Bischof der psychische Hintergrund des Inzest-Tabus. Das Einswerden mit der Mutter bedeutet für Männer außerdem, ihr Geschlecht zu verlieren. Wird das Inzest-Tabu dagegen durchbrochen, tritt an die Stelle von Vertrautheit und Geborgenheit die oben beschriebene Ambivalenz (Bischof, 1989, S. 499): «Wäre es nämlich den Urgewalten der Sexualität erlaubt, ...in den verbotenen Bezirk einzubrechen,... (käme) hinter der zerbröckelnden Menschenmaske derer, die die intimen Vertrauten der ersten Stunden gewesen sind, am Ende wieder das entsetzliche Antlitz der Coatlicue zum Vorschein.»

In dem oben in Abschnitt 3.9 (S. 126) angeführten Beispiel zieht die Borderline-Patientin die Begriffe «Höhle» und «Frau» bzw. «Höhle» und «Mund» zu einem Begriff zusammen: «Höhleneingang, Höhle, Frau, Gesicht, die Höhle hat die Form eines Frauengesichts, der Eingang sieht aus wie der Mund der Frau, ein riesiger Mund, der die Reiter verschluckt oder verschlingt. Reiter, die in diesen Schlund reinreiten. Obwohl sie noch ein Stück entfernt sind, sind sie schon eingefangen, weil das nach großen Ohren aussieht, sie sind im Bann der Person. Hier die großen Ohren und der Unterkiefer, so runtergeklappt.»

Eine andere von mir untersuchte Borderline-Patientin gab folgende Antwort zu Tafel 9 der Holtzman Inkblot Technik: «Auch wieder so erschreckend, ein Durcheinander. Augen, Augenlider. Zwei Wesen, ich kann nicht sagen Hexen, die sich dadurch bedroht fühlen, durch das Feuer. Da sind die Augen von dem Feuer und die zwei Figuren, die dagegen angehen wollen, um das zu stoppen. Ich stelle mir vor, daß das Feuer ankommt, lacht oder grinst oder böse ist. Die Figuren versuchen dagegen anzugehen, daß es nicht noch näher kommt. Die Augen sind ja schon ziemlich nah.»

Die Patientin hat hier «Feuer» und «Mensch» zu einem Begriff zusammengezogen: Ein Feuer, das Augen hat, das «ankommt, lacht oder grinst oder böse ist». Umgekehrt ist es das Bild von einem Menschen, der wie ein Feuer ist: gefährlich, vernichtend, böse: Man darf ihm nicht zu nah kommen.

Kontaminationen finden sich zwar häufig in der Mythologie, auch in der Kunst und in der Werbung, in projektiven Tests werden sie aber in größerer Häufigkeit nur von Borderline-Patienten oder Psychotikern gegeben (Rapaport, Gill & Schafer, 1945/46; Exner, 1986; Leichsenring, 1991 c). Nur ganz vereinzelt gibt einmal ein weniger schwer gestörter Patient eine Kontamination (z.B. Leichsenring, 1991,c).[34] Von Künstlern unterscheiden sich Borderline-Patienten durch den negativen, morbiden Inhalt ihrer phantastischen Verbindungen (DeSlulittel und Sorribas (1973, zitiert nach Gunderson und Singer, 1975, S. 6)

Welche Prozesse liegen einer solchen Kontamination, einer Verschmelzung zweier inkompatibler Konzepte bei Borderline-Patienten zugrunde?

Bei einer Kontaminationen im Rorschach-Test oder in der Holtzman Inkblot Technik werden in ein- und demselben Teil der Tafel anfänglich zwei verschiedene Konzepte gedeutet. Diese Konzepte beziehen sich zwar auf denselben Bereich der Tafel, haben aber keine inhaltliche, konzeptuelle Verbindung. Sie sind im Gegenteil miteinander nicht vereinbar. *Die formal-räumliche Beziehung auf denselben Bereich der Tafel wird jedoch in eine konzeptuelle Be-*

[34] In der Holtzman Inkblot Technik werden verschiedene Schweregrade von Kontaminationen unterschieden, die mit 2, 3 und 4 kodiert werden. Die leichtesten Formen treten auch bei Patienten mit neurotischen Störungen auf, die schweren Formen jedoch fast ausschließlich bei Borderline-Patienten und Psychotikern (z.B. Leichsenring, 1991 b, 1991 c).

ziehung umgewandelt, indem die Grenzen zwischen den verschiedenen Konzepten aufgehoben und sie zu einem einzigen unrealistischen Konzept verschmolzen werden (Rapaport, Gill & Schafer, 1945/1946).

Das bedeutet, daß die Grenzen der Repräsentanzen von Objekten nicht stabil sind. So ist z. B. für die oben zitierte Borderline-Patientin die Repräsentanz von «Frau» nicht stabil abgegrenzt gegenüber der Repräsentanz von «Höhle». Eine Bedingung für eine solche Verschmelzung scheint zu sein, daß die Repräsentanzen einander räumlich nahe sind oder gebracht werden. «Frau» und «Höhle» werden in demselben Teil der Tafel gesehen. Außerdem besteht in diesem Fall eine symbolische Verbindung zwischen «Frau» und «Höhle».

Kontaminationen beziehen sich zunächst einmal nicht notwendigerweise auf die Abgrenzung von Selbst- und Objektrepräsentanzen, sondern auf Repräsentanzen von Objekten im allgemeinen, z. B. eben von «Höhle» und «Frau». Wenn jemand Repräsentanzen von Objekten nicht auseinanderhalten kann, die einander räumlich nah sind, so kann sich hierin eine mangelhafte Abgrenzung von Repräsentanzen im allgemeinen ausdrücken. Diese kann jedoch auch in einer mangelhaften Differenzierung spezieller Repräsentanzen zum Tragen kommen, nämlich der Repräsentanzen von Selbst und Objekt. Dann wären Kontaminationen *auch* ein Ausdruck einer mangelhaften Selbst-Objekt-Differenzierung.

Zur Prüfung dieser Hypothese habe ich untersucht, ob ein Zusammenhang besteht zwischen Kontaminationen in der Holtzman Inkblot Technik und Problemen in der Regulierung von Nähe und Distanz in zwischenmenschlichen Beziehungen. Letztere habe ich mit dem von mir entwickelten «Borderline-Persönlichkeits-Inventar» erfaßt. Es zeigte sich, daß bei Borderline-Patienten tatsächlich ein signifikanter Zusammenhang besteht zwischen Kontaminationen und Aussagen wie z. B. «Wenn eine Beziehung enger wird, fühle ich mich in der Falle» oder «In engen Beziehungen erreiche ich oft einen Punkt, wo es mir zu nah wird und ich die Beziehung abbreche.» Aussagen wie diese haben sich als charakteristisch für Borderline-Patienten erwiesen (Leichsenring, 1994). Je häufiger Borderline-Patienten Konzepte miteinander verschmelzen, desto stärker ausgeprägt sind auch ihre Probleme in der Regulierung von Nähe und Distanz in zwischenmenschlichen Beziehungen. Die Verschmelzung von Konzepten ist also bei Borderline-Patienten ein Hinweis auf eine mangelhafte Abgrenzung der Repräsentanzen verschiedener Objekte, aber auch von Selbst- und Objektrepräsentanzen.

Wie kommt es nun zu einer solchen Verschmelzung von Repräsentanzen? Die oben angeführten Beispiele wie die Zusammenziehung von «Frau» und «Höhle» oder von «Feuer» und «Mensch» weisen auf die Bedeutung von primitiven aggressiven Objektvorstellungen hin. Diese entstammen der inneren Welt von Borderline-Patienten, werden aber nach außen verlagert, externalisiert oder projiziert.

Die Kontamination oder Verschmelzung von Repräsentanzen findet daher bei Borderline-Patienten meistens im Rahmen dessen statt, was Kernberg (1983, S. 51) als «umschriebene Schwächung der Ichgrenzen im Bereich der Projektion von Aggression» bezeichnet. Durch die Intensität der Neigung von Borderline-Patienten zur Projektion werden die Vorstellungen von Objekten verzerrt, sie werden überlagert durch primitive projizierte Objektvorstellungen. Auf diese Weise entstehen Phantasieungeheuer, die vermutlich so nie wirklich existiert haben. Rohde-Dachser (1994, S. 55) hat dies kürzlich anschaulich beschrieben. In der «Höhlen-Antwort» z. B. wird ein gefährliches Objekt projiziert, das andere in seinen Bann zieht und mit einem riesigen Maul verschlingt. *Im Rahmen dieser Projektion findet die Verschmelzung von «Frau» und «Höhle» bzw. von «Mund» und «Höhleneingang» statt.*

Unter dem *Gesichtspunkt von Denkvorgängen* handelt es sich bei der gefährlichen, verschlingenden *«Höhlen-Frau»* um eine *Kontamination*, eine Zusammenziehung unvereinbarer Konzepte, *objektbeziehungstheoretisch* um die Repräsentanz eines gefährlichen verschlingenden Objekts, und unter dem Aspekt der Abwehr um eine *Projektion* dieses Objekts. Das Objekt wird so gefährlich-verschlingend durch die Kontamination von Frau und Höhle, andererseits wird diese Kontamination möglich auf dem Hintergrund einer verschlingenden Objektrepräsentanz. Die beteiligten Affekte bzw. *Triebimpulse* sind Angst und Aggression. Ich-psychologisch handelt es sich bei der «Höhlen-Frau» um den Ausdruck einer *mangelhaften Realitätsprüfung*, da unvereinbare Konzepte zu einem neuen, in Wirklichkeit nicht möglichen Konzept zusammengezogen werden.

Daß Kontaminationen oder Verschmelzungen von Repräsentanzen bei Borderline-Patienten mit Angst, Aggression und primitiven Formen von Objektbeziehungen (Aussaugen, Verschlingen, Verletzen, Zerstören) zusammenhängen, habe ich auch empirisch-statistisch gezeigt (z. B. Leichsenring, 1991 a, sowie Tab. 6).

Durch Kontaminationen schaffen Borderline-Patienten in der Regel Ungeheuer, die nichts Menschliches mehr haben, «ganz böse» Objekte:

«Wirbelsäule, menschliche. Daneben ein *Gemisch aus ekelhaften Insekten und einem Menschen.* Der rechte ist ekelhafter, weil die Fühler, ameisenähnliche Beinchen kommen extremer raus, sieht gefährlicher aus, beim linken eher brüchig, als wenn er mal so war wie der rechte, aber schon zerfällt. Die Wirbelsäule bedeutet für mich Kraft und Stabilität. Die Personen wollen das vernichten, wollen ans Rückrat, daran nagen, insektenartig.» (Tafel 14)

«Ist für mich ein Sandsturm, etwas Bedrohendes, ich sehe den *Sandsturm mit Riesenohren, Augen, nicht gerade freundliches Gesicht,* oben Flügel. Hier ein Mensch, der in Gefahr ist mit einem Pferd, nein Kamel: langer Hals, hat ziemlich zu kämpfen, steht wahrscheinlich Todesängste dabei aus. Der

(Sturm) hat so große Ohren, um die Schrei der Menschen aufnehmen zu können und sich daran zu ergötzen.» (Tafel 4).

«Fällt mir sofort Töten ein. Zwei männliche Menschen ... fast ein Gesicht zu erkennen, stählerner, harter, Art Krieger, trägt so'n Helm, hält eine Waffe, tödliche, sieht sehr effektvoll aus ... das Getötete, (ist) vielleicht (ein) Mensch ... oder Vogelmonster, Embryovogel, nur der Kopf. ... *Der Mensch, hinten Tierschwanz,* soll die Primitivität des Tötens, den Urmenschen symbolisieren. Eine Maske: Er handelt ohne zu überlegen aus einem Trieb heraus, gleichgültig-glücklich.» (Tafel 2)

«Ekelhaftes Monster, Augen, Nase, *Urmensch,* Panzer mit Wehrzacken, Beine, Waffe in der Hand, sieht sehr gerade aus, durchdacht, neuzeitlich. Die rechte Figur guckt auf den Weg runter, die linke guckt zur Seite, ist auch ein *Tiermenschmonster,* hat auch eine Waffe, aber primitiver, sieht nicht so gefährlich aus.» (Tafel 9)

Bei diesen Verschmelzungen von verschiedenen Objekten bzw. deren Repräsentanzen entstehen Wesen, die eine Mischung aus Mensch und Tier oder Mensch und Ungeheuer sind, und bei denen alles Menschliche durch das Tierische oder Monströse verlorengeht. Das sind keine Menschen mehr, das sind «Tiere». So sagte ein Borderline-Patient zu Tafel 14: «...ekelerregende Tiere versuchen sich an Menschen zu vergreifen, festzukrallen, ihn auszusaugen. Könnte mir gut vorstellen, daß es Menschen sind, die jemand anders... Menschen eigentlich nicht, *das sind Tiere.* Die ihn so langsam aber sicher auffressen..., nur noch ein Teil vorhanden, Brustkasten, Richtung Herz. Weiß nicht, ob sie das Fleisch haben wollen, oder ihn vielleicht nur willenlos machen wollen. Teile vom Inneren des Menschen, was man schon sieht, sind schon so weit gekommen. (Sind) doch mehr Menschen: Beine, Kopf.»

Anders als bei den eingangs erwähnten Göttinnen Coatlicue und Kali kommt in den Tiermenschen von Borderline-Patienten eben keine Ambivalenz zum Ausdruck: Sie sind nicht «gut» und «böse», «nährende Amme und kinderfressende Hexe in einem» (Bischof, 1989, S. 480), sondern nur «böse».

Solche bösartigen Tiermenschen sind bei Borderline-Patienten häufig. In den durch Verschmelzung (Kontamination) entstehenden Wesen kann sich auch die Angst von Borderline-Patienten ausdrücken, daß das «Böse» so übermächtig ist, daß es alles andere überwältigt, absorbiert, vernichtet.

Diesen «ganz bösen» Objekten können «ganz gute» Objekte gegenübergestellt werden. Daher stehen Kontaminationen bei Borderline-Patienten in Zusammenhang mit der Spaltung. Spaltungsvorgänge schützen das Gute vor diesen Ungeheuern («Tiermenschmonstern»), halten sie aber auch am Leben: Es findet keine Durchmischung und Abmilderung der Extreme statt. Eine Borderline-Patientin gab z.B. folgende Antwort zu Tafel 15: «Was Heiliges, in der Mitte ist der Priester, in einem seltsamen Gebäude. Das Gebäude kann man nicht als Gebäude bezeichnen, nur als Kuppel. Das Gebäude hat ein Gesicht: Hörner, Augen: Teufelsgott, nichts Gutes. In der Mitte ist ein Mensch, außen die Tarnung.»

Die Patientin nimmt zunächst ein «gutes» Objekt wahr: «was Heiliges», den «Priester», in einem «seltsamen Gebäude», möglicherweise in einer Kirche. Dieser «gute» Teil, der den Priester und die «Kirche» umfaßt, wird von der Patientin ausgedehnt. Mit dieser Erweiterung wird das «Gebäude» zu einem «bösen» Objekt mit Hörnern und Augen: dem «Teufelsgott», der für die Patientin «nichts Gutes» bedeutet. «Gut» und «Böse» stehen sich hier nicht polar gegenüber, sondern das «ganz Gute» hat die Tendenz, sich in «ganz Böses» zu verwandeln: Der Gott der Patientin kann sich in den Teufel verwandeln. Etwas, was einmal «gut» war, verwandelt sich in «Böses». Genauer: Es wird mit «Bösem» verschmolzen und wird so zum «Teufelsgott», der «nichts Gutes» bedeutet.

Diesen «Teufelsgott» stellt die Patientin dem «Heiligen», dem «Priester» gegenüber. Man kann den Vorgang folgendermaßen beschreiben: Mittels Spaltung nimmt die Patientin eine Trennung in «Heilig» und «Teuflisch» vor, durch die Kontamination werden «Gut» und «Böse» wieder zusammengebracht, in Form eines «Teufelsgottes», der aber «nichts Gutes» bedeutet: Vom «Guten» ist nichts geblieben, es ist vom «Bösen» überwältigt worden. In dieser Verschmelzung von «Heiligem» und «Teuflischem» zum «Teufelsgott» kann das pötzliche Umschlagen von «gut» nach «böse» beobachtet werden.[35]

Mit dem Zusatz «In der Mitte ist ein Mensch, außen die Tarnung», weist die Patientin darauf hin, daß die Antwort auch auf der Subjektstufe zu verstehen ist: Dieses Umschlagen kann auch in ihr selbst stattfinden.

In seltenen Fällen entstehen durch die Kontaminationen auch «gute» Objekte, die «bösen» gegenübergestellt werden: «Flügelmenschen, die einander zugewandt sind. Haben auch einen Schwanz hinten, sind aus mehreren Tierbereichen ... (zu einem anderen Teil sagt die Borderline-Patientin:) Das kommt mir vor wie ein Ohr. Hängt zusammen mit dieser gnomenhaften Figur, großer Kopf und unterentwickelter Körper. Das sind ja zwei schöne

[35] Freud (1923, S. 331) hat darauf hingewiesen, daß der christliche Gott und der christliche Teufel selbst das Ergebnis einer Spaltung darstellen: «Der böse Dämon des christlichen Glaubens, der Teufel des Mittelalters war nach der christlichen Mythologie selbst ein gefallener Engel und gottgleicher Natur. Es braucht nicht viel analytischen Scharfsinn, um zu erraten, daß Gott und Teufel ursprünglich identisch waren, eine einzige Gestalt, die später in zwei mit entgegengesetzten Eigenschaften zerlegt wurde. In den Urzeiten der Religionen trug Gott noch selbst alle die schreckenden Züge, die in der Folge zu einem Gegenstück von ihm vereinigt wurden. Es ist der uns wohl bekannte Vorgang der Zerlegung einer Vorstellung mit gegensinnigem – ambivalentem – Inhalt in zwei scharf kontrastierende Gegensätze.» – Freud beschreibt hier übrigens den Vorgang der Spaltung so, wie er heute z. B. von Kernberg verstanden wird.

Menschen (die «Flügelmenschen»). Es kommt mir so vor, als wenn dieser (der «Gnom») die Kontrolle über die beiden hat, die tanzen, schwingen die Beine... » (Tafel 10).

Die schönen «Flügelmenschen» repräsentieren hier die «guten», der häßliche «Gnom», der sie «kontrolliert», möglicherweise mit dem Ohr abhört, die «bösen» Objekte.

Den Zusammenhang zwischen Kontaminationen und Spaltung habe ich auch statistisch untersucht: Kontaminationen korrelieren signifikant mit «Identitäts-Diffusion», d.h. mit der Spaltung des Selbst, erfaßt mit dem bereits erwähnten «Borderline-Persönlichkeits-Inventar» (Tab. 5). Je häufiger Borderline-Patienten Objekte verschmelzen, desto stärker ist das Ausmaß der Identitäts-Diffusion.

Dieses Ergebnis ist auch deshalb interessant, weil es zeigt, daß Kontaminationen nicht nur mit der Vorstellung von Objekten zu tun haben, sondern auch mit Vorstellungen vom Selbst. Es bestehen auch signifikante Zusammenhänge zwischen Kontaminationen und affektiven Polarisierungen in «Gut» und «Böse» in der Holtzman Inkblot Technik (Tab. 6). Solche Polarisierungen sind bei Borderline-Patienten signifikant häufiger als bei Patienten mit neurotischen Störungen (Leichsenring, 1991 a).

Kontaminationen korrelieren darüber hinaus, wie bereits erwähnt, signifikant mit «frühen Beziehungsstörungen» in dem genannten Fragebogen, worunter vor allem Probleme der Regulierung von Nähe und Distanz, aber auch die «Spaltung» von Objekten fallen (Leichsenring, 1994).

Kontaminationen, d.h. die Verschmelzungen der Repräsentanzen von miteinander nicht zu vereinbarenden Objekten sind auch ein Ausdruck «mangelhafte Realitätsprüfung». Ich habe auch empirisch-statistisch gezeigt, daß Kontaminationen signifikant mit der Skala «mangelhafte Realitätsprüfung» in dem bereits erwähnten «Borderline-Persönlichkeits-Inventar» korrelieren (Tab. 5). Diese Skala erfaßt in erster Linie paranoide Verzerrungen der Realität, sie umfaßt z.B. Aussagen «Es kommt mir öfters so vor, als würden die anderen über mich reden oder lachen.», «Die anderen erscheinen mir oft feindselig» oder «Manchmal habe ich den Verdacht, daß es die anderen besonders auf mich abgesehen haben.» Dieses Ergebnis spricht auch dafür, daß Kontaminationen oder Verschmelzungen von Repräsentanzen im Zusammenhang mit der Projektion von Aggression entstehen. Es verweist außerdem darauf, daß eine Verschmelzung von Objekt-Repräsentanzen mit einer mangelhaften Realitätsprüfung einhergeht. Eine mangelhafte Realitätsprüfung drückt sich unmittelbar auch in der Verschmelzung unvereinbarer Konzepte aus: Es entsteht ein phantastisches, in der Realität nicht mögliches neues Konzept.

Die dargestellten Zusammenhänge mit primitiven Abwehrmechanismen und Objektbeziehungen weisen auf folgendes hin: *Kontaminationen, Ver-*

schmelzungen von Objektrepräsentanzen, sind bei Borderline-Patienten keine «Defekte», sondern treten in Verbindung mit primitiven Abwehrmechanismen, Objektbeziehungen und Affekten auf.

3.5.7 Kontaminationen, Objektpermanenz und Objektkonstanz

Nach Mahler et al. (1984, S. 143) ist die Entwicklung von emotionaler Objektkonstanz ein komplexer, von vielen Faktoren bestimmter Prozeß. Eine Rolle spielen etwa die «angeborene Triebausstattung und -reifung, Neutralisierung von Triebenergie, Realitätsprüfung, Frustrations- und Angsttoleranz» (Mahler et al. 1984, S. 143). Eine *notwendige*, allein jedoch nicht hinreichende Bedingungen für die Entwickung emotionaler Objektkonstanz sieht Mahler in der Entwickung von kognitiver Objektpermanenz. Objektkonstanz entwickelt sich für lebendige Objekte früher als für unbelebte Objekte: «Personenpermanenz» entsteht vor «Objektpermanenz» (Mahler et al., 1984, S. 145).

Bei der Verschmelzung zweier Konzepte zu einem einzigen unrealistischen Konzept handelt es sich um eine *bestimmte Form* mangelnder Objektpermanenz: Während mangelnde Objektpermanenz nach Piaget bedeutet, daß keine stabile kognitive Repräsentanz von einem Objekt besteht, geht es hier darum, daß die Grenzen von Objekt-Repräsentanzen und damit aber auch die Objekt-Repräsentanzen selbst nicht stabil sind. *Die Instabilität der Objekt-Repräsentanzen besteht hier in der Instabilität ihrer Grenzen.*

In dem obigen Beispiel der «Höhlen-Antwort» ist die Vorstellung von «Frau» nicht stabil gegenüber der Verschmelzung mit der verschlingenden Höhle (und umgekehrt). Die Höhle sieht für die Patientin aus wie eine Frau und umgekehrt: «... die Höhle hat die Form eines Frauengesichts, der Eingang sieht aus wie der Mund der Frau, ein riesiger Mund...». Die Patientin geht hier von der Erscheinungsform aus: Wenn sich die Erscheinungsform ändert, ändert sich für sie auch das Konzept: Wenn die Höhle *aussieht* wie eine Frau, *ist* die Höhle eine Frau.

In der Theorie von Piaget wird es als *Invarianz gegenüber Transformationen* bezeichnet, wenn die Identität eines Objekts erhalten bleibt, obwohl sich seine Erscheinungsform verändert (vgl. Flavell, 1979; Miller 1993). Untersucht wurde dieses Phänomen z. B. dadurch, daß Objekten Masken übergezogen wurden: Für ein kleines Kind wird eine Person zur Hexe, wenn sie eine Hexenmaske trägt (Miller, 1993, S. 68). Miller (1993, S. 67) gibt ein anderes Beispiel: «Wenn ein Stock beim Eintauchen in Wasser scheinbar abgeknickt wird, trauen kleine Kinder dem Augenschein.» Kleine Kinder konzentrieren sich auf *Zustände* und nicht auf die *Transformationen, die diese Zustände verbinden.* Die Frage der Invarianz gegenüber Transformationen läßt sich auf die Wahrnehmung und das Erleben von guten und bösen Aspekten eines Objekts übertragen: Kann ein «gutes» Objekt, das im Moment als frustrierend und «böse» erlebt wird, trotzdem als dasselbe Objekt wahrgenommen werden, obwohl es anders «aussieht» oder (möglicherweise auch projektiv) anders erlebt wird. Bei der Spaltung ist dies nicht der Fall. *Eine kognitive Entsprechung oder Grundlage der Spaltung kann daher in einer beeinträchtigten Invarianz gegenüber Transformationen in Konfliktsituationen bestehen.*

Man könnte auch sagen, daß der «böse» Zustand in der Vorstellung oder im emotionalen Erleben nicht in den «guten» anderen zurückgeführt werden kann. Piaget bezeichnet dies als fehlende *Reversibilität.* Die Wahrnehmung und das Erleben bleibt an die *Anschauung gebunden.* Alle diese Phänomene sind kennzeichnend für das Kind im präoperativen Stadium nach Piaget.

Erst gegen Ende des «präoperativen Stadiums» erwirbt das Kind nach Piaget den Begriff der «Identität». Miller (1993, S. 68) beschreibt das so: «...Identität bezeichnet die Vorstellung, daß ein Objekt sein äußeres Erscheinungsbild verändern kann, ohne daß sich deshalb auch seine grundlegende Natur oder Identität verändern muß. Wasser sieht vielleicht anders aus, wenn man es von einem Behälter in einen anderen geschüttet hat, aber es ist immer noch dasselbe Wasser. Und anders als es sich kleine Kinder vorstellen, wird durch eine Hexenmaske niemand zur Hexe.»

In seiner Arbeit über Objektkonstanz bezweifelt McDevitt (1994, S. 370, S. 376), daß der Unfähigkeit von Borderline-Patienten, ein konstantes Bild des Liebesobjekts in dessen Abwesenheit zu bewahren, auf einen «kognitiver Defekt» oder eine Regression zurückgehen, etwa der Selbst-Objekt-Differenzierung oder des aktiven Erinnerungsvermögens («evocative memory», Adler & Buie, 1979). Selbst bei psychotischen Kindern sei die kognitive Objektpermanenz gegeben (McDevitt, 1994, S. 370). McDevitt beruft sich hier auf die Untersuchungen von Edcumbe und Burgner (1972).

McDevitt sieht in der Unfähigkeit von Borderline-Patienten, ein konstantes Bild des Liebesobjekts in dessen Abwesenheit zu bewahren «viel eher das Ergebnis regressiver Phantasien ... als das Ergebnis einer kognitiven Störung der Selbst-Objektdifferenzierung.» Die oben beschriebenen Formen auffälliger Denkvorgänge weisen allerdings sehr wohl darauf hin, daß bei Borderline-Patienten bestimmte kognitive Funktionen zeitweise ausfallen können, z. B. auch die der Selbst-Objekt-Differenzierung oder die der «Identität» von Konzepten im eben beschriebenen Sinn (Invarianz gegenüber Transformationen). Das ist allerdings überwiegend nur dann der Fall, wenn konflikthafte Objektbeziehungen aktualisiert werden und primitive kognitive und affektive Funktionen und Abwehrmechanismen reaktiviert werden. Wenn McDevitt das meint, wenn er von dem «Ergebnis regressiver Phantasien» spricht, stimme ich ihm zu. Ist ein Borderline-Patienten wieder aus diesem regressiven Zustand heraus, stehen ihm die ausgefallenen Funktionen wieder zur Verfügung.

Benedetti (1977) geht davon aus, daß die Spaltung bei Borderline-Patienten im Unterschied zu Schizophrenen nur den emotionalen, nicht den kognitiven Bereich betrifft. Die bei Borderline-Patienten nachgewiesenen Zusammenhänge zwischen primärprozeßhaften Denkvorgängen und Spaltung sprechen allerdings dafür, daß Spaltung auch bei Borderline-Patienten mit Auffälligkeiten im Denken einhergehen kann. Wenn Benedetti allerdings mit Spaltung einen Zerfall des Denkens etwa im Sinne von Inkohärenz meint, so konnte ein solcher bei Borderline-Patienten in meinen Untersuchungen tatsächlich nicht gefunden werden.

3.5.8 Fabulierte Kombinationen: zugrundeliegende Prozesse

Eine andere Form «phantastischer, unrealistischer Verbindungen», die für Borderline-Patienten kennzeichnend ist, wird als «Fabulierte Kombination» (Rapaport, Gill & Schafer, 1945/46) bezeichnet.[36]

Bei einer «Fabulierten Kombination» werden inkompatible Konzepte nicht zu einem Konzept verschmolzen, sondern auf andere Art und Weise phantastisch kombiniert (Rapaport et al., 1945/46, Holtzman et al., 1961). Ein Beispiel ist folgende Antwort: «Zwei Spaziergänger, Fische kommen aus ihnen heraus» (Neumann, 1977, S. 22). Sowohl «Spaziergänger» als auch «Fische» können tatsächlich in der Tafel gesehen werden, bizarr ist jedoch die Art, mit der sie zueinander in Beziehung gesetzt werden: Die Fische kommen für den Patienten «aus den Spaziergängern heraus.» Die räumliche Nähe zwischen den «Fischen» und den «Spaziergängern» wird als eine inhaltliche Beziehung (miß-)verstanden. Sie wird als unveränderliche, reale Beziehung gesehen (Rapaport et al., 1945/46, S. 433). Rapaport et al. (1945/46, S. 433) erklären Fabulierte Kombinationen wie auch Kontaminationen durch einen *Verlust an Distanz:* Durch einen Distanzverlust wird die formal-räumliche Beziehung zwischen unvereinbaren Konzepten in eine konzeptuelle Beziehung umgewandelt. Fabulierte Kombinationen lassen demnach auf eine *mangelhafte Fähigkeit zur Abgrenzung* schließen: Alles hängt mit allem zusammen.

Was bei einer Fabulierten Kombination entsteht, enhält einen logischen Widerspruch, der aber nicht als solcher empfunden wird. Piaget bezeichnet ein solches Entstehen von Widersprüchen, die nicht als solche empfunden werden, als *«Ungleichgewicht»* (Montada, 1987, S. 425). Auch dieses Phänomen ist kennzeichnend für das Kind im präoperativen Stadium nach Piaget.

[36] «Kontaminationen» und «Fabulierte Kombinationen» bilden nach den Ergebnissen meiner eigener Untersuchungen faktorenanalytisch einen gemeinsamen Faktor, d. h. eine Dimension. Diese habe ich als «phantastische Verbindungen» bezeichnet (Leichsenring, 1991 c).

Da bei Fabulierten Kombinationen Dinge verbunden werden, die in der Realität nicht zu verbinden sind, ist das Auftreten einer Fabulierten Kombinationen auch Ausdruck einer *mangelnden Realitätsprüfung.*

Die durch die Anschauung gegebene Nähe zwischen «Spaziergängern» und «Fischen» wird in eine inhaltliche, allerdings phantastische Beziehung verwandelt: Die Fische «kommen» aus den Spaziergängern «heraus». «Spaziergänger» und «Fische» werden miteinander verbunden, weil sie «da» sind, d. h. in der Tafel wahrgenommen werden können. Man kann deshalb auch sagen: Das Denken kann sich hier nicht von dem dominierenden Wahrnehmungseindruck lösen, etwa dem, daß es so aussieht, als würden die «Fische» aus den «Spaziergängern» «herauskommen». Es ist an die Anschauung und den dominierenden Wahrnehmungseindruck gebunden.

Man kann hieraus schließen, daß das Denken von Borderline-Patienten (unter bestimmten Bedingungen) anschauungsgebunden ist. In diesem Sinne ist es *konkret:* Es geht nicht über das unmittelbar anschaulich Gegebene hinaus. Dies stimmt mit den Überlegungen von Shapiro (1991, S. 151) überein, der den «impulsiven Kognitionsmodus» als «konkret» charakteristiert sowie als «passiv»: durch das Offensichtliche beeindruckt, ohne daß eine aktive kritische Prüfung vorgenommen wird. Konkret wird hier als Gegensatz zu *abstrakt* verstanden.

3.5.9 Fabulierten Kombinationen, Spaltung und primitive Objektbeziehungen

Fabulierte Kombinationen erlauben auch Überlegungen, die im Hinblick auf die Spaltung relevant sind: *Aus der Bindung an die Anschauung und den jeweils dominierenden Wahrnehmungseindruck läßt sich eine plausible Beziehung zur Spaltung ableiten:* Bei einer Bindung an die Anschauung wird immer nur ein Aspekt von Objekten erfaßt, nämlich der in der Anschauung und im Erleben jeweils dominierende: Wenn das Objekt die Bedürfnisse befriedigt, ist es «gut», wenn nicht, dann ist es «böse». Auf diese Weise werden überwiegend zeitvariable, momentane *Zustände* erfaßt, so etwas wie «Momentaufnahmen». Hierauf habe ich schon im Zusammenhang mit der mangelnden Invarianz gegenüber Transformationen hingewiesen. Dies macht eine Integration von lust- und unlustvollen Erfahrungen sowie der damit zusammenhängenden Selbst- und Objekt-Vorstellungen nicht möglich.[37]

Nach den angestellten Überlegungen ist zu erwarten, daß Fabulierte Kom-

[37] Hinter der Bindung an die Anschauung steht aber letztlich wieder Ego-Zentrismus: Wenn ich ein Objekt als «gut» erlebe, wenn es meine Bedürfnisse befriedigt und als «böse», wenn nicht, dann bedeutet dies eine egozentrische Erlebnisweise: Ich gehe nicht über mein momentanes eigenes Erleben hinaus.

binationen bei Borderline-Patienten mit Spaltung korrelieren. Dies ist der Fall und kann auch empirisch-statistisch nachgewiesen werden (Tab. 5 und 6).

Den Zusammenhang zwischen Fabulierten Kombinationen und Spaltung, der Aufteilung in «gut» und «böse» können folgende Antworten von Borderline-Patienten aus einer eigenen Untersuchung verdeutlichen:

«Zwei Phantasiegestalten. Als ob die keinen Unterkörper haben, als ob das unten Rauch ist, wie Aladin und die Wunderlampe, als ob die aus der Lampe rauskommmen. Nieren, weil die auch so unten sitzen. Die linke (Phantasiegestalt) ist das Gute, weil sie segnen will, die rechte das Böse, weil es vernichten will. Das Rechte will die Niere bekämpfen, das Linke versucht sie zu retten. Harpune.» (Tafel 9).

Die gesamte Antwort kann hier als Fabulierte Kombination betrachtet werden, insbesondere aber die Verbindung der beiden Gestalten, die Gut und Böse repräsentieren, mit den «Nieren»: Sie wollen sie «retten», «segnen» oder «vernichten», «bekämpfen». Die Fabulierte Kombination findet hier im Rahmen einer Spaltung statt.

Ganz ähnlich ist das bei den beiden folgenden Antworten:

«Wie Geister, die bedrohen, zwei böse Feen, bedrohen die Menschen, die sich da zusammengefunden haben. Das Dunkle überall ist Bedrohung. Da ist eine Öffnung, hell, wo sie der Bedrohung entfliehen können. Als wenn da drin das Gute wohnt. Das Dunkle, Schwarze ist die Fee: auch der ausgestreckte Arm mit dem Schwert. Blitze aus dem Bösen, Menschen haben schon was vom Bösen abgekriegt, sind schon dunkel, unten noch hell: gut.» (Tafel 12.)

«Mensch wird aufgehängt oder ist schon tot, liegt halb am Boden. Wie ein Hinrichtungsritual: Vogelkopf, beobachtend, unbeteiligt wie eine Maske, die jemand getragen hat, der die Hinrichtung vollzogen hat. Mensch, gebückt, auf ihm sitzt eine Art Affentier, Tänzer, hat keinen Kopf, links ebenso. Die haben die Hinrichtung verursacht, die auch. Person im Licht, etwas Großartiges, Riesiges, wohin die Seelen der beiden Gehängten gehen, habe ich viel über so was gelesen. Gottähnliche Figur, dahinter Licht.» (Tafel 19)

Fabulierte Kombinationen hängen jedoch nicht nur mit Spaltung, sondern auch mit anderen primitiven Formen von Objektbeziehungen zusammen:

Wie Kontaminationen korrelieren Fabulierte Kombinationen bei Borderline-Patienten mit *Aggression und destruktiven Objektbeziehungen:* «Zwei Teufel, fressen ein Gerippe auf. Ist sowieso nicht mehr viel übrig, die fressen den noch ganz auf. Teufel, so viele Arme, böse, Mundwinkel sind nach unten gezogen.» (Tafel 14). Dieser Zusammenhang kann auch statistisch nachgewiesen werden (Tab. 5 und 6).

Fabulierte Kombinationen treten bei Borderline-Patienten aber nicht nur in Verbindung mit aggressiven, sondern auch mit *symbiotischen Objektbeziehungen* auf. Sie finden sich auch im Rahmen von Geburtsvorstellungen und Phantasien von gewaltsamer, zerstörender Loslösung von einem Objekt. Als Beispiele für Symbiose können folgende Antworten aus einer eigenen Untersuchung dienen:

«Das ist ein Schmetterling, zwei Schmetterlinge, ein großer und ein kleiner, gehören zusammen, Mutter und Kind habe ich gedacht. Wie aneinandergeklebt.» (B30 (w), Tafel 15).

«Riesige Köpfe halbverhungerter Babys, unten sind sie zusammen, die Gesichter: Halb Mensch, halb Tier... » (B6 (w), Tafel 39).

«Eidechsen oder Kaulquappen, die hier oben zusammengewachsen sind wie Siamesische Zwillinge. Kaulquappen: Die sind oben auch dicker, unten dünner, der Schwanz.» (Tafel 22).

«Für mich ist das eine Vereinigung von zwei ... So ähnlich stelle ich mir außerirdische Wesen vor. Etwas, was dazwischen will, auseinanderreißen will. ...Das ist die Vereinigung, wie ein Saugrüssel, als ob der eine dem anderen Kraft gibt, Leben einhaucht. Das einer bedroht ist und der andere ihm etwas gibt, was er braucht.» (Tafel 39).

Phantasien von Geborenwerden kommen in folgenden Fabulierten Kombinationen zum Ausdruck. In der ersten Antwort zeigt sich außerdem auch der Wunsch nach Wiedervereinigung (Ambivalenz).

«Da könnte ein nackter Kinderkörper liegen. Merkwürdigerweise ist hier ein Brustkorb, als würde sich das Kind da reinschieben oder rauskommen. Hier ein finster schauender Mensch, der das beobachtet.» (B17, m, Tafel 6).

«Da muß ich immer an Brustkorb denken, ein Insekt, was sich eingesponnen hat, gerade die Beinchen kommen raus. Ist nicht angenehm, ekelt man sich vor, als wenn die aus dem Brustkorb rausgekommen sind.» (B28, w, Tafel 37).

«Sieht schön aus, zwei verschiedene Welten, sind verbunden an diesem Stück. Stück erinnert mich an einen unentwickelten Frosch, Kaulquappe. Habe einen Film gesehen. Menschenköpfe, eher kindliche Menschenköpfe, gnomenhaft, schon im Bestreben sich zu nähren, stecken da drin, machen Hals lang, aber reicht nicht, hat was Fliehendes. Frauenkopf und Körper: ist die Welt. Die Köpfe kommen aus ihrem Rücken, sind nicht so dahinter oder davor. Das unten sieht sehr wehrhaft aus, durch die Spitze, nicht so zugänglich durch die Spitzen, zumindest nicht dafür, daß man von unten kommt, Bereich oben, bei dem Kopf sieht's schon anders aus.» (Tafel 6)

Dabei kann es sich um Phantasien über die körperliche oder aber auch um die psychische Geburt im Sinne von Margaret Mahler handeln (Mahler et al., (1984). Der Wunsch nach Separation zeigt sich z. B. in folgender Antwort: «Tiere, als wenn sie zusammengeklebt oder zusammengewachsen sind, und sie wollen auseinander.» (Tafel 18).

Gegenüber den eben angeführten Fabulierten Kombinationen überwiegen jedoch solche, bei denen die von den Borderline-Patienten gedeutete *Loslösung unter Einsatz von Gewalt und Zerstörung* vor sich geht. In einigen Antworten wird diese Gewalttätigkeit damit begründet, daß eine oder mehrere andere Figuren die Loslösung verhindern wollen. In bestimmten Fabulierten Kombinationen drückt sich außerdem die Annahme aus, daß ein solches gewalttätiges Festhalten oder auch die gewaltsame Loslösung zur Verletzung oder Zerstörung der betreffenden Figuren führt:

«Sehe ich als Explosion, aus dem Inneren heraus: eine positive Explosion, weil das Positive von dem Schwarzen, Unangenehmen festgehalten wird und jetzt nach außen explodiert. Zwei Menschen und viele Hände, nur Arme, sieht man die Gesichter nicht, die das Positive festhalten, daß es nicht rauskommt.»

«Wie zwei halbe Menschen, denen fehlt überall etwas, jeder hat nur ein Bein und einen Arm. ... Sehen auseinandergerissen aus, hier die Fransen.»

In bestimmten Fabulierten Kombinationen werden Figuren als getrennt gesehen, wobei die Trennung als grausamer, gewaltsamer Akt gedeutet und den Figuren der Wunsch unterstellt wird, zusammenbleiben und die Trennung rückgängig machen zu wollen. Solche Antworten können im Sinne Mahlers das Vermissen der «symbiotischen mütterlichen Hälfte des Selbst» und den *Wunsch nach Wiedervereinigung* repräsentieren (Mahler et al. 1984, S. 99). Joffe und Sandler (1965) sprechen in diesem Zusammenhang vom «idealen Zustand des Selbst»:

«Zwei Gestalten, als wenn die sich an den Händen halten, immer mehr auseinandergerissen werden, darüber eine Fratze, die sich darüber freut, daß die sich nicht mehr halten können. Als wenn die ein breites, bösartiges Grinsen hat.»

«Einhorn, Phantasiefigur, Mensch, der drauf sitzt, hier genauso. Zwei Gesichtshälften, rechts und links ein Auge. Ein Strich: Trennung, Trennstrich. Die beiden wollen zueinander, die Mauer trennt sie. Trennlinie, trennt auch das Gesicht. Gesicht guckt runter auf die beiden Reiter ... das Gesicht guckt für mich unheimlich, böse und finster, vielleicht auch ein bißchen traurig.»

In bestimmten Fabulierten Kombinationen werden Figuren gesehen, die sich einander annähren, wobei die Annäherung als etwas Gefährliches beschrieben wird. Auch gleichzeitige Annäherungen und Distanzierungen werden gesehen (Ambitendenz). Diese Antworten repräsentieren möglicherweise den *Wiederannäherungskonflikt* im Sinne Margaret Mahlers (Mahler et al., 1984). Auch die Angst vor Vernichtung und (Wieder-) Verschlingung sowie ein Austesten der «optimalen Entfernung» (Bouvet, 1958) kann sich hier ausdrücken:

«Wirkt wieder so kämpferisch, bedrohlich, Frau, die durch das bedroht wird: Kommst du mir noch näher, dann hab ich dich. Etwas Kampf, Gefahr: Wie weit kann ich an die Grenze gehen, bevor ich vernichtet oder gefressen werde. Die Scheide. Augenumfang. Die Arme. Aufklappbar wie eine Muschel. Aufgeklappt, gibt kein Gesicht, keine Nase, nur diese Augen.»

Aus den angeführten Antworten geht hervor, daß nicht alle Fabulierten Kombinationen bei Borderline-Patienten allein durch eine Bindung an die Anschauung erklärt werden können: Prozesse wie symbiotische Verschmelzung oder Loslösung «finden» auf den Tafeln tatsächlich ja nicht «statt». Diese Vorgänge werden von Borderline-Patienten hineingedeutet. Der Prozeß, der solchen Fabulierten Kombinationen zugrunde liegt, ist demnach ein komplexer: Er beginnt damit, daß Borderline-Patienten etwas in der Tafel wahrnehmen, das bei ihnen bestimmte Assoziationen auslöst. Diese Assoziationen beziehen sich auf primitive verinnerlichte Objektbeziehungen. In Analogie zur therapeutischen Situation kann man die auslösenden Merkmale der Tafeln als «Übertragungs-Auslöser» bezeichnen (König, 1991). Gespaltene, symbiotische oder andere primitive Objektbeziehungen werden als nächstes externalisiert und in die Tafel hineingedeutet. Es setzt nun aber keine kritische Prüfung ein, in der die eigenen Assoziationen mit der Realität verglichen und die gegebenen Deutungen mit der Realität, nämlich der Tafel in Einklang gebracht werden. Für eine realitätsangemessene Deutung ist ein solcher kritischer Vergleich von Innen und Außen notwendig (Rapaport, Gill und Schafer, 1945/46). Das Ergebnis ist eine Fabulierte Kombination, eine phantastische, mit der Realität nicht zu vereinbarende Verbindung von Objekten. *Inhaltlich* kommen in vielen Fabulierten Kombinationen primitive verinnerlichte Objektbeziehungen zum Ausdruck. *Formal* drückt sich in einer Fabulierten Kombination zum einen eine mangelnde Abgrenzung zwischen Objekten aus. Zum anderen zeigt eine Fabulierte Kombination einen Mangel an aktiver kritischer Prüfung an der Realität an. In diesem Sinne ist der kognitive Modus von Borderline-Patienten «passiv» im Sinne von Shapiro (1991, S. 151). Für Borderline-Patienten sind ihre Projektionen real. Für sie enthalten die Tafeln tatsächlich Ungeheuer: «Wenn Sie lauter so Bilder mit Monstern haben, können wir gleich aufhören !...»

In diesem Sinne könnte man sagen, daß auch bei solchen Fabulierten Kombinationen, die verinnerlichte Objektbeziehungen widerspiegeln, eine Bindung an die Anschauung zum Ausdruck kommt. Allerdings wird diese «Anschauung» weniger durch das bestimmt, was die Merkmale der Tafel nahelegen, als durch das, was Borderline-Patienten aus ihrer inneren Welt hineinsehen. Von dieser «Anschauung» können sich Borderline-Patienten dann nicht mehr distanzieren. Bei einer Antwort wie «Monster, die ein Gerippe auffressen», werden «Monster» und «Gerippe» jedoch nicht gesehen und aggressiv miteinander verbunden, «weil sie da sind» (Bindung an die Anschauung), sondern weil es den verinnerlichten Objektbeziehungen von Borderline-Patienten und ihrem Übertragungsbedürfnis entspricht.

3.5.10 Eigenwillige Logik

Eine weiteres Merkmal primärprozeßhaften Denkens, das für Borderline-Patienten charakteristisch ist, sind phantastische Begründungen (Leichsenring, 1991 c). Rapaport et al. (1945/46, S. 439) sowie Holtzman et al. (1961) bezeichnen solche bizarren Begründungen als autistische Logik («Autistic Logic»).[38]

Ein Beispiel für eine solche phantastische Begründung findet sich in der oben zitierten Höhlenantwort: Die Reiter sind «schon eingefangen, weil das nach großen Ohren aussieht, sie sind im Bann der Person.»

Ein anderes Beispiel ist folgende Antwort zur Tafel 22 der Form B der Holtzman-Inkblot Technik (Neumann, 1977, S. 23): «Büste von Mussolini, weil der untere Teil wie der italienische Stiefel aussieht.» Hierbei wird von einem kleinen Teil der Tafel, den der Patient als den «italienischen Stiefel» deutet, darauf geschlossen, daß der ganze Rest des betreffenden Teils der Tafel, eine sehr spezielle Büste, nämlich die von Mussolini, darstellt. Mit Mussolini hat der entsprechende Teil der Tafel dagegen so gut wie keine Ähnlichkeit. In der seltsamen Begründung der Antwort liegt der Kern dessen, was oben «phantastische Begründungen und eigenwilligen Logik» bezeichnet wurde und von Rapaport et al. (1945/46, S. 439) «Autistic Logic» genannt wurde.

Auch die «phantastischen Begründungen und eigenwillige Logik» von Borderline-Patienten können in Beziehung zu einem von Piaget beschriebenen Merkmal des Denkens stehen, nämlich dem «*prä-logischen Schlußfolgern*». Ein Beispiel für «prä-logisches Schlußfolgern» wäre etwa, wenn ein Kind

[38] Die Beeinträchtigung des logischen Schließenes kann unterschiedlich schwerwiegend sein. In der Holtzman Inkblot Technik werden vier Schweregrade bizarrer Logik unterschieden, die von 1 bis 4 reichen (Holtzman, 1961). Ein Beispiel des höchsten Schweregrades 4 ist folgende Antwort: (Holtzman, 1961, S. 35, Übersetzung F. L.) «Ein Herz, das Galle blutet – weil es zerbrochen und bitter ist.» Nach eigenen Untersuchungen sind bizarre Begründungen dieses Schweregrades jedoch nicht für Borderline-Patienten kennzeichnend, sondern für Schizophrene (Leichsenring, in Vorbereitung). Besonders charakteristisch für Borderline-Patienten sind dagegen schwere, aber nicht extrem schwere Formen eigenartiger Begründungen (Leichsenring, 1991 c). Diese werden in der Holtzman Inkblot Technik mit dem Schweregrad 3 signiert.

sagt, ein Freund sei hingefallen, weil er verletzt ist: «Das Kind schließt hier vom Besonderen auf das Besondere» (Miller, 1993, S. 68).

Bei einer bestimmten Form solcher bizarrer Logik wird im Rorschach-Test von einem kleinen Teil der Tafel unangemessen auf die ganze Tafel oder einen wesentlich größeren Bereich geschlossen. Ein Beispiel hierfür ist die oben angeführte Antwort «Büste von Mussolini, weil der untere Teil wie der italienische Stiefel aussieht.» In der Rorschach-Literatur wird eine solche Antwort als DW-Antwort bezeichnet, weil von einem Detail (D) auf das Ganze (Whole) geschlossen wird (Rapaport et al., 1945/46). DW-Antwort stellen ein Beispiel für eine Art des Denkens dar, die Piaget als *«transduktives Denken»* bezeichnet hat (vgl. Rapaport et al. 1945/46, S. 311, 430): Bei «transduktivem Denken» werden Schlüsse auf eine Gesamtsituation gezogen, die von Erfahrungen mit nur einem kleinen und begrenzten Teil der Gesamtsituation ausgehen (Rapaport et al., 1945/46, S. 428). Sie führen zu unangemessenen Verallgemeinerungen (Rapaport et al. 1945/46, S. 311).

Solche transduktiven Schlüsse können an der «Spaltung», der Aufteilung von Objekt- und Selbstrepräsentanzen in «gut» und «böse» beteiligt sein: Wenn z. B. ein «gutes» Objekt ein *bestimmtes* Bedürfnis (*hier und heute*) nicht befriedigt, wird daraus geschlossen, daß es *«ganz»* böse ist: Es läßt den Patienten *immer* allein mit seinen Bedürfnissen, befriedigt nicht nur das eine Bedürfnis nicht, sondern *alle* seine Bedürfnisse und das nicht nur jetzt, sondern *immer*. Wahrscheinlich hat es sowieso *nur* böse Absichten. Solche transduktiven Schlüsse können in Konfliksituationen dem Umschlagen von «ganz gut» zu «ganz böse» zugrundeliegen oder zumindest daran beteiligt sein.

Paulina Kernberg (1994, S. 64) weist darauf hin, daß Borderline-Patienten, wenn sie sich selbst beschreiben, nur einen Aspekt ihres Selbst als das ganze Bild präsentieren, entweder den «guten» oder den «bösen»: Ein Teil steht für das Ganze. Dem kann eine Verleugnung des «Rests» zugrundeliegen, aber auch ein transduktives Denken: Von einem Teil der Persönlichkeit wird auf die ganze Persönlichkeit verallgemeinert. Ein solcher transduktiver Schluß kann aber Verleugnungen einschließen: Wenn jemand sich im Moment als «gut» erlebt und daraus schließt, daß er «nur gut» ist, ist dies eine unangemessene Verallgemeinerung, in der verleugnet wird, daß der Betreffende auch anders ist.

Ich habe oben im Text die verallgemeinernden sprachlichen Ausdrücke hervorgehoben (ganz, immer, nur). Wie in Abschnitt 3.3 erläutert, sehe ich solche sprachlichen Ausdrücke als Hinweise auf eine Vermeidung von Ambiguität an. Es ist daher zu erwarten, daß «Autistische Logik» in der Holtzman Inkblot Technik mit der Vermeidung von Ambiguität einhergeht. Dies ist tatsächlich der Fall: Je häufiger Borderline-Patienten solche sogenannten «A-Ausdrücke» verwenden, desto häufiger sind auch schwerere Formen «Austistischer Logik». Dieser Zusammenhang ist statistisch signifikant. «Austistische Logik» hängt damit bei Borderline-Patienten auch mit der Vermeidung von Ambiguität zusammen.[39]

Piaget bezeichnet die Tendenz, die Aufmerksamkeit nur auf ein herausragendes, dominierendes Merkmal eines Objekts zu richten und andere zu ignorieren als *«Zentrierung»* (Miller, 1993, S. 67). Eine solche Zentrierung findet auch bei transduktivem Denken statt: Es wird von begrenzten Aspekten oder auch Erfahrungen mit einem Objekt auf das Gesamtobjekt geschlossen, obwohl andere Aspekte des Objekts damit nicht vereinbar sind.

Auch die *Vermeidung von Ambiguität* stellt eine Zentrierung dar: Wenn jemand als «immer» oder «nur» oder «ganz» böse oder gut gesehen wird, erfolgt eine Zentrierung auf diese Aspekte, es wird nicht berücksichtigt, daß er «manchmal» oder «auch» oder «etwas» böse oder gut ist.

Montada (1987, S. 424) beschreibt die Zentrierung für Kinder folgendermaßen: «Wenn ein Kind die zweite Dimension ins Auge faßt (Piaget spricht dann von einer Dezentrierung oder Umzentrierung) verliert es oft die erste wieder.»[40]

Auch aus der *«Zentrierung»* läßt sich eine plausible Beziehung zur Spaltung ableiten: Borderline-Patienten richten die Aufmerksamkeit auf ein herausragendes Merkmal des Objekts z. B. auf die «guten» Eigenschaften und ignorieren andere z. B. die «bösen». Wenn sie die zweite Dimension, z. B. die «böse» ins Auge fassen, geht die erste, nämlich die «gute» verloren. Allerdings ist hier das «Verlieren» der zweiten Dimension abwehrbedingt. *Spaltung kann insofern auch als eine Form oder als ein Ausdruck der «Zentrierung» angesehen werden.* Dann hat die «Zentrierung» Abwehrfunktion.

Wie Selbstbezug und phantastische Verbindungen tritt ein solches «prä-logisches Schlußfolgern» bei Borderline-Patienten in Zusammenhang mit Spaltung und primitiven Formen von Objektbeziehungen (z. B. Auffressen, Aussaugen, Zerstören) auf. Dies geht zum Beispiel aus der bereits mehrfach herangezogenen «Höhlen-Antwort» hervor: Die «Reiter» werden «im Bann der Person» gesehen, «weil das nach großen Ohren aussieht.» Diese Zusammenhänge können auch empirisch-statistisch nachgewiesen werden (z. B. Leichsenring, 1991 c, 1991 d, Tab. 4 und 5). «Autistische Logik» geht auch mit mangelhafter Realitätsprüfung einher (Tab. 5).

Alle bisher dargestellten Ergebnisse sprechen dafür, daß das sekundärprozeßhafte Denken und die Realitätsprüfung bei Borderline-Patienten nicht im-

[39] «Austistische Logik» des Schweregrades 3 korreliert in der von mir mit der Holtzman Inkblot Technik untersuchten Stichprobe von 30 Borderline-Patienten signifikant mit «A-Ausdrücken» (r = 0.35).

[40] Das Verlieren der ersten Dimension, wenn die Aufmerksamkeit auf die zweite gerichtet wird, wird als «Rigidität» des Denkens (Miller, 1993, S. 67) oder «Unbeweglichkeit» (Montada, 1987, S. 424) des Denkens bezeichnet.

mer beeinträchtigt sind, sondern nur, wenn es zum Aktualisieren von Konflikten kommt, die mit Angst und Aggression sowie mit Spaltung und primitiven Formen von Objektbeziehungen zu tun haben: Vorhandene Fähigkeiten werden in spezifischen Konfliktsituationen aufgegeben oder brechen zusammen.

3.5.11 Resumee: Präoperatives Funktionieren als kognitiv-affektiver Stil von Borderline-Patienten

In diesem Abschnitt sollen die oben angestellten Überlegungen über primärprozeßhaftes Denken, Abwehrmechanismen und präoperationales Funktionieren zusammenfassend diskutiert werden.

Folgende Merkmale kennzeichnen nach den oben angestellten Überlegungen das «Denken» von Borderline-Patienten (der Population nach Gunderson und Kernberg) vor allem in Konfliktsituationen:

- Egozentrismus (Selbstbezogenheit),
- mangelhafte Perspektivenübernahme im zwischenmenschlichen Bereich (mangelhafte Empathie),
- Bindung an die Anschauung und den dominierenden Wahrnehmungseindruck,
- mangelnde Invarianz gegenüber Transformationen,
- Zentrierung auf ein herausragendes Merkmal unter Ignorierung anderer,
- Unbeweglichkeit: das zweite Merkmal geht verloren,
- Zentrierung auf Zustände,
- Ungleichgewicht: Widersprüche werden nicht als solche empfunden,
- Irreversibilität,
- transduktives Denken, prälogisches Schließen.

Bei diesen Merkmalen handelt es sich durchgehend um Charakterisika einer Form des Denkens, die Piaget als *«präoperativ»* bezeichnet (Miller, 1993, S. 66). Wie bereits bemerkt, denkt das Kind nach Piaget im Alter von 2 bis 7 Jahren «präoperativ»: «Präoperatives Denken» erfolgt auf der Basis mentaler Repräsentationen, über die das Kind im Unterschied zum vorhergehenden «sensumotorischen Stadium» jetzt verfügt. Bestimmte Operationen stehen ihm allerdings noch nicht zur Verfügung. Diese erwirbt es erst im nachfolgenden Stadium, das Piaget als «konkret-operativ» bezeichnet.

Das Denken von Borderline-Patienten weist nach den angestellten Überlegungen Merkmale «präoperativen» Denkens auf. Die gefundenen engen Zusammenhänge zwischen Denken, Affekten und Objektbeziehungen weisen aber darauf hin, daß die herausgearbeiteten Merkmale präoperativen Funktionierens bei Borderline-Patienten nicht generell bestehen, sondern in konflikthaften Situationen und Bereichen. Wenn das Denken von Borderline-Patienten in Konfliktsituationen «präoperativ» ist, so impliziert das, daß ihm ein Mangel an «konkreten Operationen» im Sinne Piagets zugrundeliegt: Ein Mangel von Reversibilität etwa kann dazu führen, daß das «gute» Bild nicht in das «böse» zurückgeführt werden kann und umgekehrt. Durch mangelhafte «Umzentrierung» können «gute» und «böse» Aspekte nicht gleichzeitig präsent gehalten werden. Wenn keine Invarianz gegenüber Transformationen besteht, wird eine frustrierende oder ärgerliche Mutter zur «ganz bösen» Mutter: Wenn sie *erlebt* wird wie eine «Hexe», wird sie zur Hexe. Es besteht keine «Identität» im Sinne Piagets, d. h. ein Objekt behält seine grundlegende Natur nicht, wenn sich sein Erscheinungsbild verändert.[41]

Zu beachten ist bei den angestellten Überlegung allerdings folgendes: Die beschriebenen Phänomene (Bindung an die Anschauung, «Zentrierung», mangelnde Invarianz gegenüber Transformationen, mangelnde Reversibilität usw.) sind von mir zunächst nur für das *Denken* von Borderline-Patienten untersucht worden. Ein Zusammenhang zu Affekten, Abwehrmechanismen und Objektbeziehung kann in mehrfacher Weise bestehen:

1. Die beschriebenen präoperationalen Merkmale können die Entwicklung im affektiven und interpersonellen Bereich beeinträchtigen, weil mit ihnen bestimmte kognitive *Voraussetzungen* fehlen: Nur wenn sich z. B. das Denken in konflikthaften Situationen vom dominierenden Wahrnehmungseindruck lösen kann, können es auch die Gefühle. Nur wenn ein Objekt in konflikthaften Situationen als dasselbe erkannt wird, wenn sich sein Erscheinungsbild ändert, können «gute» und «böse» Aspekte integriert werden. Emotionale Objektkonstanz etwa setzt kognitive Objektpermanenz voraus (Mahler et al., 1984).

[41] Es besteht eine gewisse zeitliche Übereinstimmung zwischen der Phase des präoperationalen Denkens nach Piaget, die sich vom zweiten bis zum siebten Lebensjahr erstreckt, und der Wiederannäherungsphase nach Mahler, die im zweiten Lebensjahr beginnt und im dritten Lebensjahr ihren Abschluß findet (Mahler et al. 1984). Für die hier angestellten Überlegungen sind Fragen einer zeitlichen Festlegung jedoch untergeordnet: Mir geht es darum, Prozesse herauszuarbeiten, die primärprozeßhaftem Denken oder Funktionieren bei erwachsenen Borderline-Patienten zugrundeliegen. Hierbei scheint es sich um Merkmale des präoperationalen Denkens zu handeln. Eine zeitliche Zuordnung zu einem bestimmten Lebensalter oder Entwicklungsabschnitt ist dafür nicht unbedingt erforderlich.

Es stellt sich aber hier die Frage, was mit «Denken» und «Erkennen», mit «kognitiven» Funktionen überhaupt gemeint ist. Hierauf soll als nächstes eingegangen werden.

2. Die herausgearbeiteten Merkmale «präoperativen» Denkens sind von mir nicht für das rationale, sekundärprozeßhafte Denken, sondern für primärprozeßhaftes Denken von Borderline-Patienten untersucht worden. Primärprozeßhaftes Denken ist an sich bereits eng verflochten mit primitiven Affekten, Abwehrmechanismen und Objektbeziehungen (Rapaport, 1973, S. 30; Kernberg, 1981, S. 110; Leichsenring, 1991 c, 1991 d).

Auf einer rationalen Ebene ist es Borderline-Patienten klar, daß das «böse» Objekt dieselbe Person X ist wie das vormals «gute» Objekt. Auf einer primitiveren kognitiven Ebene, der des primärprozeßhaften «Denkens», scheint dies jedoch nicht der Fall zu sein, wie die oben angeführten Ergebnisse zu Kontaminationen und mangelnder Invarianz gegenüber Transformationen zeigen.

Das Denken folgt hier nicht mehr den Regeln der rationalen Logik: Konzepte verlieren ihre Identität, ihre Grenzen, werden entgegen aller rationalen Logik phantastisch verbunden. Es treten Eigenbezüge auf und eigentümliche Begründungen. Vermutlich ist es das, was Kernberg (1967, 1983, S. 44) mit einer «Ich-Regression auf primitive kognitive Strukturen» bezeichnet, die im Zusammenhang mit der Reaktivierung primitiver Abwehrmechanismen und Objektbeziehungen bei Borderline-Patienten stattfindet.[42]

Kernberg beschreibt, wie eingangs zitiert, die enge Verflechtung von kognitiven Funktionen, Affekten und Objektbeziehungen unter dem Begriff des *Primärprozeßfunktionierens* (1981, S. 110): Im Rahmen der frühesten internalisierten Objektbeziehungen werden affektive und kognitive Funktionen miteinander verbunden. Es gibt daher keinen «reinen Affekt» und kein «reines Primärprozeßdenken». Beide stellen eng miteinander verflochtene Aspekte des Primärprozeßfunktionierens dar (Kernberg, 1981).

Diese Annahmen Kernbergs stimmen sehr gut mit den Ergebnissen meiner eigenen Untersuchungen über die engen Zusammenhänge zwischen primärprozeßhaftem «Denken», Affekten, primitiven Abwehrmechanismen und Objektbeziehungen überein.

Was also in den letzten Abschnitten als primärprozeßhafte «*Denk*»-Vorgänge (Selbstbezug, phantastische Verbindungen, eigenwillige Logik usw.) bezeichnet wurde, stellt daher bei Zugrundelegung der Sicht Kernbergs eher *einen*

[42] Wie eng der Zusammenhang zwischen Denken/Wahrnehmung und Gefühlen grundsätzlich ist, kann sich jeder Leser klarmachen, wenn er oder sie sich vorstellt, jemand würde eine Pistole auf ihn richten. Wie schnell ändern sich Ihre Gefühle, wenn Sie erkennen, daß es sich um eine Wasserpistole handelt!

Aspekt primärprozeßhaften Funktionierens dar, dessen andere Aspekte in primitiven Affekten und korrespondierenden Selbst- und Objektvorstellungen bestehen: Bei Borderline-Patienten sind kognitive Funktionen, Affekte, primitive Abwehrmechanismen und Objektbeziehungen eng miteinander verflochten und beeinflussen sich vermutlich wechselseitig zu etwas, was ich als «*Borderline-Funktionsstil*» bezeichnen möchte: den kognitiv-affektiven Stil von Borderline-Patienten (der Population nach Gunderson und Kernberg).

Kernberg erläutert nicht, durch welche Merkmale primärprozeßhaftes Funktionieren bei Borderline-Patienten gekennzeichnet ist. Genau das habe ich versucht herauszuarbeiten: Primärprozeßhaftes Funktionieren zeichnet sich als kognitiv-affektiver Stil von Borderline-Patienten durch *Selbstbezug, Eigentümlichkeit, phantastische Verbindungen und eigenwillige Begründungen sowie durch die enge Verbindung dieser Merkmale mit primitiven Affekten, Objektbeziehungen und Abwehrmechanismen* aus.

Nach den oben angestellten Überlegungen können diesen Merkmalen primärprozeßhaften Funktionierens Charakteristika *präoperativen* Funktionierens nach Piaget zugrundeliegen wie z. B. Zentrierung, Irreversibilität, Bindung an die Anschauung oder mangelnde Invarianz gegenüber Transformationen.

3. Ich vermute, daß diese Merkmale *präoperativen Funktionierens* nicht nur das Denken, sondern auch die Affekte, die Abwehrmechanismen und Objektbeziehungen von Borderline-Patienten kennzeichnen: Sie sind ja von mir aus Merkmalen primärprozeßhaften Funktionierens herausgearbeitet worden, das eng verflochten ist mit Affekten, Abwehrmechanismen und Objektbeziehungen. Diese Annahme ist in Übereinstimmung mit den Vorstellungen von Piaget und Flavell: Auch Piaget nimmt ja an, daß Denken, Fühlen und zwischenmenschliche Beziehungen parallel zueinander sind und sich gegenseitig beeinflussen (Piaget, 1995; Miller, 1993, S. 100). So entspricht dem symbiotischen Zustand der Ungeschiedenheit zwischen Selbst und Nicht-Selbst, den Piaget (1995, S. 75) als «affektiven Narzißmus» bezeichnet, ein kognitiver Egozentrimus. Piaget (1995, S. 75) erläutert dies an folgendem Beispiel: «Zeigt man zum Beispiel einem Baby die Funktionsweise eines Lichtschalters, öffnet und schließt es abwechselnd seine Augen vor ihm; denn es kann noch nicht zwischen dem Übergang von hell zu dunkel als Folge einer äußeren Veränderung und damit zwischen der Betätigung des Lichtschalters und dem Öffnen und Schließen der Augen unterscheiden. Hier finden wir die Symmetrie zwischen dem affektiven Narzißmus und dem kognitiven Egozentrimus.» Um eine Beziehung zu einem Objekt einzugehen, muß nach Piaget sowohl eine *kognitive* Dezentrierung als auch eine *affektive* Dezentrierung stattfinden (Piaget, 1995, S. 77). Objekte sind nicht einfach da, sondern müssen sowohl kognitiv als auch affektiv konstruiert werden (Piaget, 1995, S. 77). In Abgrenzung zu seiner Auffassung der Sicht Freuds betont Piaget (1995,

S. 79, 80): «...es (gibt) nicht zwei Entwicklungen, hier die kognitive, dort die affektive, auch nicht zwei voneinander getrennte psychische Funktionen und ebensowenig zwei verschiedene Arten von Objekten ... Alle Objekte sind gleichzeitig kognitiv und affektiv. So konstituiert sich die andere Person sowohl als Objekt der Erkenntnis wie auch als Objekt der Gefühle.»

Übertragungen und damit zusammenhängende Affekte sind nach Piaget (1995, S. 94) nicht einfach im Unbewußten «abgelegt», gespeichert. Ein in der Vergangeheit erlebtes Gefühl wie z. B. Wut bleibt nicht einfach als solches erhalten. Es taucht nicht einfach aus dem Unbewußten auf und verschwinden dort wieder. Es wird vielmehr immer wieder *rekonstruiert:* «Was erhalten bleibt, ist nicht das Gefühl selbst, sondern ein bestimmtes Schema, demgemäß wir auf andere Personen reagieren. Wenn genaugenommen ein Gefühl aufkommt, wieder verschwindet oder in seiner Intensität schwankt, so geschieht das nicht, weil es ins Unbewußte versinkt oder wieder aus ihm auftaucht, sondern weil es sich immer wieder hervorbringt, sich dann verbraucht und wieder hervorbringt. Das heißt, daß es sich bei jeder entsprechenden Gelegenheit rekonstruiert.»

Solche Reaktionsschemata neigen nach Piaget zur Wiederholung und vor allem zur Generalisierung (1995, S. 94, 95, Hervorhebung F. L.): «Damit ist gemeint, daß eine Person in vergleichbarer Situation mehr oder weniger konstant reagiert, auch gegenüber verschiedenartigen Individuen. Die Bildung solcher Schemata beginnt mit den Reaktionen des Kindes gegenüber seinen Eltern. Der Charakter einer Person besteht im Zusammenspiel von Schemata aus affektiven und kognitiven Reaktionen. *Diese Schemata sind natürlich von einer Dynamik, die der entspricht, die wir für den kognitiven Bereich untersucht haben.»*

Zu Konflikten zwischen Affekten und Kognitionen kommt es nach Piaget dann, wenn affektive und kognitive Funktionen aktiviert werden, die unterschiedlichen Entwicklungsstufen entsprechen. Dies ist z. B. der Fall, wenn die affektiven Funktionen einer niedrigeren Stufe der Entwicklung entstammen als die kognitiven Operationen. Piaget bezeichnet dies als «Regression» (Piaget, 1995, S. 126).

Es soll jedoch nicht verschwiegen werden, daß sich auch bestimmte Schwierigkeiten ergeben, wenn Operationen, die für den kognitiven Bereich gültig sind, auf den affektiven Bereich übertragen werden. Krause (1988) weist auf einige dieser Schwierigkeiten hin: So hält er es für fraglich, daß ein Affekt, genauer: dessen körperliche Komponente durch einen gegensätzlichen Affekt rückgängig gemacht werden kann (S. 651): «Angst plus Freude annuliert nicht beide Zustände, sondern ergibt einen neuen.» – Krause (1988, S. 635, 636) unterscheidet bei einem Affekt eine physiologische Komponente, eine expressive Komponente, eine motorische (motivationale) Komponente, eine bewußte Wahrnehmung der körperlichen Komponenten sowie eine Benennung und Bewertung der Wahrnehmung, der auslösenden Situation sowie eine Zuordnung zum Selbst- bzw. zum Objektbereich. Die *kognitiven* Anteile der Affekte folgen jedoch nach Krause denselben Prinzipien wie kognitive Operationen allgemein (Krause, 1988, S. 652): «In der Phantasie aber gelten die Gesetzmäßigkeiten der kognitiven Operationen, z. B. die Reversibilität. Hier kann ich jemanden umbringen und dann durch Liebe wieder auferstehen lassen, d. h. durch die Bindung der Affekte an Imaginationen unterliegen die kognitiven Anteile derselben den Gesetzmäßigkeiten der Imaginationen und des Denkens.»

Hieraus folgt, daß die von mir herausgearbeiteten Merkmale präoperationalen Denkens im *affektiven Bereich* nicht für «die Affekte» von Borderline-Patienten allgemein gültig sind, sondern allenfalls für deren kognitive Anteile: Für die *Vorstellungen* vom Selbst und den Objekten können sie durchaus Gültigkeit haben, weil für Vorstellungen die Gesetzmäßigkeiten der kognitiven Operationen gültig sind. Die Zuordnung von wahrgenommenen Affekten zu Selbst und Objekten stellt einen Teil des kognitiven Anteils der Affekte dar.

Durch eine therapeutische Einwirkung auf den kognitiven Anteil der Affekte lassen sich die Affekte verändern, weil sie an Vorstellungen gebunden sind. Dies ist ein Grundgedanke z. B. der kognitiven Verhaltenstherapie (z. B. Beck und Greenberg, 1979; auch Beck und Freeman, 1993).

Krause (1988) weist auch darauf hin, daß affektive und kognitive Entwicklung durchaus nicht immer parallel verlaufen: So wird emotionale Objektkonstanz viel später erreicht als kognitive Objektpermanenz. Auch seien gegenständliche Objekte, anhand derer kognitive Operationen erforscht werden, nicht gleichzusetzen mit menschlichen Objekten.

Piaget und Flavell gehen dagegen davon aus, daß es allgemeine kognitive Strukturen und Operationen gibt, die sowohl für nicht-menschliche als auch für menschliche Objekte gelten. Durch Dezentrierung und Reversibilität etwa wird der Egozentrismus sowohl in der Wahrnehmung gegenständlicher als auch menschlicher Objekte überwunden. Dies ermöglicht zwischenmenschliche Beziehungen, die auf Gegenseitigkeit beruhen und die Entwicklung moralischer Gefühle (Piaget, 1995). Es findet eine Lösung von dem unmittelbaren persönlichen Interesse statt. Diese vollzieht sich in den affektiven Funktionen und *parallel dazu* in den kognitiven Funktionen (Piaget, 1995, S. 82): «Hier findet man hinsichtlich der kognitiven Funktionen eine genaue Entsprechung. Der rein praktischen Intelligenz, die lediglich auf Erfolg ausgerichtet ist, folgt eine durch inneren Abstand charakterisierte, mit Vorstellungen und Erkenntnissen operierende Form der Intelligenz. Sie setzt Dezentrierung voraus und hat Einsicht zum Ziel.» In entsprechender Weise werden im affektiven Bereich Handlungen möglich, die nicht zu einer «Bereicherung» der eigenen Person zu führen scheinen, sondern im Gegenteil «Opfer fordern» und die Piaget deshalb als «selbstlos» bezeichnet (Piaget, 1995,

S. 82). Auch Kohlberg (z. B. 1976) betont in seiner Weiterentwicklung der Theorie Piagets die strukturelle Entsprechung von kognitiver und affektiver Entwicklung: So hat z. B. die Reversibilität des Denkens ihr Gegenstück in der Gegenseitigkeit und Reversibilität von moralischen Regeln. Aber auch für andere zwischenmenschliche Verhaltensweisen bestehen nach Kohlberg solche Zusammenhänge zur kognitiven Entwicklung (Kohlberg, Lacrosse und Ricks, 1972).

Nun unterscheiden sich gegenständliche und menschlicher Objekte sowie unsere Beziehung zu ihnen in verschiedener Hinsicht. Daher stellt sich durchaus die Frage, inwieweit die Operationen, die das Verständnis nicht-menschlicher Objekte kennzeichnen, auch für das Verständnis menschlicher Objekte gelten. Andererseits bestehen jedoch nicht nur Unterschiede zwischen sozialen und nicht-sozialen Kognitionen, sondern auch Gemeinsamkeiten (Flavell, Miller & Miller, 1993, S. 177, Übersetzung F. L.): «An erster Stelle: Der Kopf, der über die soziale Welt nachdenkt ist derselbe, der über die nicht-soziale Welt nachdenkt. Alle die grundlegenden mentalen Werkzeuge, die ... beschrieben worden sind (Wissensstruktur, symbolische Fähigkeiten, Informations-Verarbeitungs-Kapazitäten usw.), können benutzt werden, um sowohl soziale als auch nicht-soziale Daten zu kategorisieren, zu erinnern, darüber nachzudenken und auf andere Art zu manipulieren. Dank dieser Werkzeuge kommt es dazu, daß sowohl die soziale als auch die nicht-soziale Welt als 'strukturiert, stabil und bedeutungsvoll' erlebt wird...»

Flavell et al. (1993) halten es zwar für wahrscheinlich, daß die menschliche Spezies zumindest bestimmte bereichs-spezifische kognitive Werkzeuge entwickelt hat, um Informationen über soziale Objekte zu gewinnen, wie z. B. bei dem Erwerb der Sprache. Sie warnen aber davor, die Rolle spezieller bereichs-spezifischer Prozesse überzubewerten (Flavell et al., 1993, S. 183, Übersetzung F. L.): «Die meisten der grundlegenden Prozesse und Operationen, die bei sozialen Kognitionen verwendet werden, werden wahrscheinlich auch bei nicht-sozialen Kognitionen verwendet. Obwohl das, worüber man nachdenkt, einen Einfluß hat, wie man denkt, sollten wir uns auch daran erinnern, daß es derselbe Verstand ist, der das Denken vornimmt.»

Empirische Untersuchungen sprechen tatsächlich auch für die Generalität solcher Operationen und Strukturen: In diesen Untersuchungen wurde faktorenanalytisch ein Hauptfaktor gefunden, auf dem die verschiedenen Maße für Egozentrismus (räumlich, sozial, kommunikativ usw.) gemeinsam laden (Rubin, 1973, van Lieshout et al. 1973). Dieser Faktor wurde als «Dezentrierungs-Faktor» (Rubin) bzw. «Rollenübernahme-Faktor» (van Lieshout) interpretiert.

Die enge Verflechtung von Denken, Fühlen und auch Handeln wird auch von Ciompi (z. B. 1986) in seinem Konzept der «Affektlogik» hervorgehoben. Denken und Fühlen werden als komplementäre Erfassungsweisen der Wirklichkeit angesehen. In diesem Sinne stellen auch Affekte «Kognitionen» im weiteren Sinn dar, d. h. sie enthalten einen kognitiven Aspekt (Ciompi, 1986). Ciompi weist allerdings auch auf Unterschiede zwischen den beiden Modi der Informationsverarbeitung hin: z. B. ist Fühlen vorwiegend ganzheitlich, körpernah und bildhaft, das Denken vorwiegend analytisch, körperfern-abstrakt und sprachlich. Die beide Arten der Information ergänzen sich und ergeben zusammen ein Bild der Wirklichkeit, das sowohl Tiefe und Ganzheitlichkeit (Affekt) als auch Schärfe (Denken) hat (Ciompi, 1986).

Für den vorliegenden Zusammenhang ist es relevant, daß Ciompi nicht nur auf die Verbindung von Denken und Fühlen, sondern auch auf deren Verbindung mit Handeln hinweist: Im Zusammenhang mit seiner Annahme einer hierarchischen Organisation von Affekten, die mit einer hierarchischen Organisation von Kognitionen korrespondiert, schreibt er (S. 388): «Da die Affekte nach dem Konzept der Affektlogik Komponenten von integrierten Denk-, Fühl- und Handlungsprogrammen sind, sind mit solchen Gefühlshierarchien ebenfalls Aktionshierarchien impliziert: 'Vaterländische Gefühle' verleiten zu vaterländischen Handlungen! Daraus ergibt sich eine plausible Verbindung zu Piagets Auffassung des Willens als 'affektive Regulation von Regulationen': Der «Wille» ist der Gefühls- und damit auch Handlungsimpuls, der, von einem affektiv-kognitiven Bezugssystem höherer Ordnung ausgehend, hierarchisch niedrigere Bezugssysteme dominiert bzw. reguliert. Er ist gewissermaßen ein 'verdichtetes Gefühl' und stellt insofern ein symmetrisches Gegenstück zur gedanklichen Verdichtung auf höherem Niveau, d. h. zur Abstraktion dar.»

Auf Borderline-Patienten angewendet bedeutet dies: Starke Gefühle z. B. von Wut, Angst oder Verlassenheit verleiten zu entsprechenden impulsiven wütenden, ängstlichen oder anderen Handlungen: zum Agieren z. B. in Form von Fremd- und Selbstverletzungen, Suizidversuchen, Drogenmißbrauch. «Primitive» Affekte, d. h. solche auf einer niedrigen oder elementaren Regulationsstufe im Sinne Ciompis gehen mit entsprechend «primitiven» Handlungen einher. Es ergibt sich eine interessante Parallele zwischen beeinträchtigter Affekt-Regulierung und beeinträchtigter Abstraktionsfähigkeit: So wie bei Borderline-Patienten im kognitiven Bereich die Abstraktion beeinträchtigt ist (Kernberg, 1981), die «gedankliche Verdichtung auf höherem Niveau» (Ciompi), so ist auch das «symmetrische Gegenstück» (Ciompi) auf der affektiven 'Schiene', der «Wille», die «affektive Regulation von Regulationen» (Piaget) beeinträchtigt: Affekt-Regulierung, Aufschub und Impulskontrolle. Abstraktion und Affekt-Regulierung entsprechen sich nach Ciompi auf einer höheren Ebene der kognitiven und affektiven Programme. Der «Wille» als «Regulierung der Regulierungen» setzt nach Piaget voraus, daß man sich über die momentanen Bedürfnisse erhebt, d. h. eine *Dezentrierung* von diesem affektiven Zustand vornimmt (Piaget, 1995, S. 114, Hervorhebung im Original): «Was hier in Erscheinung tritt, ist nicht geheimnisvoller als es die Phänomene der Dezentrierung im kognitiven Bereich sind. *Der Wille ist also die Analogie zu dieser Dezentrierung.»*

Der mangelhaften Impulskontrolle von Borderline-Patienten kann demnach eine mangelhafte Dezentrierung von den momentanen Bedürfnissen und affektiven Zuständen zugrundeliegen. Natürlich können auch weitere Prozesse daran beteiligt sein. Die Dezentrierung stellt in diesem Fall jedoch nicht nur eine rein kognitive Dezentrierung dar, wie Piaget betont: Der Betreffende versetzt sich aus der gegenwärtigen in eine vergangene Situation, in der Bilder und Werte wiederbelebt werden (Piaget, 1995, S. 115). Es ist anzunehmen, daß eine erfolgreiche Dezentrierung und Impulskontrolle dann gelingt, wenn Bilder und Affekte zur Verfügung stehen oder aktiviert werden können, in denen die eigenen Bedürfnisse befriedigt worden sind: wenn Urvertrauen im Sinne von Erikson (1956, 1977, z.B. S. 178, 179) besteht, eine «vertrauensvolle Erwartung» (Benedek, 1938; Mahler et al., 1984, z.B. S. 79, 143) . Hier wird deutlich, daß eine Dezentrierung im affektiven Bereich zwar eine Parallele zur Dezentrierung im kognitiven Bereich darstellt und diese auch voraussetzt, jedoch nicht auf diese reduzierbar ist (Piaget, 1995, S. 116).

Die entwicklungspsychologische Forschung über die Wechselwirkung zwischen kognitiver und affektiver Entwicklung steht jedoch erst am Anfang (Flavell, 1979; Miller, 1983, 1993). Deshalb sei vor allzu schnellen Vereinfachungen gewarnt.

Zurück zu Borderline-Patienten: Ich vermute, wie gesagt, daß die Merkmale präoperativen Funktionierens nicht nur das Denken, sondern auch die Affekte (in ihrem kognitiven Anteil), die Abwehrmechanismen und Objektrepräsentanzen von Borderline-Patienten kennzeichnen. So können etwa Zentrierung, Irreversibilität, Bindung an die Anschauung, Varianz gegenüber Transformationen und transduktive Schlüsse Mechanismen oder Prozesse sein, die zur Aufteilung der Objekt- und Selbstrepräsentanzen in «gut» und «böse» beitragen oder ihr zugrundeliegen: Das «gute» Bild eines Objekts oder des Selbst kann verlorengehen, wenn das «böse» ins Auge gefaßt wird: zwei (widersprüchliche) Dimensionen können nicht gleichzeitig gleichermaßen präsent gehalten werden (*«Unbeweglichkeit»*). Bei einer mangelnden *Invarianz gegenüber Transformationen* verändert ein Objekt seine grundlegende Natur oder Identität, wenn sich sein äußeres Erscheinungsbild verändert oder es anders, z. B. als «böse» erlebt wird. Für Borderline-Patienten kann jemand, um im Bild zu bleiben, durch eine «Hexenmaske» durchaus zur «Hexe» werden. Daß *Widersprüche nebeneinanderstehen*, ohne daß ein Widerspruch erlebt wird (Piagets «Ungleichgewicht»), gilt auch für Selbst- und Objektrepräsentanzen und wird geradezu als charakteristisch für Borderline-Patienten angesehen (Kernberg, 1983, 1988).

Vor allem dann, wenn «Spaltung» als komplexer Vorgang aufgefaßt wird, an dem verschiedene Mechanismen oder Prozesse beteiligt sind, können die angeführten Merkmale präoperativen Funktionierens bei der Aufteilung in «gut» und «böse» eine Rolle spielen. In Abbildung 2 habe ich versucht, diese Zusammenhänge zu veranschaulichen.

Auch die Vermeidung von Ambiguität kann an der Aufteilung von Objekt- und Selbstrepräsentanzen in «Gut» und «Böse» beteiligt sein. Oder anders: Sie kann diese auf einer bestimmten Erlebnisebene (mit-) ausmachen: als Vermeiden von Zwischenstufen und Unsicherheiten, als ein Denken in aboluten Kategorien, z. B. von «Schwarz» und «Weiß», «Gut» und «Böse», «Freund» und «Feind». Mit solchen absoluten Kategorien gehen auch absolute Gefühle einher: «reine» Liebe und «blanker» Haß, ungemischt und ohne Zweifel. Absolute Kategorien und Gefühle motivieren zu entsprechend extremen Handlungen, z. B. zum Angriff auf die «Feinde».

Therapeutisch kann eine solche Sicht der «Spaltung» dazu beitragen, die Aufmerksamkeit auf bestimmte Phänomene und Mechanismen zu richten und diese zu bearbeiten. Ein Verständnis der «Spaltung» als komplexem Vorgang eröffnet Möglichkeiten, zu untersuchen, was bei der «Spaltung» eigentlich wirklich passiert und welche Mechanismen ihr zugrundeliegen.

Selbst wenn es sich herausstellen sollte, daß die von mir herausgearbeiteten Merkmale präoperativen Funktionierens vielleicht doch nicht so zentral sind, ist der Blick frei, nach anderen Mechanismen zu suchen.

Betrachtet man Abbildung 2, so stellen sich allerdings verschiedene Fragen: In welchem Verhältnis stehen die einzelnen Prozesse oder Merkmale? Bestehen Zusammenhänge und Wechselwirkungen zwischen den einzelnen Prozessen oder Merkmalen? Gibt es übergeordnete Prozesse oder liegen alle auf einer Ebene? So ist etwa Zentrierung beteiligt am Ego-Zentrismus, an der Zentrie-

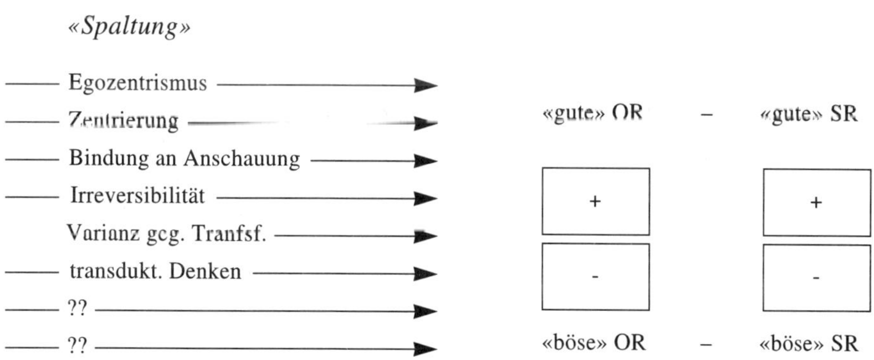

Abbildung 2: Zusammenhänge zwischen Merkmalen präoperativen Funktionierens und der Aufteilung von Objekt- (OR) und Selbstrepräsentanzen (SR) in «gut» und «böse» (Spaltung).

rung auf Zustände und der Zentrierung auf nur eine Dimension, die berücksichtigt wird. Der mangelnden Invarianz gegenüber Transformationen liegen vermutlich selbst verschiedene Prozesse zugrunde: Wenn sich das äußere Erscheinungsbild ändert und damit das Objekt zu einem anderen wird, kann eine Bindung an die Anschauung und eine mangelnde Reversibilität zugrundeliegen. Weiterhin stellt sich die Frage nach den Rückwirkung der aufgespaltenen Objekt- und Selbstrepräsentanzen auf diese Prozesse: Um die «Spaltung» aufrechtzuerhalten, muß weiter «zentriert» werden, darf nur ein Merkmal oder Zustand berücksichtigt werden, muß von einzelnen «guten» oder «bösen» Erlebnissen auf die ganze Person geschlossen und müssen andere Merkmale ignoriert werden (transduktives Denken), darf ein jetziges Erlebnis nicht in ein früheres zurückgeführt werden (Irreversbilität). Um die Spaltung aufrechtzuerhalten, müssen diese Mechanismen starr weiter eingesetzt werden und bei einer Infragestellung der Spaltung sogar noch verstärkt werden.

Eine andere Frage ist es, ob die angeführten Merkmale zur Erklärung der «Spaltung» ausreichen. Sind die von Kernberg beschriebenen primitiven Abwehrmechanismen notwendigerweise an der Aufteilung in «Gut» und «Böse» beteiligt? Geht es etwa nicht ohne Verleugnung? In welchem Zusammenhang stehen die Merkmale präoperativen Funktionierens und die von Kernberg beschriebenen primitiven Abwehrmechanismen der Verleugnung, Idealisierung, Entwertung, Projektion und projektiven Identifizierung: «Zentrierung» kann z. B. an der *Verleugnung* beteiligt sein: Borderline-Patienten «zentrieren» auf jeweils nur eine Seite des Selbst oder des Objekts, die andere Seite bleibt unberücksichtigt. Auch an *primitiver Idealisierung* und *Entwertung* kann «Zentrierung» beteiligt sein: Borderline-Patienten «zentrieren» hier nur auf die «guten» oder die «bösen» Aspekte. Es kommt aber noch etwas hinzu: eine Übertreibung der «guten» oder der «bösen» Aspekte. Wenn Borderline-Patienten «böse» oder «gute» Objekte *projizieren*, die sie dann für real halten und kontrollieren oder angreifen müssen, sehen sie die Welt und die Objekte nicht, wie sie wirklich sind. Sie sehen sie durch die Brille ihrer inneren Objekte und schreiben ihnen Eigenschaften zu, die aus ihrer eigenen inneren Welt stammen. Insofern ist Egozentrismus im Sinne einer mangelnden Unterscheidung zwischen Selbst und Nicht-Selbst, zwischen Innen und Außen an Projektionen beteiligt. Wenn jemand andere durch *projektive Identifizierung* dazu bringt, daß sie sich so fühlen wie er selbst oder wie ein inneres Objekt, dann ist außen dasselbe wie innen, Innen und Außen unterscheiden sich nicht. Insofern ist Egozentrismus auch an projektiver Identifizierung beteiligt.

Umgekehrt findet aber, wie ich oben gezeigt habe, z. B. eine Verschmelzung von Repräsentanzen, also eine mangelnde Invarianz gegenüber Transformationen, bei Borderline-Patienten im Rahmen dessen statt, was Kernberg (1983, S. 51) als «umschriebene Schwächung der Ichgrenzen im Bereich der

Projektion von Aggression» bezeichnet: So wird z. B. die Verschmelzung von Frau und Höhle zur «Höhlen-Frau» erst möglich auf dem Hintergrund einer verschlingenden Objektrepräsentanz, die projiziert wird. Andererseits wird die Objektrepräsentanz erst so gefährlich-verschlingend durch die Kontamination von Frau und Höhle.

Wenn transduktiv von einigen wenigen Merkmalen oder Erfahrungen mit einem Objekt auf das Gesamtobjekt geschlossen wird, obwohl andere Aspekte des Objekts damit nicht vereinbar sind, sind Verleugnungen impliziert sowie eine Beeinträchtigung der Realitätsprüfung: Nicht ins Bild passende Merkmale werden nicht berücksichtigt. An transduktiven Schlüssen sind daher andere Prozesse beteiligt.

Die beschriebenen Merkmale präoperativen Funktionierens können auch anderen Aspekten der Borderline-Pathologie als der «Spaltung» zugrundeliegen oder zu ihnen beitragen. Sie können Merkmale des *kognitiv-affektiven Funktionierens* von Borderline-Patienten (nach Gunderson und Kernberg) auf verschiedenen Erlebnisebenen sein, indem sie Denken, Wahrnehmung, Gefühle (in ihrem kognitiven Anteil), Objektbeziehungen und Abwehrmechanismen kennzeichnen (vgl. Abschnitt 3).

Dann würden sich Denken, Fühlen, Abwehrmechanismen und Objektbeziehungen entsprechen, das eine wäre eine Parallele zum anderen. Insofern kann es sich bei den präoperativen Merkmalen nicht nur um Merkmale des Denkens, sondern des *psychischen Funktionierens allgemein handeln.*

Damit kommt eine Betrachtung unter dem Aspekt *präoperativen* Funktionierens zu demselben Ergebnis wie die unter dem des Primärprozeßfunktionierens. Auch unter dem Aspekt des «impulsiven Stils» hatte sich die enge Verflechtung kognitiver und affektiver Funktionen gezeigt (Abschnitt 3.1).

Die Beziehung zwischen den genannten Merkmalen *präoperativen Funktionierens* und der Abwehr sehe ich folgendermaßen: Die Merkmale *präoperativen Funktionierens* können Charakteristika eines «Borderline-Funktionsstils» sein, der in Konfliktsituationen *Abwehrfunktion* übernimmt: In Denken, Fühlen und Objektbeziehungen kann z. B. eine Zentrierung auf ein herausragendes Merkmal unter Ignorierung anderer erfolgen und der Abwehr dienen, ebenso wie eine Zentrierung auf Zustände, eine Bindung an die Anschauung und den dominierenden Wahrnehmungseindruck, transduktive Schlüsse (unangemessene Verallgemeinerungen) oder ein Nicht-Empfinden von Widersprüchen («Ungleichgewicht»). Diese Auffassung entspricht der von Shapiro (1991) über «neurotische Stile», die in Abschnitt 3 dargestellt worden ist. Sie steht im Einklang mit der Auffassung Brenners (1981 a), daß die Abwehr nicht von speziellen Mechanismen übernommen wird, sondern alle Ich-Funktionen daran beteiligt sind.

3.6 Moralisches Urteil und Über-Ich-Pathologie: «heteronome Moral»

Piaget hat sich auch mit der Entwicklung moralischer Vorstellungen und Gefühle befaßt. In den ersten Lebensjahren werden Regeln nach Piaget nicht als verpflichtende Norm aufgefaßt. Dies ist erst etwa ab dem vierten Lebensjahr der Fall. Vom vierten bis etwa zum zehnten Lebensjahr orientieren sich Kinder nach Piaget an mächtigen Autoritäten. Piaget bezeichnet dies als das Stadium der «heteronomen» Moral: Autoritäten sagen, was gut oder böse oder ungerecht ist und sind berechtigt, Verfehlungen zu bestrafen. Autoritäten sind unfehlbar, die Regeln unveränderbar und werden starr angewendet, d. h. ohne Berücksichtigung der näheren Umstände oder der Absicht eines «Täters»: «Jüngere Kinder fordern Sühnestrafen, wenn sie Übertretungen zu beurteilen haben. Nicht selten werden drakonische Strafen ohne Gespür für die Verhältnismäßigkeit von Strafe und Vergehen als gerechte Sühne vorgeschlagen. Ältere Kinder plädieren für Strafen, die eine Widergutmachung beinhalten oder solche, die eine natürliche Konsequenz der Verfehlung darstellen. ... Eine Strafe für Ungefälligkeit ist reziproke Ungefälligkeit bei nächster Gelegenheit.» (Montada, 1987, S. 749).

Das moralische Urteilen älterer Kinder bezeichnet Piaget als «autonome» Moral. Montada (1987, S. 748) beschreibt die autonome Moral so: «Die Heranwachsenden entscheiden nun selbst, was gut und richtig ist, sie vereinbaren die Gebote und Verbote, die Spielregeln, und zwar unter Bezugnahme auf Maßstäbe der Gerechtigkeit. Etwa vom neunten bis elften Lebensjahr an, je nach Problem und Thema früher oder später, kann man Überzeugungen dieser Art beobachten.»

Die beiden Stadien des moralischen Urteilens führt Piaget auf zwei Formen der Achtung vor der Regel zurück: Die heteronome Moral beruht auf einseitiger Achtung, die durch Gehorsam gegenüber Autoritäten gekennzeichnet ist, die autonome Moral auf gegenseitiger Achtung, die auf dem Respektieren von Vereinbarungen beruht.

Das von Piaget beschriebene Stadium der heteronomen Moral weist nun Übereinstimmungen auf mit der Über-Ich-Pathologie von Borderline-Patienten, wie sie Kernberg (1983) beschrieben hat: Da auch im Bereich des Über-Ichs eine Integration positiver und negativer Introjekte nicht stattfindet, bestehen bei Borderline-Patienten archaische sadistische Über-Ich-Vorläufer sowie phantastische, größenwahnsinnige Ich-Ideal-Vorläufer (Ideal-Selbst und Ideal-Objekt) weiter. Die sadistischen Über-Ich-Vorläufer sind so unerträglich, daß sie nach außen projiziert werden. Dadurch entstehen böse, verfolgende Objekte in der Außenwelt. Das Über-Ich von Borderline-Patienten ist weitgehend personifiziert, eine abstrahierte Über-Ichstruktur entwickelt sich kaum. Feinere Schuldsignale werden nicht erlebt, Kritik muß erst sehr massiv werden, bevor sie den Patienten erreicht (Kernberg, 1983, S. 169, 170).

Diese Merkmale der Über-Ich-Pathologie von Borderline-Patienten lassen sich auch als heteronome Moral im Sinne Piagets beschreiben (vgl. auch Kernberg, 1983, S. 163, 170). Mächtige verinnerlichte Autoritäten bestimmen gnadenlos, was «gut» und was «böse» ist. Durch Projektion werden sie zu Außen-Objekten. Diese Objekte verlangen, um das obige Zitat von Montada aufzugreifen, «Sühnestrafen» oder «drakonische Strafen» ohne Gespür für die Verhältnismäßigkeit von «Strafe» und «Vergehen», ohne Berücksichtigung innerer Motive oder mildernder Umstände. Eine autonome Moral, die auf selbstbestimmten Werten und gegenseitigen Vereinbarungen beruht, ist bei Borderline-Patienten nicht oder nur unzureichend entwickelt. Gegenseitigkeit setzt voraus, sich in die Position des anderen hineinversetzen zu können. Eine Voraussetzung für die Entwicklung einer autonomen Moral dürfte deshalb in der Fähigkeit bestehen, den Standpunkt eines anderen einzunehmen, was oben als «Perspektivenübernahme» bezeichnet wurde. Dies setzt eine Überwindung des Egozentrismus und eine Dezentrierung voraus. In Zusammenhang mit der Entwicklung von Gegenseitigkeit sagt Piaget (1995, S. 82): «Mit dieser Gegenseitigkeit vollzieht sich eine affektive Dezentrierung, die über ... Zwischenschritte zu den normativen Gefühlen und zu einem moralischen Leben führt.» Die Gegenseitigkeit und Reversibilität von moralischen Regeln hat ihr Gegenstück in der Reversibilität des Denkens (Kohlberg, z. B. 1976).

Kohlberg (z. B. 1964) hat Piagets Vorstellungen weiterentwickelt. Er beschreibt, wie über verschiedene Entwicklungsstufen der egozentrische Standpunkt im moralischen Urteil überwunden wird. In einem frühen Stadium orientiert sich die «Moral» an eigenen Intressen oder an mächtigen Autoritäten. Dieses Stadium bezeichnet Kohlberg (1964) als «vormoralisch». In diesem Sinn kann man den Entwicklungsstand des Über-Ichs bei Borderline-Patienten auch als «vormoralisch» beschreiben. Je weniger «vormoralisch» der Entwicklungsstand des Über-Ichs ist, desto günstiger ist nach Kernberg die Prognose in der Psychotherapie (1983, S. 164): «Je ausgeprägter bei Borderline-Patienten ein Bewußtsein für Werte, die über unmittelbar selbst-bezogene Befriedigung hinausgehen, vorhanden ist, desto eher ist eine weitgehend abstrahierte und depersonifizierte Überichstruktur anzunehmen und desto günstiger ist auch die Prognose.»

3.7 Borderline-Funktionsstile: Zusammenfassung

Die angestellten Überlegungen zu den kognitiv-affektiven Stilen von Borderline-Patienten – genauer: von Borderline-Patienten der Population nach Gunderson und Kernberg – lassen sich folgendermaßen zuammenfassen:

Wie Patienten mit neurotischen Störungen, so entwickeln auch Borderline-Patienten ein konsistentes Muster zueinander passender Modi des Denkens, der Gefühle, des Handelns, der Symptome, der Objektbeziehungen und der Abwehr. Diese lassen sich als kognitiv-affektive Stile beschreiben. Das Konzept der kognitiv-affektiven Stile ermöglicht im Unterschied zur alleinigen Fokussierung auf primitive Abwehrmechanismen eine ganzheitliche Sicht: Wahrnehmen, Denken, Gefühle, Handeln, Abwehr und Objektbeziehungen von Borderline-Patienten werden aufeinander bezogen gesehen. Dies ermöglicht auch eine neue Sicht der «Spaltung»: Spaltung wird nicht mehr als ein einzelner Abwehrmechanismus verstanden, sondern als ein komplexer Vorgang, bei dem mehrere Prozesse zusammenwirken und zur Aufteilung der Selbst- und Objektrepräsentanzen in «Gut» und «Böse» beitragen. Die Spaltung wird als Spezialfall der Wirkungsweise des betreffenden Stils angesehen.

Verschiedene kognitiv-affektive Stile von Borderline-Patienten lassen sich beschreiben: Der impulsive und der paranoide Stil, die Vermeidung von emotionaler Ambivalenz und kognitiver Ambiguität sowie primärprozeßhaftes und präoperatives Funktionieren. Die verschiedenen Stile schließen sich gegenseitig nicht aus.

Denken, Gefühle und Objektbeziehungen von Borderline-Patienten erweisen sich als eng miteinander verflochten. Charakteristische Merkmale primärprozeßhaften Funktionierens bei Borderline-Patienten sind Selbstbezogenheit, unrealistische Verbindungen und eigenwillige Logik. Diesen Merkmalen können bestimmte Charakteristika präoperativen Funktionierens im Sinne Piagets zugrundeliegen, wie z. B. Egozentrismus, Irreversibilität, Zentrierung, Bindung an die Anschauung. Es wird die Hypothese aufgestellt, daß diese Charakteristika präoperativen Funktionierens nicht nur dem Denken von Borderline-Patienten zugrundeliegen, sondern auch affektiven Funktionen, der Abwehr und den Objektbeziehungen.

Zusammenfassend kann das kognitiv-affektive Funktionieren von Borderline-Patienten aus dem Überlappungsbereich der Population nach Gunderson und Kernberg folgendermaßen beschrieben werden:

Diese Borderline-Patienten bieten eine Vielfalt von psychischen *Symptomen:* z. B. frei flottierende Angst, Polyphobien, Zwänge, dissoziative Erlebnisse, Hypochondrie, Konversionssymptome, polymorph-perverse Sexualität, Selbst- und Fremdverletzungen, Suizidversuche, Impulsneurosen und Süchte. Charakteristisch für Borderline-Patienten ist, daß fast alle mindestens zwei dieser Symptome aufweisen. Wenn drei oder mehr dieser Symptome vorliegen, ist es unwahrscheinlich, daß es sich um eine neurotische Störungen handelt.

Das *Handeln* ist abrupt, schnell und wenig überlegt: impulsiv. Es wird durch die unmittelbaren momentanen Bedürfnisse bestimmt und ist daher wenig reflektiert: Aufschub und Antizipation kommen zu kurz. Problemlösen erfolgt oft per Handlung, verinnerlichtes Probehandeln kommt demgegenüber zu kurz. Die momentanen Bedürfnisse bestimmen das Handeln, nicht überdauernde, konstante Ziele oder Werte. Die unmittelbaren Bedürfnisse sind so bestimmend, weil Borderline-Patienten ihre Bedürfnisse als so drängend erleben und/oder dem «Später» mißtrauen. Die *Affekte* sind heftig und wenig moduliert. Es überwiegen die negativen Affekte wie Wut und Angst. – Für manche schizoide, paranoide oder narzißtische Borderline-Patienten gilt dies, wie oben erläutert, allerdings nicht. Depression wird vermieden, Anteilnahme und Schuldgefühle werden nicht empfunden. Angst und Wut verdecken und ersetzen andere Gefühle. Wut dient außerdem der narzißtischen Rechtfertigung. Die Affekte sind wie die *Objektbeziehungen* auf die unmittelbare Bedürfnisbefriedigung ausgerichtet. Das *Denken* und *Erleben* ist durch die momentanen Wahrnehmungen, Bedürfnisse und Affekte bestimmt und in diesem Sinne ego-zentrisch und anschauungsgebunden («präoperatives Funktionieren»). Es kann auch als konkret bezeichnet werden. Die Orientierung an den momentanen eigenen Wahrnehmungen und Bedürfnissen beeinträchtigt die Entwicklung der Fähigkeit zu Perspektivenübernahme und Empathie. Auch die Entwicklung von Abstraktion, Generalisierung, Integration sowie von Aufschub und Urteilsbildung werden hierdurch beeinträchtigt: Es zählt nur das Hier und Jetzt. Durch die Orientierung am momentanen Zustand wird auch die Entwicklung stabiler *moralischer Vorstellungen und Werte* beeinträchtigt. Das *Denken* und *Erleben* ist auf einen einzigen Aspekt z. B. eines Objekts zentriert, andere werden ignoriert/nicht berücksichtigt. Momentane Wahrnehmungen und Erlebnisse können nicht in vorhergehende Wahrnehmungen und Erlebnisse zurückgeführt und damit relativiert und integriert werden: Wenn z. B. ein bisher «gutes» Objekt plötzlich als «böse» erlebt wird, weil es die Bedürfnisse des Patienten nicht befriedigt, kann das eine Erlebnis nicht in das andere zurückgeführt werden. Die Orientierung am momentanen Zustand führt dazu, daß die Entwicklung von konstanten Vorstellungen beeinträchtigt ist, sowohl im emotionalen wie im kognitiven Bereich: *Emotionale Objektkonstanz* und *kognitive Objektpermanenz* sind beeinträchtigt. Letzteres ist jedoch nur dann der Fall, wenn Konflikte um Aggression und Angst berührt werden, dann besteht keine «Invarianz gegenüber Transformationen»: Die grundlegende Natur oder Identität eines Objekts bleibt nicht erhalten, wenn sich sein äußeres Erscheinungsbild verändert oder es anders erlebt wird. Die *Welt und das Selbst* werden nicht stabil wahrgenommen, sondern wechselhaft und in extremen Gegensätzen, d. h. *«gespalten»*. In Belastungssitiationen wird Angst, aber auch Trauer und Sehnsucht durch affektive Polarisierung, «Spaltung» abgewehrt: Objekte werden in «ganz gute» und «ganz böse» aufgeteilt: Engel oder Teufel, gute Fee oder Hexe: Etwas dazwischen gibt es nicht. Das eine kann plötzlich in das andere kippen: Ein Engel kann plötzlich zum Teufel werden, wenn er oder sie die Wünsche des Patienten nicht erfüllt oder ihn anders enttäuscht. Borderline-Patienten schützen auf diese Weise das «Gute» vor dem «Bösen». Sie schützen sich dadurch auch davor, sich in einer engen symbiotischen Beziehung selbst zu verlieren (Rohde-Dachser, 1994; Leichsenring, 1994). Durch solche Polarisierungen *vermeiden* Borderline-Patienten *emotionale Ambivalenz und kognitive Ambiguität:* Sie denken und erleben in dichotomen Kategorien von Schwarz und Weiß, Gut und Böse, Alles oder Nichts.

Die Polarisierung in «gut» und «böse», die *«Spaltung»* ist vermutlich ein *komplexer, zusammengesetzter Vorgang* und nicht ein einzelner Mechanismus: Verleugnung, Idealisierung, Entwertung tragen zur Polarisierung in «gut» und «böse» bei. Die «guten» Seiten werden verleugnet, wenn ein Objekt/die eigene Person als «böse» oder «schlecht» erlebt wird und umgekehrt: Die jeweils andere Seite wird geleugnet. Sie hat keine emotionale Bedeutung für den Borderline-Patienten, auch wenn er weiß, daß es diese Seite gibt. Borderline-Patienten neigen dazu, andere zu idealisieren oder zu entwerten: Sie zu «ganz guten» oder «ganz bösen» Objekten zu machen. An der Spaltung dürften auch Charakteristika *präoperativen Funktionierens* beteiligt sein: Selbstbezogenheit (Egozentrismus), mangelnde Perspektivenübernahme, Bindung an die Anschauung und den dominierenden Wahrnehmungseindruck, mangelnde Invarianz gegenüber Veränderungen des Erscheinungsbildes, Zentrierung auf ein Merkmal unter Ignorierung anderer und Zentrierung auf Zustände, mangelnde Reversibilität und transduktives Denken.

Heftige eigene innere Spannungen schaffen bei paranoiden Borderline-Patienten eine *dauerhafte «projektive Motivationslage»* (Shapiro, 1991): Um mit inneren Gefahren fertig zu werden, werden sie in Bedrohungen von außen umgewandelt. Zu diesem Zweck richten diese Patienten ihre Aufmerksamkeit selektiv aus und suchen nach «Indizien», die ihren Verdacht bestätigen. Tatsachen, die dagegen sprechen, werden nicht beachtet. Ist ein Außen-Feind identifiziert, schafft dies Erleichterung: Die Gefahr ist nicht innen, sondern außen und kann dort bekämpft werden. Durch die Projektion eigener Aggression und «böser» innerer Objekte entstehen «ganz böse» Objekte, Ungeheuer in der Außenwelt, die den Borderline-Patienten vernichten oder auffressen wollen. Ihre Projektionen halten Borderline-Patienten für Realität: Sie bekommen Angst vor den Ungeheuern, die sie selbst schaffen. Um sich vor ihnen zu schützen, müssen diese unter Kontrolle gehalten oder in einem Präventivschlag angegriffen werden, bevor sie selbst angreifen können.

Borderline-Patienten verfügen über eine *große interaktionelle Potenz:* Die Neigung und auch Fähigkeit, andere durch ihr Verhalten so stark zu beeinflussen, daß sie sich fühlen und handeln, wie es den Erwartungen des Patienten entspricht: im Sinne einer selbsterfüllenden Prophezeiung tritt das erwünschte oder gefürchtete tatsächlich ein: Wenn man z. B. jemanden nur lange genug oder genau auf eine empfindliche Stelle trifft, kann man jeden Menschen «böse» machen, was die Erwartungen des Borderline-Patienten bestätigt: «Ich hab's ja geahnt!» Die Gefühle und das Verhalten, die Borderline-

Patienten bei anderen auslösen, stehen oft im Gegensatz zu dem, wie der Betreffende sonst erlebt oder handelt. Er fühlt sich gezwungen zu einem Erleben und Verhalten, das für ihn nicht üblich ist. Andere durch ihr Verhalten so stark zu beeinflussen, daß sie sich fühlen, wie der Patient selbst, dient auch dazu, sich von unerträglichen Gefühlen oder anderen Anteilen des Selbst zu entledigen. Verarbeitet der Empfänger dieses Gefühl anders und teilt er dies dem Patienten in irgendeiner Form mit, kann dieser eine neue Art des Umgangs vom Empfänger übernehmen. Bei anderen interaktionell bestimmte Gefühle auszulösen, kann auch der Kommunikation dienen: Borderline-Patienten teilen auf diese Weise anderen mit, wie es ihnen selbst geht, was ihnen mit Worten so nicht möglich wäre. Sie kommunizieren per Handlung.

Zur Abwehr tragen auch *primärprozeßhafte Denkvorgänge* und die *Vermeidung von Ambiguität* bei: In Konfliktsituationen gehorcht das Denken nicht mehr den Gesetzen der rationalen Logik, es wird *primärprozeßhaft:* Es treten Selbstbezüge auf, phantastische Verbindungen und eigenwillige Begründungen. Das Denken ist dann eng verflochten mit primitiven Affekten, Abwehrmechanismen und Objektbeziehungen, d. h. es verläuft nicht mehr unabhängig und ungestört von Affekten, Abwehrmechanismen und Objektbeziehungen: Es verliert seine «Autonomie», wie Rapaport es nennen würde (Rapaport, Gill und Schafer, 1945/46).

Im Hinblick auf *moralische Vorstellungen und Gefühle* bestimmen mächtige verinnerlichte Autoritäten gnadenlos, was «gut» und was «böse» ist. Durch Projektion werden sie zu Außen-Objekten. Eine autonome Moral, die auf selbstbestimmten Werten und gegenseitigen Vereinbarungen beruht, ist bei Borderline-Patienten nicht oder nur unzureichend entwickelt.

3.8 Therapeutische Ziele und Interventionen

Aus den oben angeführten Merkmalen kognitiv-affektiven Funktionierens bei Borderline-Patienten lassen sich therapeutische Ziele und Interventionen ableiten. Hierbei handelt es sich nicht unbedingt um Ziele und Interventionen, die andernorts noch nicht beschrieben worden sind. Mir geht es eher darum, Ziele und Interventionen in den hier diskutierten theoretischen Rahmen zu stellen. Möglicherweise ergeben sich dabei neue Aspekte, die auch in einem anderen theoretischen Rahmen sinnvolle Ziele oder Interventionen für eine Therapie von Borderline-Patienten bilden können.

Ein Ziel in der Therapie von Borderline-Patienten kann z. B. in einer kognitiven, affektiven und interpersonellen *Dezentrierung* bestehen. Es geht hier einerseits darum, zwischen Selbst und Nicht-Selbst zu unterscheiden sowie zwischen Phantasie und Wirklichkeit. Ein weiteres Ziel besteht darin, einen anderen als den eigenen Standpunkt einzunehmen, die Perspektive eines anderen zu übernehmen, sich in andere Menschen hineinzuversetzen.

Die Unterscheidung von Selbst und Nicht-Selbst kann gefördert werden durch Interventionen wie: «Mir ist jetzt nicht ganz klar, was Sie empfunden haben und was X empfunden hat. Könnten Sie versuchen, das zu unterscheiden?» Indem der Therapeut sein eigenes Erleben selektiv einbringt, kann die Unterscheidung von Selbst und Nicht-Selbst in der therapeutischen Beziehung gefördert werden. Dies kann etwa in Form des von Heigl-Evers und Heigl (z. B. Heigl-Evers, Heigl und Ott, 1993) beschriebenen «Prinzips Antwort» geschehen. Einem Patienten, der ohne anzuklopfen und vor Beginn der Stunde in das Behandlungszimmer «hereinplatzt», könnte man z. B. sagen: «Wenn Sie so einfach bei mir hereinkommen ohne anzuklopfen, fühle ich mich etwas übergangen.» Es könnte sich dann herausstellen, daß der Patient davon ausgeht, daß es dem Therapeuten so geht wie ihm selbst: Wenn ich Zeit habe, hat auch der Therapeut Zeit. Er kann auch davon ausgehen, daß der Therapeut ihm zur Verfügung zu stehen hat, wenn er ihn braucht.

Dezentrierung bedeutet, zwischen Selbst und Objekt zu unterscheiden. Jede Unterscheidung zwischen Selbst und Objekt fördert umgekehrt die Dezentrierung. Interventionen zur Unterscheidung von Phantasie und Wirklichkeit können Bezug auf die Realität nehmen, wie es Blanck und Blanck (1981) vorschlagen. Ein Therapeut könnte z. B. einen Borderline-Patienten fragen: «Was ist *wirklich* passiert, als X Sie so schlecht behandelt hat?» Oder: «Was haben Sie beobachtet ?»

Eigenbeziehung im Sinne einer Projektion kann auch so bearbeitet werden: «Sie beziehen da etwas auf sich. Hat das wirklich mit Ihnen zu tun?»

Eine Intervention zur Übernahme der Perspektive eines anderen, könnte auch lauten: «Sie haben den Streit mit X so und so empfunden. Was könnte X empfunden haben?» (einen anderen als den eigenen Standpunkt einnehmen)

Eine Intervention, die die Perspektive eines anderen vermittelt mit dem Ziel, die Spaltung aufzuheben, könnte lauten: «Aus Ihrer Sicht bin ich ... (böse), weil ich Ihre Wünschen nicht nachgekommen bin. Mir selbst ging es in der Situation so und so...» Das eigene Erleben sollte dabei nach dem Prinzip Antwort selektiv und authentisch mitgeteilt werden.

Eine Intervention, die darauf abzielt, sich in einen abgespaltenen und zur Zeit nicht erlebten Zustand des Selbst hineinzuversetzen, um die die Spaltung aufzuheben, könnte lauten: «Sie erleben sich heute als ganz schlecht (böse). Gestern fanden Sie sich dagegen ganz anders, nämlich .... (ganz gut). Es scheint so, daß Sie sich heute gar nicht mehr vorstellen können, wie es Ihnen gestern ging und so gehen konnte. Vielleicht versuchen Sie einmal, sich in Ihre Lage von gestern hineinzuversetzen.»

Wenn Widerstände auftreten, können diese als nächstes bearbeitet werden, z. B. «Vielleicht macht es Ihnen ja Angst, wenn Sie sich heute, wo Sie sich ganz schlecht (böse) finden, vorstellen, daß Sie sich manchmal auch ganz gut finden.»

Wenn der Therapeut sich modellhaft in den Patienten hineinversetzt, so fördert auch dies die Einsicht, daß man sich in andere hineinversetzen kann, ohne dabei den eigenen Standpunkt zu verlieren: «Wenn ich mich in Sie hineinversetze, kann ich verstehen, daß sie wütend auf mich sind, weil Sie die Situation so und so empfunden haben. Mir selbst ging es in der Situationen aber anders, nämlich so und so... »

Eine andere Sicht als die eigene kann auch durch die Übernahme der Hilfs-Ich-Funktion vermittelt werden: «Ich an Ihrer Stelle würde in dieser Situation wahrscheinlich dies und jenes empfinden (überlegen, tun).»

Um die Unterschiede zwischen den Personen zu betonen, kann man hinzufügen: «Aber Ihnen kann es natürlich anders gehen, weil wir zwei verschiedene Menschen sind.» Hierdurch signalisiert der Therapeut auch, daß er ein «Anderer» ist, «a person in his own right» (Heigl-Evers, Heigl und Ott, 1993, S. 221). Eine solche Intervention zeigt auch, daß und wie man den Standpunkt eines anderen (probeweise) übernehmen kann.

Eine *Dezentrierung* von momentanen *Zuständen* und Erlebnissen, eine *Lösung von der Anschauung*, dem konkreten Erscheinungsbild wird ebenfalls durch Interventionen wie die oben gegebenen gefördert: «Im Moment sehen Sie mich ganz so und so ... Letzte Woche sahen Sie mich ganz anders, nämlich ...»

Auf die eigene Person des Patienten bezogen könnte der Therapeut sagen: «Im Moment sehen Sie sich selbst ganz so und so... Letzte Woche sahen Sie sich ganz anders, nämlich ...»

Interventionen dieser Art fördern auch die *Invarianz gegenüber Transformationen*, d.h. die *Objektkonstanz*. Noch stärker wird die Konstanz betont, wenn man z.B. sagt: «Sie finden mich heute ganz anders als letzte Woche. Wie eine ganz andere Person. Ich bin aber immer noch derselbe, obwohl ich Ihnen heute ganz anders erscheine.»

Interventionen zur *Reversibilität* fördern ebenfalls die Objekt- und Selbstkonstanz (Identität): «Letzte Woche haben Sie mich (sich) so und so empfunden. Heute empfinden Sie mich (sich) so und so: Wie eine ganz andere Person. Wie habe ich mich (Sie sich) von der einen Person in die andere verwandelt ? Wie müßte ich (Sie) heute sein, damit Sie mich (sich) so sehen wie letzte Woche ?»

Dezentrierung von einem herausragenden Merkmal: Die Berücksichtigung nicht nur eines Aspekts eines Objekts unter Ignorierung anderer kann gefördert werden, indem man z.B. sagt: «Sie sehen jetzt nur das und das von mir, weil das für Sie im Moment so im Vordergrund steht. Da finde ich mich nicht ganz vollständig gesehen. Es gibt doch auch noch diese und jene Aspekte.»

Hier wird eine Konfrontation durch eine antwortende Intervention ergänzt. Bezieht man diese Intervention auf die eigene Person des Patienten, fällt der antwortende Teil der Intervention weg: «Sie sehen jetzt nur das und das von sich, weil das für Sie im Moment so im Vordergrund steht. Es gibt doch auch noch diese und jene Aspekte.»

Dezentrierungen in diesem Sinne haben eine integrierende Wirkung. Die von Rohde-Dachser (1986, S. 141, Hervorhebung im Original) vorgeschlagene Intervention: «Diesen oder jenen Zug haben Sie also *auch*», gehört deshalb ebenfalls in diesen Zusammenhang. Auf eine andere Person bezogen lautet die entsprechende Intervention z. B.: «So kann X (ich) auch sein ...»

Rohde-Dachser (1986) betont in diesem Zusammenhang, daß solche Interventionen eine so verläßliche Beziehung zum Therapeuten voraussetzen, daß sie durch das Auftauchen ambivalenter Gefühle nicht gefährdet wird.

Ungleichgewicht: Widersprüche, die nicht empfunden werden, ins Erleben bringen durch Konfrontation. Diesem Ziel dienen auch einige der oben gegebene Interventionen.

Transduktives Denken, prälogisches Schließen: Ziel ist es hier, Übergeneralisierungen aufzuheben: «Sie schließen von einer einzigen Erfahrung darauf, daß ich immer so und so bin, obwohl sie mich doch oft auch so und so empfunden haben.» Eine solche Intervention kann auch auf die eigene Person des Patienten bezogen werden. Bei dieser Intervention handelt es sich um eine Konfrontation. Die Konfrontation kann auch durch eine antwortende Intervention wie die oben gegebene ergänzt werden, indem man hinzufügt: «...Da fühle ich mich nicht ganz vollständig gesehen.»

Vermeiden von Ambivalenz und Ambiguität: Ziel ist es hier, Schwarz-Weiß-Denken, Denken und Erleben in absoluten Kategorien, Gegensätzen, Dichotomien aufzuheben. Hierbei können z.B absolute sprachliche Formulierungen wie «immer», «nur», «nie», die für Borderline-Patienten charakteristisch sind (Leichsenring, Roth & Meyer, 1992), Hinweise und Ansatzpunkte für Interventionen liefern. Man kann z. B. einen Patienten anregen herauszufinden, ob z. B. «alles» was ein «böses» oder «gutes» Objekt tut, «immer», «nur» böse oder gut ist. In ihrem Buch «Kognitive Therapie der Persönlichkeitsstörungen» sehen Beck et al. (1993) ein Denken in dichotomen Kategorien als ein charakteristisches Merkmal von Borderline-Patienten an. Eine Interventionsstrategie, die als besonder wichtig angesehen wird, richtet sich daher auf eine Veränderung des dichotomen Denkens.[43]

So wird der Patient etwa angeregt, zu prüfen, ob die Menschen, mit denen er zu tun hat, tatsächlich nur in extreme Kategorien fallen, z. B. nur entweder absolut vertrauenswürdig oder absolut unverläßlich sind. Ziel ist es, daß der Patient herausfindet, daß es Zwischenstufen zwischen den Extremen gibt, z. B. daß jemand *meistens* vertrauenswürdig sein kann. Im Sinne von Shapiro

[43] Weitere Interventionsstrategien richten sich auf den Aufbau eines Arbeitsbündnisses, die Verbesserung der Emotions- und Impulskontrolle und eine Stärkung des Identitätsgefühls (Beck et al., 1993).

kann es durchaus sinnvoll sein, auf diese Weise Entsprechungen der Spaltung auf verschiedenen Ebenen aufzuspüren und zu bearbeiten. Allerdings geht bei einer rein kognitiven Therapie der Spaltung und ihrer kognitiven und affektiven Entsprechungen der psychodynamische Aspekt verloren, nämlich daß Spaltung für Borderline-Patienten einen Sinn hat, nämlich sich zu schützen vor Trauer und Sehnsucht, vor der Vernichtung des «Guten» durch das «Böse» sowie vor Selbstverlust.

Geht man von dem hier vorgeschlagenen Konzept der «Spaltung» als einem komplexen Vorgang aus, bietet es sich an, zusammen mit dem Patienten zu untersuchen, welche Vorgänge daran beteiligt sind, daß es zu den vom Patienten präsentierten «Schwarz-Weiß-Bildern» kommt. Hierbei können die eben beschriebenen Vorgänge eine Rolle spielen, z. B. Zentrierung oder mangelnde Reversibilität, aber auch primitive Verleugnung, Idealisierung und Entwertung. An diesen primitiven Abwehrmechanismen können aber die oben angeführten Mechanismen beteiligt sein: So kann z. B. die Zentrierung auf ein Merkmal unter Ignorierung anderer an primitiver Verleugnung, Idealisierung und Entwertung beteiligt sein. Durch die oben beschriebenen Ziele und Interventionen werden daher auch *primitive Verleugnung, Idealisierung und Entwertung* bearbeitet.

Durch Interventionen zur Dezentrierung und Reversibilität kann der Egozentrismus sowie die Spaltung bearbeitet werden. Dadurch verändern sich die Objektbeziehungen von der Ebene der Bedürfnisbefriedigung zu zwischenmenschlicher Beziehungen, die auf Gegenseitigkeit beruhen. Mit der Förderung von Beziehungen, die auf Gegenseitigkeit beruhen, wird auch die *Über-Ich-Pathologie* von Borderline-Patienten bearbeitet und die Entwicklung einer autonomen Moral gefördert.

Primärprozeßhaftes Denken: Nach dem hier vorgestellten Verständnis von primärprozeßhaftem Denken ist es nicht nur notwendig, den Patienten mit dem verwirrenden Aspekt seines Denkens und seiner Kommunikation zu konfrontieren, sondern es ist außerdem notwendig, den Zusammenhang mit primitiven Affekten, Abwehrmechanismen und Objektbeziehungen zu untersuchen und zu vermitteln: Warum wurden das Denken und die Mitteilungen des Patienten auf einmal unverständlich, als er z. B. darüber sprach, wie nah er sich dem Therapeuten heute fühlte, hat es etwas damit zu tun, daß er so wütend oder ängstlich war, daß er über seine Mutter sprach usw. Blanck und Blanck (1981, S. 159) berichten z. B. von einem Patienten, Herrn Dickens, der unter Angst in der Beziehung zum Therapeuten auf ein Stadium undifferenzierter Selbst- und Objektrepräsentanzen regredierte und dessen Denken dann primärprozeßhaft wurde. Nachdem dieser Zusammenhang wiederholt durchgearbeitet worden war, konnte der Patient auf die Frage des Therapeuten: «Warum sind Sie heute so unklar?» sagen: «Ach, ich vermische mich mit Ihnen ..., weil ich wieder Angst hatte.»

Teilt der Therapeut dem Patienten mit, daß er ihn nicht versteht, weil er so verwirrend denkt und sich mitteilt, so fördert dies die Unterscheidung zwischen Selbst und Nicht-Selbst. Blanck und Blanck schreiben (1981, S. 160): «Es ist ein technischer Fehler, tatenlos zuzusehen, während der Patient buchstäblich in der Wildnis seines unzusammenhängenden, primärprozeßhaften Denkens herumwandert. Wir schreiten ein, wo die Objektbeziehungen den Punkt erreicht haben, wo der Patient zu kommunizieren wünscht: 'Möchten Sie das nicht erklären, damit ich folgen kann'...»

Selbst primärprozeßhaft zu kommunizieren oder die primärprozeßhafte Kommunikation des Borderline-Patienten zu verstehen, fördert die Vorstellung einer symbiotischen Objektbeziehung, stellt einen Eingriff in die Autonomie dar und verhindert die Entwicklung von Ich-Funktionen durch deren Ausübung (Blanck und Blanck, 1981, S. 266).

Während die extreme Form des Egozentrismus eine mangelnde Unterscheidung zwischen Selbst und Objekt beinhaltet, bedeutet die weniger extreme Form, daß Objekte vorwiegend aus der Perspektive des Selbst wahrgenommen und erlebt werden. In diesem Sinne erleben Borderline-Patienten Objekte vorwiegend unter dem Aspekt der Bedürfnisbefriedigung. Wie oben ausgeführt, sind Identifizierungen mit den besänftigenden, tröstenden Funktionen der Mutter entscheidend für die Entwicklung von Objektkonstanz, für selbständiges Funktionieren, für die Zähmung von Aggression und triebhaften Regungen überhaupt, für die Bewältigung von Trennungsangst, für die Entwicklung der Selbstwertregulierung sowie von Sorge und Fürsorge (Mahler et al. 1984; McDevitt, 1994). Mit diesen Funktionen der Selbstregulierung entwickelt sich auch die Fähigkeit, die eigenen Erlebnisse auszuhalten sowie sich von ihnen zu distanzieren, wodurch es möglich wird, sich in andere hineinzuversetzen und sie nicht nur als Vollzugsorgan der eigenen Bedürfnisse zu verstehen. In Fällen, wo der Patient von seinen Gefühlen überwältigt wird und zu dekompensieren droht, ist es daher notwendig, daß der Therapeut vorübergehend die Funktion des Hilfs-Ichs übernimmt und den Patienten beruhigt oder besänftigt (Blanck und Blanck, 1981, S. 439). Über Identifizierungen mit den besänftigenden, tröstenden Funktionen des Therapeuten bilden sich innere Strukturen der Selbstregulierung.

In diesen Zusammenhang gehört es auch, als Therapeut starke Gefühle auszuhalten. Hiermit ist die Funktion als «Container» gemeint (Bion, 1959), die der Therapeut vorübergehend für den Patienten übernimmt. Diese Funktion als «Container» spielt auch im Rahmen der projektiven Identifizierung eine Rolle (Ogden, 1988; König; 1992 a, 1993): Ein Patient, für den bestimmte Gefühle oder andere Selbstanteile unerträglich sind, verhält sich interaktionell so, daß er entsprechende Gefühle im Therapeuten hervorruft, sie im Erleben des Patienten in ihm «unterbringt» und auf diese Weise los wird. Der Therapeut verarbeitet sie im günstigen Fall in einer reiferen Weise. Durch Identifizierungen mit dem

Therapeuten erwirbt der Patient eine reifere Art des Umgangs mit diesem Selbstanteil und kann ihn bei sich selbst wieder zulassen (Ogden, 1988). Löst der Patient im Therapeuten Wut- oder Haßgefühle per projektiver Identifizierung aus, so erfahren die Gefühle bereits eine Veränderung, wenn der Therapeut sie aushält: Sie werden als nicht so zerstörerisch erlebt, daß man sie nur loswerden muß. Damit ändert sich zunächst die Bewertung der Gefühle, nicht die Gefühle selbst. Im nächsten Schritt kann der Therapeut dann Prozesse einsetzen, durch die sich die Gefühle tatsächlich ändern, etwa indem er Haßgefühle mit positiven Gefühlen «mischt» und dadurch abmildert. Diese veränderten Gefühle kann der Therapeut dem Patienten z. B. mittels einer antwortenden Intervention in geeigneter Weise zurückmelden.

Einen entscheidenen Wendepunkt in der Therapie von Borderline-Patienten stellt es nach Rohde-Dachser (1986) dar, wenn die Patienten die Erfahrung machen, daß ihre Wut den Therapeuten nicht zerstört, sondern der Therapeut dem Patienten glaubhaft vermitteln kann, daß er sie aushält, weil die bisher gemachten positiven Erfahrungen in der therapeutischen Beziehung dem Haß die Waage halten (1986, S. 142).

Eine Therapie von Borderline-Patienten erfordert auch eine Arbeit an den Affekten sowie an anderen Ich-Funktionen und deren Zusammenhang mit der Pathologie der Objektbeziehung (Blanck und Blanck, 1981; Heigl-Evers und Streeck, 1985): Affekte steuern Denken und Handeln, zwischenmenschliche Interaktionen sowie die Selbstwahrnehmung und Selbsteinschätzung (Krause, 1988; Heigl-Evers, Heigl und Ott, 1993). Interventionen können sich je nach diagnostischer Situation auf den (verbalen oder non-verbalen) Gefühls-Ausdruck beziehen, auf die physiologische Komponente (z. B. Erröten), die Motivation und Handlungsbereitschaft sowie auf die Wahrnehmung und Benennung von Affekten in ihrem interpersonellen Zusammenhang (Heigl-Evers, Heigl und Ott, 1993). Beispiele für entsprechende Interventionen finden sich bei Heigl-Evers, Heigl und Ott (1993).

Literatur

Adorno, T.W., Frenkel-Brunswik, E.,Levinson, D.J. & Sanford, R.N. (1969).The authoritarian personality. New York: Norton & Company.

American Psychiatric Association (1980, 1983). Diagnostic and Statistical Manual of Mental Disorders, Third Edition. Washington, D.C.: APA.

American Psychiatric Association (1987). Diagnostic and Statistical Manual of Mental Disorders, Third Edition, revised. Washington, D.C.: APA.

American Psychiatric Association (1994). Diagnostic and Statistical Manual of Mental Disorders, Fourth Edition. Washington, D.C.: APA.

Ardjomandi, M. E. und Leichsenring, F. (1993): Empirische Befunde zur Persönlichkeitsstruktur von Borderline-Patienten. Nervenarzt, 64, 187–192.

Balint. M. (1970): Therapeutische Aspekte der Regression – Die Theorie der Grundstörung. Stuttgart: Klett.

Bandura, A. (1969). Social-learning theory of identificatory processes. In: Goslin, D.A.: Handbook of socialisation theory and research, 211–262, Chicago.

Bandura, A. (1986). Social foundations of thought and action: A social cognitive theory. Englewood Cliffs, New York: Prentice Hall.

Baron, M, Asnis, L. & Gruen, R. (1981). The schedule for schizotypal personalities (SSP): A diagnostic interview for schizotypal features. Psychiatry Research, 4, 213–228.

Bauer, S.F., Hunt, H.F., Gould, M., Goldstein, E.G. (1980). Borderline personality orgnization, strctural diagnosis and the structural interview. A pilot study of interview analysis. Psychiatry, 43, 224–233.

Beck, A.T. & Greenberg, R.L. (1979). Kognitive Therapie bei der Behandlung von Depressionen. In: N. Hoffmann (Hg.): Grundlagen kognitiver Therapie. Bern: Huber.

Beck, A.T. & Freeman, A. (1993). Kognitive Therapie der Persönlichkeitsstörungen. Weinheim: Beltz. Englisch: Cognitive therapy of personality disorders. New York: Guilford, 1990.

Beckmann, D., Brähler, E. & Richter, H.-E. (1983). Gießen-Test. Huber: Bern.

Bellak, L., Hurvich, M. & Gediman, H. (1973). Egofunctions in schizophrenics, neurotics, and normals. New York: Wiley.

Benedek, T. (1938). Adaptation to reality in early infancy. Psychoanalytic Quarterly, 7, 200–214.

Benedetti, G. (1977). Das Borderline-Syndrom. Ein kritischer Überblick zu neueren psychiatrischen und psychoanalytischen Auffassungen. Der Nervenarzt, 48, 641–650.

Bion, W.R. (1959). Attacks on linking. International Journal of Psychoanalysis, 40, 308–315.

Bischof, N. (1989). Das Rätsel Ödipus. München: Piper.

Blanck, G. & Blanck, R. (1981). Angewandte Ich-Psychologie. Stuttgart: Klett-Cotta.

Blatt, S. & Wild, C. (1976). Schizophrenia: A developmental analysis. New York: Academic Press.

Bleuler, E. (1911): Dementia praecox oder Gruppe der Schizophrenien. In: G. Aschaffenburg (Hg.): Handbuch der Psychiatrie. Leipzig: Deuticke.

Bond, M. (1990). Are «borderline defenses» specific for borderline personality disorders? Journal of Personality Disorders, 4, 251– 256.

Bond, M., Gardner, S., Christian, J. & Sigal. J.J. (1983). Empirical study of self-rated defense-styles. Archives of General Psychiatry, 40, 333–338.
Bouvet, M. (1958). Technical Variations and the concept of distance. International Journal of Psychoanalysis, 39, 211–221.
Bowlby, J. (1973). Separation – anxiety and anger. London: Hogarth Press.
Brenner, Ch. (1981 a). Defense and defense mechanisms. Psychoanalytic Quarterly, 50, 557–569.
Brenner, Ch. (1981 b). Grundzüge der Psychoanalyse. Frankfurt: Fischer.
Bromberg, N. & Small, V.V. (1983). Hitler's psychopathology. New York: International Universities Press, 1983.
Buchheim, P., Cierpka, M., Kächele, H., & Jimenez, P. (1987). Das «strukturelle Interview». Ein Beitrag zur Integration von Psychopathologie und Psychodynamik im psychiatrischen Erstgespräch. Fundamenta Psychiatrica, 1, 154–161.
Budner, S. (1962). Intolerance of ambiguity as a personality variable. Journal of Personality, 30, 29–50.
Cameron, N. (1939). Schizophrenic thinking in a problem-solving situation. Journal of Mental Science, 85, 1012–1035.
Ciompi, L. (1986). Zur Integration von Fühlen und Denken im Licht der «Affektlogik». Die Psyche als Teil eines autopoietischen Systems. In: K.P. Kisker, H. Lauter, J.E. Meyer, C. Müller, E. Strömgren (Eds.): Psychiatrie der Gegenwart, Band 1: Neurosen, Psychosomatische Störungen, Psychotherapie, 373–410. Berlin: Springer, 1986. (3).
Clarkin, J.F., Hull, J. W. & Hurt, S.W. (1993). Factor structure of borderline personality disorder criteria. Journal of Personality Disorders, 7, 137–143.
Clarkin, J.F., Marziali, E., Munroe-Blum, H. (1992). Borderline Personality Disorders. Clinical and empirical perspectives. New York: Guilford Press.
Conte, H.R., Plutchik, R., Karasu, T.B., Jerrett, I. (1980). A self-report borderline-scale. Discriminative validity and preliminary norms. The Journal of Nervous and Mental Disease, 168, 428–435.
Coultre, R. Le (1970). Die Ich-Spaltung als zentrale Neurose-Erscheinung. Psyche, 24, 405.
Degwitz, R. (Hrsg). (1980). Diagnoseschlüssel und Glossar psychiatrischer Krankheiten: dt. Ausgaben der internat. Klassifikation d. Krankheiten der World Health Organization (WHO), International Classification of Diseases (ICD) (9. Revision). Berlin: Springer.
DeSlulittel, S.I. und Sorribas, E. (1973). The Rorschach Test in research on artists. Rosario, Argentina zitiert nach Gunderson und Singer, 1975, S. 6)
Deutsch, H.: Some forms of emotional disturbance and their relationship to schizophrenia (1942). In: Neuroses and character types. New York: International University Press, 1965.
Dilling, H., Mombour, W., Schmidt, M.H. (Hrsg). (1991). *Internationale Klassifikation psychischer Störungen:* ICD-10, Kapitel V (F), klinisch-diagnostische Leitlinien, Weltgesundheitsorganisation. Bern: Huber.
Dornes, M. (1993): Psychoanalyse und Kleinkindforschung. Einige Grundthemen der Debatte. Psyche 47, 1116–1152.
Dorpat, T.L. (1979): Is splitting a defense? International Review of Psycho-Analysis, 6, 105–113.
Easser, B.R. & Lesser, S.R. (1965). Hysterical Personality: A re-evaluation. Psychoanalytic Quarterly, 34, 390–405.
Edcumbe, R & Burgner, M. (1972). Some problems in the conceptualization of early objectrelationships: Part I. The concepts of need satisfaction and need-satisfying relationships. Psychoanalytic study of the child, 27, 283–314.
Erikson, E. (1956, 1977). Identität und Lebenszyklus. Frankfurt: Suhrkamp.
Ertel,S. (1972). Erkenntnis und Dogmatismus. Psychologische Rundschau, 23, 241–269.

Ertel, S. (1981). Prägnanztendenzen in Wahrnehmung und Bewußtsein. Zeitschrift für Semiotik, 3, 107–141.
Exner, J. (1986). Some Rorschach data comparing borderline with schizophrenics and schizotypal personality disorder. Journal of Personality Assessment, 50.
Fairbairn, W.R.D. (1940). Schizoid factors in the personality. In: Psychoanalytic studies of the personality. London, Tavistock, 1952.
Flavell, J.H. (1979). Kognitive Entwicklung. Stuttgart: Klett-Cotta.
Flavell, J.H., Botkin, P.T., Fry, C.L., Wright, J.W. u. Arvis, P.E. (1975): Rollenübernahme und Kommunikation bei Kindern. Weinheim: Beltz.
Flavell, J.H.; Miller, P.H. u. Miller, S.A. (1993, 3.Aufl.): Social Cognition. In: Cognitive development. New Jersey: Prentice Hall, 173–227 (1. Aufl. 1977).
Frenkel-Brunswik, E. (1974). Intolerance of ambiguity as an emotional and perceptual personality variable (1949). In N. Heimann & J. Grant (Eds.), E. Frenkel-Brunswik – Selected papers. New York: International Universities Press.
Freud, A. (1936, 1975). Das Ich und die Abwehrmechanismen. München: Kindler.
Freud, A. (1952). Die Wechselwirkungen in der Entwicklung von Ich und Es. In: Die Schriften der Anna Freud, Bd. 4, 1229-1242, München, Kindler, 1980.
Freud, S. (1923): Eine Teufelsneurose im siebzehnten Jahrhundert. GW, 13. Frankfurt: Fischer, 1976.
Freud, S. (1930). Das Unbehagen in der Kultur. GW 14. Frankfurt: Fischer, 1976
Freud, S. (1941). Zur Einführung des Narzißmus. Band X GW. London: Image Publishing, 1940.
Frosch, J. (1964). The psychotic character: clinical psychiatric considerations. Psychiatric Quarterly, 8, 81–96.
Gardner, R., Holzman P.S., Klein, G.S., Linton, H. & Spence, D.P. (1959). Cognitive Control: A study of individual consistencies in cognitive behavior. Psychological Issues, I, 4.
Green, A. (1975). Analytiker, Symbolisierung und Abwesenheit im Rahmen der psychoanalytischen Situation.
Über Veränderungen der analytischen Praxis und Erfahrung. Psyche 29, 503–541.
Greenson, R. R. (1958). On screen defense, screen hunger and screen identity. Journal of the American Psychoanalytic Association, 6, 242–262.
Greenson, R. (1981): Technik und Praxis der Psychoanalyse. Stuttgart: Klett-Cotta.
Gunderson, J.G. & Elliott, G.R. (1985). The interface between borderline personality disorder and affective disorder. American Journal of Psychiatry, 142, 277–288.
Gunderson, J.G. & Kolb, J.E. (1978). Discriminating features of borderline patients. American Journal of Psychiatry, 135, 792–796.
Gunderson, J.G. & Singer, M. T. (1975). Defining borderline patients: An overview. The American Journal of Psychiatry, 132, 1–10.
Gunderson, J. G. & Zanarini, M (1987). Current overview over the borderline diagnosis. Journal of Clinical Psychiatry, 48, 5–11.
Harrow, M. & Quinlan, D.M. (1985). Disordered thinking and schizophrenic psychopathology. New York, Gardner Press.
Hayakawa, S.I. (1967). Semantik. Sprache im Denken und Handeln. Darmstadt: Schwartz & Co.
Heigl Evers, A. & Heigl, F. und Ott, J. (1993). Abriß der Psychoanalyse und der analytischen Psychotherapie. In: Heigl-Evers, A. & Heigl, F. und Ott, J. (Hg.): Lehrbuch der Psychotherapie. Suttgart: Fischer.
Heigl-Evers, A. und Streeck, U. (1985). Psychoanalytisch-interaktionelle Therapie. Psychotherapie, Psychosomatik, Medizinische Psychologie,35, 176–182.
Hoch, P.H. & Cattell, J.P. (1959). The diagnosis of pseudoneurotic schizophrenia. Psychiatric Quarterly, 33, 17–43.

Hoch, P. & Polatin, P (1949). Pseudoneurotic forms of schizophrenia. Psychiatric Quarterly, , 23, 248–276.
Hoffmann, M. (1975). Developmental synthesis of affect and cognition and its implications for altruistic motivation. Develpomental psychology, 11, 607–622.
Hoffmann, S.O. (1984). Charakter und Neurose. Frankfurt: Suhrkamp.
Holt, R. (1968). In: Rapaport, D., Gill, M. & Schafer, R.: Diagnostic Psychological Testing. Edited by R. Holt. International Universities Press, Madison.
Holtzman, W.H., Thorpe, J.S., Swartz, J.D., Herron, E.W. (1961). Inkblot Perception and Personality. Austin: University of Texas Press.
Holzman, P.S. & Klein, G.S. (1954). Cognitive-systemprinciples of leveling and sharpening: Individual differences in assimilation effects in visual time-error. Journal of Psychology, 37, 105–122.
Hull, J.W., Clarkin, J. F. & Kakuma, T. (1993). Treatment response of borderline inpatients. A growth curve analysis. Journal of Nervous and Mental Disease, 181, 503–508.
Izard, C.E. (1994). Die Emotionen des Menschen. Eine Einführung in die Grundlagen der Emotionspsychologie. Beltz: Weinheim.
Jacobson, E. (1957). Denial and repression. Journal of the American Psychoanalytic Association, 5, 61. Deutsch: In: Jacobson, E. (1977). Depression. Kap. 4. Frankfurt: Suhrkamp.
Jacobson, E. (1964). Das Selbst und die Welt der Objekte. Frankfurt: Suhrkamp, 1973.
Joffe, W.G. & Sandler, J. (1965). Notes on pain, de pression and individuation. The Psychoanalytic Study of the Child, 20, 394–424.
Jonas, J.M. & Pope, H.G. (1992). Axis I comorbidity of borderline personality disorder: Clinical Implications. In: Clarkin, J.F., Marziali, E., Munroe-Blum, H. (1992). Borderline personality disorder: Clinical and empirical perspectives. New York: Guilford Press.
Jung, C. G. (1912, 1964). Über die Psychologie des Unbewußten. GW, 7. Zürich: Rascher.
Kernberg, O.F. (1967): Borderline Personality Organization. Journal of the American Psychoanalytic Association, 15, 641-685.
Kernberg, O.F. (1977). The structural diagnosis of borderline personality organization. In: P. Hartocollis (ed.). Borderline personality disorders. The concept, the syndrome, the patient. New York: International Universities Press.
Kernberg, O.F. (1981). Objektbeziehungen und Praxis der Psychoanalyse. Stuttgart: Klett-Cotta.
Kernberg, O.F. (1983). Borderline-Störungen und pathologischer Narzißmus. Frankfurt: Suhrkamp.
Kernberg, O.F. (1983 b). The «borderline» personality. Medical World News, April 25, S. 51.
Kernberg, O.F. (1988). Schwere Persönlichkeitsstörungen. Theorie, Diagnose, Behandlungsstrategien. Stuttgart: Klett- Cotta.
Kernberg, O.F. (1995). Die psychotherapeutische Behandlung von Borderline-Patienten. Psychotherapie, Psychosomatik und medizinische Psychologie, 45, 73–82.
Kernberg, O.F., Goldstein, E.G., Carr, A.C., Hunt, H.F., Bauer, S.F. & Blumenthal, R. (1981). Diagnosing borderline personality. A pilot study using multiple diagnostic methods. Journal of Nervous and Mental Disease, 169, 225–231.
Kernberg, O.F., Selzer, M.A., Koenigsberg, M.W., Carr, A.C. & Appelbaum, A.H. (1993). Psychodynamische Therapie bei Borderline-Patienten. Bern: Huber
Kernberg, P.F. (1994): Mechanisms of defense: Development and research perspectives. Bull. Menninger. Clin. 58, 55–87.
Kety, S.S., Rosenthal, D., Wender, P.H., Schulsinger, F. (1968): The types and prevalence of mental illnes in the biological and adoptive families of adopted schizophrenics. In: D. Rosenthal. S.S. Kety (eds.): The transmission of schizophrenia. New York: Pergamon Press.
Kety, S.S., Rosenthal, D., Wender, P.H., Schulsinger, F. (1971). Mental illness in the bio-

logical and adoptive families of adopted schizophrenics. American Journal of Psychiatry, 128, 302.
Kind, J. (1992). Suizidal. Die Psychoökonomie einer Suche. Göttingen: Vandenhoeck und Ruprecht.
Klein, M. (1946). Notes on some schizoid mechanisms. In: Riviere, J. (ed.). Developments in psychoanalysis. London: Hogarth, 1952. Deutsch: Bemerkungen über einige schizoide Mechanismen. In: Klein. M. (1994). Das Seelenleben des Kleinkindes und andere Beiträge zur Psychoanalyse. Stuttgart: Klett.
Khan, M. M. R. (1960). Die schizoide Persönlichkeit ihre Affekte und die Methoden ihrer Behandlung. In: Selbsterfahrung und Therapie. München: Kindler, 1977.
Khouri, P.J., Haier, R.J., Rieder, R.O., Rosenthal, D. (1980). A symptom schedule for the diagnosis of boder- line schizophrenia: A first report. British Journal of Psychiatry, 137, 140–147.
Knight, R.P.: Bordeline States (1953). In P.R. Knight & C.R. Friedman (Eds.:) : Psychoanalytic Psychiatry and Psychology. New York: International Universities Press, 1954.
König, K. (1982). Der interaktionelle Anteil der Übetragung in Einzelanalyse und analytischer Gruppenpsychotherapie. Gruppenpsychotherapie und Gruppendynamik, 18, 76–83.
König, K. (1988). Basale und zentrale Beziehungsünsche. Forum der Psychoanalyse, 4, 177–185.
König, K. (1991). Praxis der psychanalytischen Therapie. Göttingen: Vandenhoeck & Ruprecht.
König, K. (1992 a). Projektive Identifizierung. Gruppenpsychotheapie und Gruppendynamik, 28, 17–28.
König, K. (1992 b). Kleine psychoanalytische Charakterkunde. Göttingen: Vandenhoeck & Ruprecht.
König, K. (1993). Gegenübertragungsanalyse. Göttingen: Vandenhoeck & Ruprecht.
Koenigsberg, H.W., Kernberg, O.F. & Schomer, J. (1983) Diagnosing borderline conditions in an outpatient setting. Archives of General Psychiatry, 40, 49–53.
Kohlberg, L. (1964) Development of moral character and ideology. In: M.L. Hoffmann & L.W. Hoffmann (Eds.): Review of child development research. Vol. 1. New York. Russel Sage.
Kohlberg, L. (1976). Moral stages and moralization: the cognitive-developmental approach. In: T. Lickona (Ed.): Moral development and behavior: Theory, research and social issues, 31–53. New York: Holt, Rinehart & Winston.
Kohlberg, L., Lacrosse; J. & Ricks, D. (1972). The predictability of adult mental health from childhood behavior. In: B. Wolman (Ed.): Manual of child psychology, 1217–1284. New York: McGraw Hill.
Kohut, H. (1973). Narzißmus. Frankfurt: Suhrkamp.
Kolb, J.E. & Gunderson, J. G. (1980). Diagnosing borderline patients with a semistrucured interview. Archives of General Psychiatry, 37, 37–41.
Kraus, A. (1988). Ambiguitätsintoleranz als Persönlichkeitsvariable und Strukturmerkmal der Krankheitsphänomene Manisch-Depressiver. In: W. Janzarik: Persönlichkeit und Psychose, Stuttgart: Enke.
Kraepelin, E. (1903/1909): Psychiatrie. Ein Lehrbuch für Studierende und Ärzte. 7. Auflage 1903/4, 8. Auflage 1909/1915. Leipzig: Barth.
Krause, R. (1988). Psychodynamik der Emotionsstörungen. In: Scherer, K. (Hg.): Psychologie der Emotionen. Enzyklopädie der Psychologie, Band C/IV/3. Göttingen: Hogrefe.
Kreitler, S. und Kreitler. H. (1993). The cognitive determinants of defense mechanisms. In: Hentschel, U., Smith, G., Ehlers W., Draguns, J.G. (Ed.). The concept of defense in contemporary psychology: Theoretical, research and clinical perspectives, 152–183. New York: Springer.

Laughlin, H.P. (1956). The neuroses in clinical practice. Philadelphia: Saunders.
Leichsenring, F. (1989). Aspekte von Objektbeziehungen bei Borderline- und neurotischen Patienten: Eine empirische Untersuchung mit der Holtzman Inkblot Technik. Psychotherapie, Psychosomatik, Medizinische Psychologie, 39, 433–484.
Leichsenring, F. (1991, a). «Frühe» Abwehrmechanismen bei Borderline- und neurotischen Patienten. Zeitschrift für Klinische Psychologie, 20, 75–91.
Leichsenring, F. (1991, b). Discriminating schizophrenics from borderline patients: A study with the Holtzman Inkblot Technique. Psychopathology, 24, 225-231.
Leichsenring, F. (1991, c). Kognitive und affektive Auffälligkeiten bei Borderline- und neurotischen Patienten. Zeitschrift für Differentielle und Diagnostische Psychologie, 12, 107-123.
Leichsenring, F. (1991, d). Primary process thinking, primitive defensive operations and object relationships in borderline and neurotic patients. Psychopathology, 24, 39–44.
Leichsenring, F. (1992). Zur differential-diagnostischen Validität des «Borderline-Syndrom-Index» (BSI). Diagnostica, 38, 155-159.
Leichsenring, F. (1994). Zur empirischen Erfassung der Borderline-Persönlichkeitsorganisation: Entwicklung und erste Überprüfung des «Borderline-Persönlichkeits-Inventars» (BPI). Zeitschrift für Klinische Psychologie, 23, 276–293.
Leichsenring, F. (1996). Borderline-Persönlichkeits-Inventar (BPJ). Göttingen: Hogrefe.
Leichsenring, F. (in Vorbereitung): Neurosen – Borderline-Störungen – Psychosen: Empirische Untersuchungen zu Denken, Affekten, Abwehrmechanismen und Objektbeziehungen.
Leichsenring, F. und Ardjomandi, M.E. (1992). Gibt es «borderline-verdächtige Symptome»? Gruppentherapie und Gruppendynamik, 28, 29–39.
Leichsenring, F. und Hiller, W. (1990). Primär- und sekundärprozeßhaftes Denken bei Normalen, Neurotikern und Borderline-Patienten. Zeitschrift für Psychosomatische Medizin und Psychoanalyse, 36, 62–78.
Leichsenring, F & Meyer, H.A. (1992): Kognitiver Stil bei Schizophrenen: Ambiguitäts-Reduktion und verminderte Abstraktheit. Zeitschrift für Klinische Psychologie, Psychopathologie und Psychotherapie, 40, 136–147.
Leichsenring, F., & Meyer, H.A. (1994). Reduzierung von Ambiguität: sprachstatistische Untersuchungen an «Normalen», Neurotikern, Borderline-Patienten und Schizophrenen. Zeitschrift für Klinische Psychologie, Psychopathologie und Psychotherapie, 42, 355–372.
Leichsenring, F., Roth, T & Meyer, H.A. (1992): Kognitiver Stil bei Borderline-Patienten: Ambiguitäts-Vermeidung und verminderte Abstraktheit. Diagnostica, 38, 52–65.
Lerner, R. & Lerner, H. (1980). Rorschach assessment of primitive defenses in borderline personality structure. In: J. Kwawer, Lerner, H., Lerner, P. & Sugarman, A. (Eds.): Borderline phenomena and the Rorschach Test. New York: International Universities Press.
Lerner, H.D., Sugarman, A., Gaughran, J. (1981). Borderline and schizophrenic patients. A comparative study of defensive Structure. The Journal of Nervous and Mental Disease, 169, 705–711.
Lichtenberg, J.D. (1983). Psychoanalyse und Säuglingsforschung. Berlin: Springer.
Lieshout, C.F.M., van, Leckie, G., Smits-van Sonsbeck (1973). Beïnvloeding van sociaal gedrag in de school. Pedagogische Studien, 50, 437–449.
MacDonald, A.P. (1970). Revised scale for ambiguity tolerance: reliability and validity. Psychological Reports, 26, 791–798.
Mahler (1972). Symbiose und Individuation. Band 1: Psychosen im frühen Kindesalter. Stuttgart: Klett.
Mahler, M. (1975). Die Bedeutung des Loslösungs- und Individuationsprozesses für die Beurteilung von Borderline-Phänomenen. Psyche, 29, 1078–1095.

Mahler, M., Pine, F. & Bergmann, A. (1984): Die psychische Geburt des Menschen. Stuttgart: Klett.
Maier, W.; Lichtermann, D.; Klingler, T.; Heun, R. u. Hallmayer, J. (1992): Prevalences of personality disorders (DSM-III-R) in the community. Journal of Personality Disorders 6, 187–196.
McDevitt, J. B. (1994). Das Konzept der Objektkonstanz und seine klinischen Anwendungen. Der Psychotherapeut, 39, 368–379.
Mann, L.S., Wise, Th.N., Segall, E.A., Goldberg, R.L & Goldstein, D.M. (1988). Borderline Symptom Inventory: Assessing inpatient and outpatient borderline personality disorders. Psychopathology, 21, 44–40.
Masterson, J. (1972). The treatment of borderline adolescents. New York: Wiley.
Mentzos, S. (1980). Hysterie. München: Kindler.
Merkingas, K.R. & Weismann, M.M. (1986). Epidemiology of DSM- III axis II disorders. In: A.J. Frances & R.E. Hales (eds.): Psychiatric update. Washington, D.C.: APA Press.
Miller, F. (1975). Anger, Anhedonia and the borderline syndrome. American Journal of Psychoanalysis. 35, 157.
Miller, P. (1983). Theories of developmental psychology. San Francisco: Freeman & Company.
Miller, P. (1993). Theorien der Entwicklungspsychologie. Heidelberg: Spektrum.
Montada, L. (1987). Die geistige Entwicklung aus der Sicht Jean Piagets. In: R. Oerter, L. Montada: Entwicklungspsychologie. Weinheim: Beltz.
Nelson, H.F., Tennen, H., Tasman, A. Borton, M., Kubeck, M. & Stone. M. (1985). Comparison of three systems for diagnosing borderline personality disorder. American Journal of Psychiatry, 142, 855–858.
Neumann, P. (1977). Beiheft zur Durchführung, Signierung und Verrechnung. In: H.A. Hartmann & L. von Rosenstiel (Hg.): Lehrbuch der Holtzman Inkblot Technik (HIT) I. Bern: Huber.
Norton, R.W. (1975). Measurement of ambiguity tolerance. Journal of Personality Assessment, 39, 607–619.
Ogden, T.H. (1988): Die projektive Identifikation. Forum der Psychoanalyse, 4, 1–21.
Oldham, J., Clarkin, J., Appelbaum, A., Carr, A., Kernberg, P., Lotterman, A., Haas, G. (1985). A selfreport instrument for borderline personality organization. In: T.H. McGlashan (ed.): The borderline: Current empirical research. Washington, American Psychiatric Press.
Perry, J.C., O'Connell, M.E., Drake, R. (1984): An assessment of the schedule for schizotypal personalities and the DSM-III citeria for diagnosing schizotypal personality disorder. Journal of Nervous ans Mental Disease, 172, 674– 680.
Piaget, J. (1936). Das Erwachen der Intelligenz beim Kinde. Stuttgart: Klett, 1969.
Piaget, J. (1948). Psychologie der Intelligenz. Olten: Walter, 1972.
Piaget, J. (1962). Will and action. Bulletin of the Menninger Clinic, 16, 144.
Piaget, J. (1995). Intelligenz und Affektivität in der Entwicklung des Kindes. Herausgegeben und übersetzt von Aloys Leber. Frankfurt: Suhrkamp.
Prelinger, E. & Zimet, C.N. (1964). An ego-psychological approach to character assessment. New York: Free Press of Glencoe.
Pruyser, P.W. (1975): What splits in «splitting»? Bulletin of the Menninger Clinic, 39, 1–46.
Rapaport, D. (1973). Die Struktur der psychoanalytischen Theorie. Stuttgart: Klett.
Rapaport, D., Gill, M., Schafer, R. (1945/46). Diagnostic psychological testing, Vol. I & II. Chicago: Year Book Publishers, 1968.
Rapaport, D. & Gill, M. (1959). The points of view and assumptions of meta-psychology. International Journal of Psychoanalysis, 40, 153–162.

Reich, W.: Der triebhafte Charakter (1925). In: Frühe Schriften I. Köln: Kiepenheuer & Witsch, 1977, 246–380.
Reich, W. (1933). Charakteranalyse. Wien: Selbstverlag: Neuere Auflage: Frankfurt, Fischer, 1973.
Reich, J. (1992). Measurement of DSM-III and DSM-III-R borderline personality disorder. In: Clarkin, J.F., Marziali, E., Munroe-Blum, H. (1992). Borderline personality disorder: Clinical and empirical perspectives. New York: Guilford Press.
Reis, J. (1994). Geschlechtsspezifische Aspekte der Ambiguitätstoleranz. In: K. Pawlik (Hg.): Persönlichkeit und Verhalten, Band 2. Abstracts zum 39. Kongreß der Deutschen Gesellschaft für Psychologie. Hamburg: Psychologisches Institut I.
Rieder, R.O. (1979). Borderline schizophrenia: Evidence of its validity. Schizophrenia Bulletin, 5, 39.
Rohde-Dachser, C. (1986): Borderlinestörungen. In: K.P. Kisker, H. Lauter, J.E. Meyer, C. Müller, E. Strömgren (Eds.): Psychiatrie der Gegenwart, Band 1: Neurosen, Psychosomatische Störungen, Psychotherapie. Berlin: Springer, 1986.
Rohde-Dachser, C. (1989). Das Borderline-Syndrom. Bern: Huber. (5. völlig überarbeitete Auflage 1995.)
Rohde-Dachser, C. (1994). Im Schatten des Kirschbaums. Bern: Huber.
Rorschach, H. (1921): Psychodiagnostik. Huber: Bern (11. Auflage 1992.)
Rosenthal, D., Wender, P.H., Kety, S.S., Welner, L., Schulsinger, F.: The adopted-away offspring of schizophrenics. American Journal of Psychiatry 128, 307, 1971.
Rudolf, G. (1977). Krankheiten im Grenzbereich von Neurose und Psychose. Göttingen: Vandenhoeck und Ruprecht.
Rubin, K.H. (1973). Egocentrism in childhood: A unitary construct? Child Development, 44, 192–110.
Sandler, J. (1976). Gegenübertragung und Bereitschaft zur Rollenübernahme. Psyche, 20, 297–305.
Sandler, J. (1987). Projection, identification, projektive identification. Madison: International Universities Press.
Saß, H. & Koehler, K. (1982 a): Diagnostische Kriterien für die Borderline-Schizophrenie auf der Basis des SSDBS. Ein Vergleich zwischen Borderline-Syndromen, Schizophrenien und affektiven Erkrankungen. Archiv für Psychiatrie und Nervenkrankheiten, 53-62.
Saß, H. & Koehler, K. (1982 b): Borderline-Syndrom, Neurosen und Persönlichkeitsstörungen. Der Nervenarzt, 53, 519–523.
Saß, H. & Koehler, K.: Borderline-Syndrome: Grenzgebiet oder Niemandsland? Zur klinisch-psychiatrischen Relevanz von Borderline-Diagnosen. Der Nervenarzt, 1983, 54, 221–230.
Schafer, R. (1948). The clinical application of psychological tests. Diagnostic summaries and case studies. New York: International University Press.
Schafer, R. (1954). Psychoanalytic interpretation in Rorschach testing. New York: Grune & Stratton.
Schafer, R. (1968). Aspects of internalization. New York: International Universities Press.
Schmiedeberg, M. (1959). The borderline patient. In: S. Arieti (Ed.): American Handbook of Psychiatry. Vol. 1, New York: Basic Books.
Segal, H. (1974). Melanie Klein. Eine Einführung in ihr Werk. München: Kindler.
Selman, R. (1971). Taking another's perspective: role taking development in early childhood. Child Development, 42, 1721–1734.
Shapiro. D. (1991). Neurotische Stile. Göttingen: Vandenhoeck & Ruprecht.
Siegrist, J. (1970). Das Consensus-Modell. Stuttgart.
Silver, D. und Rosenbluth, M. (1992). Handbook of borderline disorders. Madison: International Universities Press.
Sobota, H. (1978): Der Minus-Mann. München: Heyne.

Spitz, R. (1960). Die Entwicklung der ersten Objektbeziehungen. Stuttgart: Klett, 1960.
Spitzer, R.L., Endicott, J. & Gibbon, M. (1979). Crossing the border into borderline personality and borderline schizophrenia. The development of criteria. Archives of General Psychiatry, 36, 17–24.
Stern, D.N. (1985). The interpersonal world of the infant. A view from psychoanalysis and developmental psychology. New York: Basic Books.
Stone, M.H. (1977) The borderline syndrome: Evaluation of the term, genetic aspects and prognosis. American Journal of Psychotherapy, 31, 345–365.
Stone, M.H. (1979 a): Contemporary shift of the borderline concept from a subschizophrenic disorder to a subaffective disorder. Psychiatric Clinics of North America, 2, 577–594.
Stone, M.H. (1979 b): Assessing vulnerability to schizophrenia or manic-depression in borderline states. Schizophrenia Bulletin, 5, 105–110.
Stone. M.H. (1990). The fate of borderline Patients. Successful outcome and psychiatric practice. New York: Guilford Press.
Swartz, M., Blazer, D., George, L. & Winfield, I. (1990). Estimating the prevalence of borderline personality disorder in the community. Journal of Personality Disorder, 4, 257–272.
Theweleit, K. (1977). Männerphantasien. Band 1. Frankfurt.: Roter Stern.
Theweleit, K. (1978). Männerphantasien. Band 2. Frankfurt: Roter Stern.
Urist, J. (1977). The Rorschach Test and the assessment of object relations. Journal of Personality Assessment, 41, 3–9.
Völkel, K. (Hg.). Werwölfe und andere Tiermenschen. Frankfurt: Suhrkamp, 1994.
Volkan, V. D. und Ast, G. (1992). Eine Borderline-Therapie. Göttingen: Vandenhoeck und Ruprecht.
Widiger, T.A. (1982). Psychological tests and the borderline diagnosis. Journal of Personality Assessment, 46, 227–238.
Widiger, T.A., Miele, G.M., & Tilly, S.M. (1992). Alternative perspectives on the diagnosis of borderline personality disorder. In: Clarkin, J.F., Marziali, E., Munroe-Blum, H. (1992). Borderline personality disorder: Clinical and empirical perspectives. New York: Guilford Press.
Zanarini, M.C., Gunderson, J.G., Frankenburg, F.R. (1990): Cognitive features of borderline personality disorder. American Journal of Psychiatry 147, 57–63.
Zanarini, M.C., Gunderson, J.G., Frankenburg, F.R. u. Chauncey, D.L. (1989): The revised diagnostic interview for borderlines: Discriminating BPD from other axis II disorders. Journal of Personality Disorders 3, 10–18.
Zanarini, M.C., Gunderson, J.G., Frankenburg, F.R. u. Chauncey, D.L. (1990): Discriminating borderline personality disorder from other axis II disorders. American Journal of Psychiatry 147, 161–167.

Sachregister